U0458457

国际中文教育与中华文化国际传播

孙宜学 著

上海三联书店

总　序
中华优秀文化走出去与讲好中国特色故事

孙宜学

2021 年 5 月 31 日,习近平总书记在主持中共中央政治局就加强我国国际传播能力建设进行第三十次集体学习时强调,讲好中国故事,传播好中国声音,展示真实、立体、全面的中国,是加强我国国际传播能力建设的重要任务。①

中华优秀文化走出去需要国际传播能力支撑,同时也能推动国际传播能力提升,而国际传播能力建设则是推动中华优秀文化走出去的重要途径和手段,也就是说,中华优秀文化走出去与国际传播相辅相成、互为因果。

党的十八大以来,随着中国综合国力不断提升,中国的国际话语权和影响力显著提升,国际传播影响力、中华文化感召力、中国形象亲和力、中国话语说服力、国际舆论引导力不断提高,中国故事逐渐成为海外刚需。但相对于海外日益增长的"中国需求",以及消解一些国家出于意识形态偏见对中国的负面认知的迫切需要,我们向世界讲好中国故事的能力仍然偏弱,在内容和方法的精准方面仍存在着很大的差距。

传无定法,真诚为先。要向世界讲好中国故事,我们必须要明确讲什么样的中国故事,怎么才能讲好。既要有顶层设计之谋,更要有精准落地之策。我们要始终秉承中华优秀文化传统,真诚直面文化冲突。我们要基于中华优秀传统文化和习近平新时代中国特色社会主义思想,有选择、有针对性、有步骤、有目标地将中国故事讲出去,讲进去,以真诚的中国心温暖世界人心。

---

① 《加强和改进国际传播工作 展示真实立体全面的中国》,《人民日报》2021 年 6 月 2 日。

一、讲好"和而不同"的中华传统　助力世界文化和谐共生

中华文明是以华夏文化为中心、不同民族文化和谐相处、进而追求天下归心的文明综合体。"和而不同"是中华文化的传统;"万国咸宁"是中国古人追求的世界大同理想。中华文化虽然有很多表现形态,但本质都是"以和为贵"。这一中华文化传统已融入了炎黄子孙的血液,成为中国人的标志和象征。

(一) 认识文化的差异性

2014 年 5 月 15 日,习近平总书记在北京出席中国国际友好大会暨中国人民对外友好协会成立 60 周年纪念活动并发表重要讲话,他指出,"中华民族的血液中没有侵略他人、称霸世界的基因,中国人民不接受'国强必霸'的逻辑,愿意同世界各国人民和睦相处、和谐发展,共谋和平、共护和平、共享和平。"①中华民族历来追求和平,并致力于为世界创造和平。

国有边界,文明无界。任何民族的文化都属于全人类,是人类共同的精神财富。在中华民族开启向第二个百年奋斗目标进军的新征程之际,世界百年未有之大变局也在加速演变,新冠疫情对人类社会带来的难以预测的影响也前所未有,世界不同文化之间交流、交融、交锋较以往更加频繁,甚至更加激烈。而中国未来越发展,就必然越要面向世界,也必然要面对越来越激烈复杂的文化冲突。当前,"中国威胁论"不断变换面孔出现,且越来越具有欺骗性,某些国家对中国的崛起充满恐惧,甚至上升到国家安全战略层面加以预防。在这样的背景下,更需要中国智慧协同世界一切追求和平进步的力量,打破人为的地理阻隔、心灵栅栏,实现不同文明的无障碍交流,完成人类共同的美好追求,建成一个世界各民族同心同德的幸福大家庭,推动中国与世界各国合力构建和谐的文化生态,消

---

① 《习近平在中国国际友好大会暨中国人民对外友好协会成立 60 周年纪念活动上的讲话》,《人民日报》2014 年 5 月 16 日。

解各国不同民族文化之间的矛盾,为中国形象的世界性建构营造良性内外环境,最终推动实现国与国之间一律平等,都有尊严、也使他国他人有尊严地生活。

文化因差异而多彩,不同民族文化共同构成了世界文化万花园。中国故事作为一株根深叶茂的民族花,与世界其他民族的故事一起相映生辉,共同装扮了世界的春夏秋冬。正如习近平总书记 2021 年 1 月 25 日在世界经济论坛"达沃斯议程"对话会上的特别致辞中所讲,"世界上没有两片完全相同的树叶,也没有完全相同的历史文化和社会制度。各国历史文化和社会制度各有千秋,没有高低优劣之分"。"各国历史文化和社会制度差异自古就存在,是人类文明的内在属性。没有多样性,就没有人类文明。多样性是客观现实,将长期存在。"[①]向世界讲好中国故事,首先必须充分认识文化的差异性,并基于差异性对世界上不同民族文化进行细致调研分析,进而确立差异化的讲述手段和方式,做到有的放矢。要主动去"探幽寻微",以求"曲径通幽",细致入心,在差异化中寻找中国故事与所在国故事的共同点,以同求同,然后以同传异,最后以异容同。只有这样,才能充分尊重外国受众的欣赏习惯和审美情趣,用他们听得懂的语言和方式,讲述中国故事,实现中国故事的本土化。在条件允许的情况下,中国还应担起责任,主导建立各国故事交流的平台,推动各国故事之间互鉴互学,推动不同"国别故事"之间实现"跨本土"融合,形成相关理论,提炼成熟经验。这样不但能使中国故事的传播效果最大化、泛在化,也能更直接促进不同国家之间的文化交流、经济交流、政治交流。

(二)处理好世界文化与中华优秀文化的关系

中外文化交流的历史经验告诉我们,处理好世界文化与中华优秀文化的关系是能否讲好中国故事的前提。客观世界是交换的世界,有物质文明的交换也有精神文明的交换。我们要讲的中国故事里要包含我们有而别人没有且需要的东西。也就是说,我们首先要推动具有中国智慧、中国特色、中国气派的中国故事走出去，这样的故事是世界渴望认知的，是对人类共同发展有益的，是能丰富世界生活和文化的。在这个过程中，我们还要尊重其他民族文化，秉承文化平等态度，以我们的文化自信推动其他民族发掘并坚持本民族的文化自信。

任何有传播价值的文化符号，在重视传播手段的同时，都更应找到自身的文化逻辑、情感逻辑与传播对象之间的合理对应逻辑，让接受对象能感同身受，潜移默化接受并喜爱传播者要传播的文化精神，即所谓"不识庐山真面目，只缘身在此山中"。只有入乡随俗，客观深入研究融合不同文化的异同，外来文化才能在异质文化中生存并去异质化而成为所在国文化的内在组成成分。这是所有历经沧桑、命运跌宕起伏却依然保持旺盛生命力的文化符号的共同特征。因此，要向世界讲好中国故事，必须在坚持文化相通性的前提下，在尊重其他文化的基础上加强相互了解，加深相互认识，基于文化多元共生理念传播本民族文化。

在西方意识形态偏见视域内，中华文化是异质文化。为了迟滞中国的崛起，西方一些国家正采取多种手段，宣扬西方所谓的民主自由、普世价值，通过文化全球化推行文化霸权主义。为了消解西方文明自带的这种偏见和傲慢，我们还要有针对性地向世界讲清楚中华文化的世界同质性。我们要让世界知道，在追求美好幸福生活方面，在喜怒哀乐方面，在捍卫民族尊严和个人尊严方面，中华民族和世界上任何民族、中国人和世界上任何个人都没有区别。

二、讲好自强不息的中国故事　普适人类生存发展规律

中国的发展历史，尤其是中国共产党的百年奋斗史，本身就是一部苦难与奋斗的历史，是一部不畏艰难险阻、能够战胜一切困难的历史，本身已经形成中华民族的伟大精神传统，本身就是中国好故事的底本和阐发源。我们向国外民众讲述中国人自强不息的故事，就是在讲述真实的历史中国故事、当代中国故事和未来中国故事。

（一）讲述中国共产党的故事

2021 年 6 月 21 日，习近平总书记在给北京大学留学生的回信中指出，"读懂今天的中国，必须读懂中国共产党。"要让世界全面、立体、客观认识中国，就必须正确了解中国共产党与新时代中国繁荣昌盛的关系。近现代以来，中国从封闭走向开放、从积贫积弱走向富强的历史，就是中国共产党不忘初心、砥砺前行，带领中国人民实现从民族自觉—自新—自强—自信—自尊的跨越式发展的历史，尤其是改革开放四十年、党的十八大以来中华民族伟大复兴运动和党的十九大以来习近平新时代中国特色社会主义思想对中国发展的核心引领作用，足以令人客观认识到中国共产党是"为中国人民谋幸福的政党，也是为促进人类进步事业而奋斗的政党。"①

中国抗击新型冠状病毒感染疫情故事是中国苦难和危机故事的最新表现形态。以中国共产党为典型代表的中国人民，在抗"疫"战争中所体现出的"只为苍生不为身"的牺牲精神，就是世界上一切追求正义和和平的国家、民族共同需要的宝贵财富，也是人类命运共同体建设的基础。我们应及时向世界直接讲，反复讲，联系国外同类故事讲，讲全，讲透，讲通这个故事，从而及时消除国际反华势力正在钩织的"疫情偏见"，以正视听。目前，这是全中国人民、全世界人民都渴望听到的声音，可以增强世界对中国的信心，对人类的信心。

世界上一切事物的发展都是在矛盾中的发展，都是在"危中求机"。因此，任何民族的苦难故事都具有世界普适性价值，讲好中国苦难和危机故事，会让世界更客观认识中国、理解中国、携手中国。

（二）讲述中国百姓的生活故事

中国故事就是中国人的生活故事，是由一个个中国生活细节积累而成的群体故事。江海源于细流，泰山积于细壤。普通人的生活琐事、家长里短、喜怒哀乐等等，都具有世界性，都是不同国家、不同民族的人们愿意了解、愿意听的好故事。因此，讲好中国生活中的细节故事、点滴故事、柴米油盐酱醋茶小故事，实际上就是讲好中国大故事。当前，只有向世界客

---

① 《习近平给北京大学的留学生们回信》，《人民日报》2021 年 6 月 23 日。

观展示日常化、生活化的当代中国,才能帮助海外听众形成完整的中国观,才能推动世界与时俱进认知和研究历史中国、未来中国,并助力中国向世界表达中国。

"美美与共"是中国自古以来的日常生活和文化传统,也是向世界讲中国故事的本质目的。郑和下西洋故事、中国抗"疫"故事、"一带一路"故事、绿水青山故事、人类命运共同体故事、大象迁徙故事等等,都是这种源于日常生活的中国最真实的生存观和世界观的日常表现形态,是日用而不觉的中华文化传统和现实的真实面貌。

中国生活故事就是一个个中国人的梦想故事。中国梦是每一个中国人的梦。我们向世界所讲的中国人民对幸福美好生活的向往与不懈追求的一个个小故事,共同组成了中国人民追求中华民族伟大复兴的大故事。任何一种文化都融汇在这种文化所养育的人的血液中,文化养人,人载文化。正是因此,博大精深的中华优秀文化,就是中国人的日常生活,就在中国人的一举一动之中。从这个角度看,向世界讲中国故事的起点,仍在国内,那就是中国故事的一个个载体,即每一个中国人。我们既需要从娃娃抓起,培养中国人在国际视野下讲好自己的故事的意识和能力,也要通过有效的方式,让外国人习惯于讲中国人的故事,进而发现生活细节中的中国,有血有肉的中国。

(三) 外国人讲述的中国故事

外国人讲中国故事将成为中国故事走进世界的重要途径。中国梦想故事要成为世界梦想故事系列中的重要篇章,需要越来越多的外国人主动加入讲中国故事的行列。但要保证他们讲好中国故事,主动推动世界塑造真实的中国形象,首先需要我们帮助他们掌握中华文化的精髓和向世界讲中国故事的方法,引导他们客观、准确地认识和热爱中国。

在华留学生是将来向世界讲中国故事的重要力量。他们既有海外成长经历,又有中国生活体验,还有国际人际关系和跨文化交流经验;既是中国故事的承载者,也是中国故事的传播者。实践证明,在国际传播中"讲故事"被认为是最有效的手段之一,而来华留学生可以成长为"中国故事"最好的讲述者。目前,在华留学生教育还基本上属于相对封闭的"象牙塔"教育,我们要通过生动活泼的组织形式,吸引他们主动走进最真实的中国生活语境和社会环境,像盐一样融入中国当代生活的海洋,与中国老百姓一起生活,贴近中国的心脏感受中国的心跳,感悟中国国情,思考中国胸怀,从而获得真实的中国生活体验,并能以所在国乐于接受和理解的方式向世界讲中国故事,实现中国故事落地无音,润物无声。

事实证明,借洋眼洋嘴向世界讲中国故事是一条创新有效的途径,这样可以使得中国丰富的文化和当代巨大的发展成就同步为世界所感知,所认知,所理解。留学生们将像一颗颗星星,在世界各地共同闪烁着中国之光。他们是中国故事走出去的一道道门、一座座桥,将与中国人民一道,共同向世界描绘一个真实的中国,发展的中国,负责任的中国,世界的中国。

三、讲好休戚与共的人类故事　共推人类命运共同体

每一种文化既是其他文化发展的外力,也是内力,既是借力者,也是助力者,从而构成一个生命同一体。全球化时代,也是文化一体化时代。任何民族文化都是世界文化的一部分,世界文化既是民族文化的入口,也是出口,是果,也是因。世界一体化态势下,任何民族文化的传承、创新和交流都不再囿于一个或数个国家或地区,而是全球文化自成一个生态循环,实现一体化运动和发展。中华优秀文化有胸怀也有能力弃坦途就荒径,辟不毛为沃野,真正发挥民心互通功能,让中华优秀文化在融入世界的过程中成为世界文化生态体系中一个"熟视无睹"的常态存在,使中国的发展切实畅通地施惠于世界的美好未来。

(一) 讲好人类命运共同体与中华优秀传统文化的关系

人类命运共同体是中华文化为世界发展贡献的中国智慧,是中国故事的核心。人类命运共同体理念植根于中华优秀传统文化,因此也只有中国才能提出人类命运共同体理念。国有国界,人心无界。人类命运共

同体是推动世界上不同民族文化共同服务于人类的命运共同体,为此全世界就要形成共识:人类命运休戚与共,彼此不可分离。我们要能够担起重任,负起责任,要敢于牺牲,借力中国发展把人类对美好世界的向往共同努力变成现实。

"千人同心,则得千人力;万人异心,则无一人之用。"①习近平总书记审时度势,中国人民以天下为己任,总揽世界大局,顺应世界发展大势,提出共建人类命运共同体,就是要让万人同心同力,使天堑变通途,推动世界不同文明心心相通。2019 年 9 月 27 日,国务院新闻办发布的《新时代的中国与世界》白皮书指出:"推动构建人类命运共同体,不是倡导每个国家必须遵循统一的价值标准,不是推进一种或少数文明的单方主张,也不是谋求在全球范围内建设统一的行为体,更不是一种制度替代另一种制度、一种文明替代另一种文明,而是主张不同社会制度、不同意识形态、不同历史文明、不同发展水平的国家,在国际活动中目标一致、利益共生、权利共享、责任共担,从而促进人类社会整体发展。"②人类命运共同体观主张不同国家在掌握独立命运基础上为共同命运奋斗,在独立发展的前提下实现共同发展,在自尊基础上实现相互尊重。历史与事实证明,任何国家都不可能孤立发展,只有彼此尊重,命运与共,协同发展,国家的命运才会融入人类共同的命运,才会真正形成命运相连相依的共同体。

（二）讲好人类命运共同体与世界未来的关系

中华民族历经列强欺凌,备受屈辱,更加懂得民族尊严的可贵,和平的珍贵,这也是中国提出构建人类命运共同体并一定会为之竭心尽力地历史基础和未来承诺。中国人民希望中国的历史悲剧再也不要在其他民族身上重演,同时也将中国人对中国梦的美好期盼变成全人类的共同期盼,推动各个国家、地区"各美其美"的同时相互支持,共同为同一个和谐美满的幸福未来而奋斗。人类命运共同体是新时代中国推动"天下太平"的誓言,也是历经五千年仍生机勃勃的中华文明自古就有的使命担当和

---

① 刘安:《淮南子》,长沙:岳麓书社,2015 年,第 153 页。
② 《新时代的中国与世界》,新华网,2019 年 9 月 27 日。

责任的自然延续,也必能为当前暂时处于多极化发展的世界带来团结和谐的新局面。

　　未来的世界仍将一如既往在风险与动荡中发展,世界多元文化仍将伴随着碰撞和摩擦持续交流,中国故事走出去所面对的阻力和障碍也必将长期存在且复杂多变,其中既有文化的因素,经济的因素,也有政治的因素。目前,我们对世界"中国热"的判断与世界对"中国热"的直接感知并不一致,还有较大的落差。要向世界讲好中国故事,首先要找到这些落差,并推动消除这些落差,包括因我们长期疏于向世界主动表达而形成的误解,在此基础上不断加大加深中国故事在世界的融入广度和深度,加快世界从历史中国到当代中国的了解和理解进程。在这个过程中,我们既要坚持以我为主,更要秉承世界文化一律平等的原则,异中求同,同中存异,科学分析,综合平衡,扎根大地、脚踏实地推动,做到内外兼工、粗中有细、细中有异,精准对接海外接受群体,形成给即所需,所愿能给的中国故事精准落地新局面,从而让中国故事,润泽世界心灵;让中国智慧,惠及世界发展。

——《国际传播》,2022 年第 1 期

前　言
坚定文化自信，建设文化强国

　　6月2日，习近平总书记在北京出席文化传承发展座谈会时强调：在新的起点上继续推动文化繁荣、建设文化强国、建设中华民族现代文明，是我们在新时代新的文化使命。要坚定文化自信，担当使命，奋发有为，共同努力创造属于我们这个时代的新文化，建设中华民族现代文明。文化兴则国运兴，世界强国必是文化强国，文化强国必是自信之国。文化自信与文化强国是习近平总书记向全党全国各族人民发出的新时代建设中华民族现代文明的伟大号召，是面向未来推动实现中国式现代化的价值支撑和精神动力。

文化自信是一种科学理论体系

　　文化自信是激发中华民族创造力、凝聚中华民族向心力的基本保证，是铸就新时代社会主义文化新繁荣的动力源，事关中华民族文化传承和未来。为此，必须基于中国式现代化对文化建设的要求，尽快建构并形成中国特色文化自信理论体系。作为一种科学理论体系，文化自信是我国文化软实力建设的理论基础，既有马克思主义先进文化的思想根基，同时又有中华优秀传统文化的深厚底蕴。事实上，正是因为我们对以马克思主义为指导的社会主义先进文化持自信态度，我们才得以走出一条植根中国文化沃土，奉行"和而不同"的崛起道路。

　　文化自信的内涵、功能、传播方式、理论建构等需要不断创新，但目前的研究重复性阐释多，创新性理论少；概念性阐释多，内涵挖掘有待深化。尤其是文化自信与中华优秀传统文化、文化自信与新时代中国社会主义核心价值观的内在逻辑关系,都需要系统科学的阐释,建立完整的理论体系。

文化自信引领中国走向复兴

文化自觉是文化自信的前提,文化自信是文化自觉的支柱和导向,两者相辅相成,是文化健康发展的双驱。文化自觉可防止文化自信催生盲目自信的文化,导致故步自封、踟蹰不前;而若没有文化自信,文化自觉就是无根之木。从历史角度看,文化自觉和文化自信是实现中华民族伟大复兴的强大精神力量;从现实角度看,在全球化背景下,文化自信是建设社会主义强国最为重要的精神力量,是民族的血脉和灵魂。

传承、创新、责任是文化自信引领中国走向复兴的三座灯塔。文化自信指明了我国文化发展道路,不仅告诉我们从哪儿来,还引领了文化发展的正确走向。新时代中国比历史上任何时期都更接近中华民族伟大复兴的目标,我们不仅要充满理论、道路和制度自信,更要充满文化自信。不自信,无以立国。不失方向,方能引领未来。

文化自信推动社会主义文化发展繁荣

固本求源,新时代中华文化自信源自三个基础:中华优秀传统文化、革命文化、社会主义先进文化。传承、创新、发扬中华优秀传统文化,是弘扬文化自信的正确方式。中国近代百年的革命斗争史就是中华民族的抗争史、淬炼史,是中国文化找回自信的涅槃史。以爱国主义为核心的民族精神和以改革创新为核心的时代精神是社会主义先进文化的时代特色。

新时代中华文化自信首先是新时代中国人的自信。文化自信归根结底是作为文化载体和主体的"人"的自信。个体的文化自信意识应与国家层面的文化建设有机结合起来,内化于心,外化于行,日用而不觉,从而万众一心,共同推动社会主义文化大发展大繁荣。

文化自信彰显中国的世界胸怀

文化自信源于中华文明五千年发展史,是已得到历史验证的中国人的世界观、人生观和价值观的自然呈现,是博采众长、融贯中外、天下为公、协和万邦的世界胸怀和人类命运共同体情怀的自然流露。目前,西方国家针对性地误解或误读中华文化自信,即将中华文化自信与狭隘的民族主义或国家主义混为一谈,借以抹黑中国,妖魔化中国。因此,我们在向世界讲好文化自信故事时,一定要把中国文化自信与中国历史、世界历史的关系讲清,讲透,既讲"面子",也讲"里子",而且要反反复复讲,翻来覆去讲,尽最大可能促使中华文化自信的内涵和本质得到中外文化团体、媒体、个人之间的一致认同。

文化自信是中华文化走出去的密钥。中华文化自信的形成必须通过对中外文化的认知、批判、反思、比较及选择、认同,才会体现为对中华民族文化的高度认可与信赖。只有这样,我们才能不卑不亢,以一种自信、成熟的心态从事中外文化交流,推动中华文化走出去,铸造新时代中国的世界新形象。

文化自信助力提升中国的世界话语权

中国式现代化的过程也是中华文化与外来文化(特别是西方文化)冲突融合的过程。西方文化对中华传统文化一直保持强力冲击态势,目前仍对一些中国人的价值观和人生观产生着消极影响,弱化着中华民族文化自信力。

文化自信事关中华民族的未来,必须引起高度重视,并采取科学措施。首先要面向未来重新反思中华传统文化,梳理中华传统文化的精髓;其次要辨析中华文化中的外来文化元素,发现中西文化冲突、融合的规律。只有这样,我们才能做到古为今用,外为中用;才能有的放矢,占据理论主动和方法主动;才能在向世界展示中华文化自信的同时,推动实现中外文化互相尊重、互相融合,消解世界上对中华文化的主观误解或误读,使新时代的中华文化自信与新时代中国综合国力提升相辅相成,共同提高中国文化的世界话语权。

文化自信促进中国从文化大国到文化强国

文化自信基于综合国力,但综合国力的提升容易形成文化大国,而从文化大国到文化强国还需要长期的沉淀和积累,需要文化国际传播力和影响力的提升。一国综合实力发展到一定程度,尤其是从大国向强国发展转变的关键时期,自然要求本国文化国际传播力和影响力的相应提升,而一国文化国际影响力的强弱,则是一国硬实力的晴雨表。也就是说,只有中国文化软实力也成为中国硬实力的一部分,中国才能从物质文明与精神文明两个方面同步惠泽世界,文化自信才能作为中国自信的一部分,成为世界文明中的生动而富有活力的元素。

习近平总书记指出,中国在国际上还存在着信息流进流出的"逆差",中国的真实形象和世界的中国形象之间还存在着巨大的"反差",中国文化自信的海内外认知,也存在着同样的"逆差"与"反差"。"我们有本事做好中国的事情,还没有本事讲好中国的故事?"我们要充满自信:只要我们真诚客观地将我们的历史、现在讲给世界听,只要我们一心一意建设好我们的文化,向世界供给具有中国特色、体现中国精神、蕴含中国智慧的文化产品,向世界展现真实、立体、生动、全面的中国,真金不怕火炼,久久为功,中国形象就会由我们自塑为主转变为世界他塑为主,世界上就会出现中外同塑"可信、可爱、可敬"中国形象的生动情境。这个过程,也是中华文化世界化的过程,中华文化因而也就成为世界文化中的一种不自觉的力量存在。中国的文化自信,因为给全世界带去生生不息的生命力,也就成为世界文化自信的源头和原动力。

——原载"上观新闻",2023 年 6 月 12 日;

"学习强国",2023 年 6 月 12 日

目　录

第一章　中华文化国际传播:理论与实践

第二章　向世界讲好中国故事:理论与实践

第三章　国际中文教育:理论与实践

第四章　国家通用语言文字传承推广

第一章

中华文化国际传播：理论与实践

中华文化国际传播 10 问

由于中华文化国际传播事关中国的世界形象、世界地位、生态链位置,必须高位规划,统一推动,集中监管,赏罚分明,只有这样,才能统一话语体系,贯穿统一工作思路,规避恶意风险,始终保持主动。

目前,中华文化国际传播总体向好,但问题依然突出,必须准确把脉,看准症,下准药,分门别类,轻重缓急,逐一破题除惑。

1

问:目前与中华文化传播有交叉点的国家机构很多,工作分工有条块,彼此之间交叉点多,导致有时同一项工作多机构做,有时多项工作一个机构做,垂直管理过程中分支时有相互叠加,不但造成资源的浪费,而且造成传播对象认识的混乱,甚至导致负面认知中国形象。如何破解?

答:尽快建立一个超越现有各相关机构的文化传播部门,整合资源,统一内容,集中统筹,总体规划,一体推进,确保中华文化国际传播的主导性和安全性。

2

问:对中华文化国际传播的认识存在偏差:国内不同部门之间有偏差;国内国外有偏差;不同社会人群之间有偏差;同领域不同岗位人员之间有偏差,导致执行角度、力度、效度有偏差,影响传播效果。如何破解?

答:国家集中确立传播内容、传播手段、传播途径,一以贯之地贯彻传播初心,确保以社会主义核心价值观为基本核心。

3

问：从事中华文化国际传播幅度大，核心小；概念多，落地少；理论多，实践少；投入多，回收少；活动多，评估少；沟通多，落实少；朋友圈大，真朋友少；可说的多，能做的少；看人做的人多，自己做的人少；表面轰轰烈烈，实则粗枝大叶，条理不清，阵线不明，落点不准。如何破解？

答：战略引领、夯实基础、重点突破。建立全覆盖国际传播网络，明确职责定位，统筹传播资源，建立媒体、企业、智库、网络平台开放协同机制，将文化传播责任纳入绩效考核范畴，明确责任，形成全社会全覆盖中华文化国际传播局面，使文化传播成为日常工作、日常生活。

4

问：国外传播渠道少，国内传播媒介相对单一，可引导国际传播方向的平台少。如何破解？

答：首先，调研分析国际上现有文化传播平台，按无法合作、可能合作、可以合作分类。对第一种，制订防范措施；对第二种，加大交流力度，以情感人，以理服人，以利动人，由小到大，由浅入深，由被动到主动，逐步创造合作的可能性；对第三种，针对性制定合作计划，定制传播内容，明确利益分成，按国际规则有序推动。其次，创造条件，合作或独立培育海外传播平台，可中文，可外文，以所在地更容易接受和理解的方式，不断扩大朋友圈和影响力，引领舆论导向，形成传播品牌。

5

问：从个体看，中国目前的文化国际传播者的主体部分主要是在传统人才培养体系内成长起来的，知识结构偏传统，信息传播技术能力相对弱，而他们的传播对象则是以"Z世代"年轻群体为主，传播对象信息技术能力强。传播者与传播对象之间存在认识误差、沟通落差,造成传播不畅,"对牛弹琴""鸡对鸭讲""各唱各调"困境普遍存在。如何破解?

答:从传播者角度,强化现有传播者内功,瞄准年轻受众接受特点,强化国际传播信息技术能力培训,用好数智化技术手段;从传播对象角度,强化传统文化修养,培养对中华文化的兴趣,了解中华文化国际传播媒介形式和结构,积极与传播者互动,提升双向互动效果,传接同轨,及时反馈。

6

问:将国际传播视为国内宣传,也当成宣传做,单一填鸭式、一厢情愿式输出,且习惯于将传播对象当作接受容器,最好说了就听,叫做就做,无视听众反应,也不及时根据听众反应调整传播方式和内容。如何破解?

答:提高传播者的国际视野,在条件允许的情况下为传播者创造国际交流机会,形成换位思考习惯;传播前主动调研传播对象的认知习惯、所生活于其中的语言文化环境,甚至家庭环境;传播过程中能适度适时根据传播对象现场反应调整,主动引发与传播对象的共情、共鸣。

7

问:传播内容有意义,传播效应"没意思"。中国文化强调"克己复礼",意在言中,意蕴无穷,文以载道,叙事方式、表达方式也力戒一览无遗、直截了当。这与世界上很多国家的文化习惯、交流习惯存在较大差异,导致传播内容有意义、有价值,但听者听不懂,觉得没趣味。如何破解?

答:加强传播者知识修养,模拟不同文化交流背景,锻炼表达应变能力和适应习惯;真诚为先,通心为主,多阅读人文社科作品,揣摩复盘戏剧冲突及解决冲突的各种可能性,锻炼避免冲突、化解冲突的语言习惯和能力;到什么山上唱什么歌,坚持传播内容正确性前提下随遇而安,把每一次传播都讲成中国故事,善用幽默而不贫嘴,生动有趣而不庸俗,把有意义的事讲出趣味。

8

问:传播者和传播对象之间的文化差异容易引发误解和误读。同一个时间,不一样的文明,不同国家、民族之间文化差异较大;不同的语言环境、文化理念、教育背景,让不同人群对同一事件产生不同理解和解读,甚至冲突,甚至直接对立。如何破解?

答:不直接以传播为导向,而是首先营造有利于传播的语言文化环境,如举办座谈会、交流会、生活体验活动,消解既有偏见、预设矛盾和对抗心理,变单向传播为多维交流,变一方传播为多方传播。一个平台既讲中国故事,也讲他国故事,大家既是讲故事的人,也是听众。但需注意的是,在设定这样的语境时,要保证议题由中方主导设置,参与者以此为基础设定分议题,从而最大程度上增强相互了解和理解。

9

问:形式"一窝蜂",内容"一锅煮";以"一"当"十",青红皂白不分,种子撒下任生死,不问风雨不问晴;一招走遍天下,程咬金三板斧;不管对象的国别、政治、宗教、种族背景,自说自话,管你听不听,能不能听懂,到什么山上都唱同一首歌;我讲了,我走了,没交流,没对流,不汲取,无互惠;"不带走一片云彩"式的潇洒,实际上是对真心听讲者的侮辱,结果必定是听众散去不复来。如何破解?

答:一如吃火锅,变传统炭火锅"多人一锅"为"一人一锅",统一口味体系(比如东北菜系)下充分照顾个性口味(猪肉炖粉条、地三鲜等自选);提供定制菜单,由顾客任选,一人一单,配料提供多选项,也由顾客自选。这样的传播形式多样,内容多中藏一。这样的传播,内容在确保传播主体主导性的同时,充分体现传播对象的自主性和个人性。又如灌溉,喷洒总有疏漏处,若变为滴管,则不论草苗、不论高低皆可得水,传播如此,即精准传播。

10

问:国际传播"西强东弱"现象仍将长期存在,中华文化国际传播亟需改变目前格局,助力实现东西文化平等,推动世界文化平等发展,和谐发展,共建人类命运共同体。如何破解?

答:文化冲突与政治冲突、军事冲突、经济冲突等一体不分,世界大战、中东战争、俄乌冲突等等都是实证。为此,中华文化国际传播必须与中国政治、经济、军事一体并进,既当先锋,也当后勤;既主攻,也助攻;既主力,也助力。首先集中精力服务于中国综合国力提升,夯实中国式现代化基础,然后服务于国家整体对外传播战略,站好岗,放好哨,做好事,尽到责,坚定文化自信,保持文化定力,化危为机;在创新中创效,在建立中建设,在统筹中众筹,全心全意、真心实意推动中国智慧惠泽世界。日久见人心,人心向背定乾坤,中国的世界性影响必将持续积极向上。另外,中华文化走出去不是为了和谁一见高低,分出胜负,而是五湖四海,只要是对世界有利的,对人类有利的,中国都愿意做,都愿意和其他国家合作做,所以,在中国人眼里,"无问东西",只问初心。

　　　　　　　　——原载"中国社会科学网",2024 年 4 月 7 日

中华文化国际传播人才:现状与对策

　　面对百年未有之大变局,新时代中国式现代化建设健康发展,中国日益走进世界舞台的中央,世界的中国需求也越来越多元,迫切需要大量具有国际传播意识和能力的中华文化国际传播人才,讲好中国故事,传播中国声音。

　　人才是开展中华文化国际传播的基础及力量之源,可靠可用的国际传播专业人才队伍是中华文化国际传播和世界中国形象塑造的四梁八柱,也是保证中华文化国际传播工作高位运行、高质可持续的关键。但当前中华文化国际传播中的现实问题是:"说不出、讲不明、没人听。"关键一点就在中华文化国际传播人才队伍的不足,专业性不强,适应性弱。主要表现在:

思想政治素质参差不齐,认知不统一

　　目前中华文化国际传播人才重专业知识培养,但思想政治素质的培养和评估、再教育缺乏统一的教育体系和培养方案,队伍建设缺乏整体规划,各方人才力量没有有效整合,各自为战现象明显。

高端、高素质的中华文化国际传播人才人数明显不足

　　当前中华文化国际传播队伍看似庞大,但结构混杂,高素质专业人才偏少。

　　高素质的中华文化国际传播人才,应具备广阔的国际视野、丰富的国际交流经验和良好的跨文化沟通能力。此外,还需要掌握并熟练运用新

媒体平台和技术。

　　培养合格的中华文化国际传播人才是一个系统工程。中国政府和教育机构、传播机构应充分重视中华文化国际传播人才的培养,整合新闻传播、外国语言文学、国际关系等各领域教学资源,中外合办"中华文化国际传播人才试验班"、双学位合作项目等平台,并在媒体建设专业实习基地,充分丰富学生的实战经验,提供操演实训机会。在条件允许的情况下,优选学生赴国外国际组织或研究机构实习实训,提升学生跨文化沟通能力。

中华文化国际传播人才国际认知不全面

　　目前国内的中华文化国际传播人才限于学习和生活环境,对个别发达国家了解多,也愿意去了解;而对欠发达国家,如非洲、拉丁美洲、南美洲及中东地区的国家缺乏了解的途径,积极性也不高,尤其是对当地民众信息接受方式,信息接受内容偏好以及信息接受途径等了解不全不深,导致中华文化国际传播工作出现缺口,难以基于世界一体化设计中华文化国际传播议题,持续推动,产生功效。

中华文化国际传播人才的传播手段较为传统和单一

　　由于中国目前的中华文化国际传播人才培养模式比较传统,教材陈旧,教师内容和教学方法更新不及时,学生未出校已落伍。多媒体时代实际上就是自媒体时代,人人都是记者、编辑,又是读者。这种可以"自说自话""自娱自乐"的传播方式,在正规(传统)培养体系内很难得到系统研究,进不了"阳春白雪"的大学课堂,可毕业生的工作却必须到社会中去,到民间去。这种情况同样出现在面向海外的传播,而且更有隔膜,即使大家都耳熟能详的 Twitter、Facebook、TikTok 等传播手段及传播方式,因为传播者对这些媒体成长和发展的语言文化环境不熟悉,对其功能缺乏研究,所以无法用当地居民喜闻乐见的方式进行传播,最终导致的结果是内容虽好,但没有人爱读。

强化计划性,确保中华文化国际传播的精准性

世界多极化格局下,国家之间的文化传播已不仅仅是文化传播,而是国势、国威的传导,是政治、经济甚至军事交流的一部分。所以,从传出国角度看,传什么,怎么传,谁来传,传给谁等等都不能随性而为,率意而为,而必须精密计划,有的放矢;而从传播对象角度看,他们则会时刻警惕传播者的潜在意图,哪些要接受,哪些不接受,以什么方式接受,接受之后如何消化等等,也都会精密计划,慎之又慎。

从大众角度看,目前国际间的文化交流因为媒体的发展,基本上实现了无国界,甚至无时差,所以,对传播内容的选择更加个人化,人人都是一个过滤器,人人都是一个标准仪,虽具有群体性特征,但总体呈现为个人化,千人千面,万众万心。要保证传播的效果,就必须基于大数据分析实现精准投放,精准传播。"一国一策""一地一策",必要时甚至"一人一策",针对性地瞄准受众(国)的历史、文化、经济与社会特征,开好方子,下准药,按时"服用",提高效率。

加强平台建设,形成不受外方制约的传播平台

世界多极化态势下的文化传播,就如人在一个多维空间里说话引起的反复性叠加式的回响,一开始还是清晰的,但最后则是多种回响的回响,已分不清源头在哪儿了,原声是什么了。每一个接受者都只能从最近的声音源头接受,但已难辨真假了。目前西方对中国的舆论打压,主要就是建立发声平台,掌握"第一声",搅乱后续各种回声,浑水摸鱼,但因为它始终掌握平台,掌握发布渠道,掌握信息流通渠道,掌握信息流通过程中的各种反响,所以能够从容操作整个平台运作体系,全渠道、全方位遏制打压,构建立体、纵深的国际反华舆论阵线,操纵议题,真真假假,明修栈道,暗度陈仓,精准进行舆论预热、加热、沸腾,或无差别轰炸,或定点奇袭,或"海陆空"多管齐下,内外勾连,撕裂中国舆论防

御体系。

　　鉴于此，中华文化国际传播体系的构建绝对不能以不变应万变，而应以万变应万变，以立体应立体，以协同应协同，而前提，就是尽快建设、完善独立运行的信息平台，从国家情报安全角度建设自主舆论平台并主导平台运行，自主设置议题并及时传播、超前传播、系统传播，掌握舆论场的主动权，完善互联网新媒体监管体系，全过程监控信息运行过程。与此同时，要高度重视民间媒体力量，尤其是支持海外民间媒体，在防止它们被西方霸权利用的前提下，加大力度融入中国元素；培育本土中国信息发布平台，打造全球中国信息发布体系，及时应对海外信息风险，顺势而为，逆势而动，确保中国的信息安全。

不断加大中华文化国际传播人才队伍建设力度

　　中华文化国际传播归根到底还是人的问题，因为实施的主体是人，受众对象还是人。但人须是经过培养的人，或者是经过打造、塑造的人。为了确保中华文化国际传播人才的稳定，政府应将中华文化国际传播人才培养纳入国家人才战略；解放思想，创新机制，利用高校、社科机构和重要媒体，尽快培养一批素质过硬、能力过硬的高水平人才。积极引进世界传播人才，设立相关项目，借力借智，为我所用。选拔、扶持、培养一批能够在新媒体时代成为"偶像"的人气人才，定期培养、强化其国际化表达能力。同时，要建立一个完整的人才培养机制并编成人才库，分行业、分区域对象等来使用。

　　自媒体时代的传播者不只是受过系统专业教育的专门人才，每个社会人都是传播人才。因此，政府和教育机构应通过营造良性社会生态环境，将社会变成培养能正确发声的社会传播者的大学校；在人际交往、感知社会过程中养成积极向上的传播意识，使人人都成为真正意义上的正能量传播者，从而形成中华文化国际传播的全媒体矩阵，并基于这种以人为主的全媒体矩阵，努力实现中国国际话语权的全方位覆盖，生活化融入。

中华文化国际传播工作本身是跨专业、跨领域、跨国别的一项综合性、复合型、复杂性的综合体,而目前中华文化国际传播的组织架构、实施体系、人员构成及人员知识结构的构成都相对简单化,单一化。未来应着眼于培养,这是中华文化国际传播岗位的特殊性所决定的"特殊人才"的培养模式,而目前中华文化国际传播人才的培养仍基本是"象牙塔"模式,未来应推动围绕以"政府—高校—企业"相结合,"内培与外用"相结合,形成基于已有专业的跨专业人才培养方式,即以实用为导向,以解决中华文化国际传播实际问题为课程设置标准的课程体系、跨文化交际技能训练体系。

强化全民对外传播意识

从某种意义上讲,一个国家的国际话语权犹如梁山上的"座次权",与硬实力相关,也不全靠硬实力,软实力同样重要。在梁山好汉中,宋江武功、韬略都不是最优秀的,但被推举坐头把交椅,就是因为他急公好义,是"及时雨",德厚服人。甚至后来投降、被招安,大家也都跟着他,听他的,靠的依然是德,当然这时他就虚假了,就骗了,可惜众好汉依然听他的,即使已经意识到他的假和跟着他的危险。其中涉及的实际上就是如何获得话语权,以及获得话语权后如何正确行使话语权的问题。或者说,宋江如何始终掌握话语权?为何在他错误使用话语权时他的"兄弟们"没有识破、识破了也没有揭穿,更没有造他的反?这就涉及掌握信息的不均衡问题。目前打压中国的西方霸权势力犹如投降后的宋江,我们要不做被蒙在鼓里的梁山好汉,就是要让信息公开,在畅通官方信息管道的前提下,全方位疏通社会沟通管道、民间沟通管道,打破西方话语垄断,推动全民信息共享,"兵民乃胜利之本",打一场反击西方话语霸权的"人民战争",不断加大对外传播的社会宣传力度,把讲好中国故事、树立中国形象的理念,根植于全体中国人民心中,鼓励大家积极发声,正面发声。

着眼未来,中华文化国际传播人才培养应采取的主要对策是:

坚决惩治中华文化国际传播队伍中的害群之马

中华文化国际传播人才工作性质特殊,事涉国家安全和民族团结,直接影响着世界对中国的客观认知和理解,而每个人都是"一颗星的宇宙",即每一个人在传播对象看来都代表一个集体,一个国家,特定情况下还代表着中国共产党的形象,因此必须加强党性教育、初心教育、爱国主义教育,传其真学真信真用新时代理论成果,发自内心为党发声,为国塑像。

中华文化国际传播领域一旦出现腐败问题,性质就会尤其严重。因为该领域的腐败,除了会涉及经济问题外,更可怕的是腐败人员背叛国家,出卖情报,祸国殃民。而他们所出卖的信息则会被国际反华势力利用,用于制造反华舆论,攻击中国信息系统,窃取或篡改机密信息,危害中国国家安全工程和民生工程,造成中国社会秩序混乱,价值观扭曲。而且因为网络信息传播隐蔽性强,效果好,破坏力强,成本低,所以成为国际反华势力惯用、乐用的便捷手段,频频制造事端,危害中国国家统一和民族团结。这些传播途径有目难睹,但传播效果有目共睹的信息传播现象,都应该成为中华文化国际传播领域用以加强法律法规教育的反面典型。与此同时,中国国家安全部门和执法部门要加强对中华文化国际传播领域的监管,重点查处重要岗位、有关单位、有关媒体从事人员违法违纪行为,防止"高级黑""低级红"事件发生。

积极创造能让世界"读懂中国"的文化产品

文化产品有广义与狭义之分。广义的文化产品指人类创造的一切可见产品,既包括物质产品,也包括精神产品;狭义的文化产品专指精神产品,主要指表现哲学、宗教、艺术、伦理道德以及价值观念的产品。

精神要素是文化产品中最有活力的部分,是人类创造活动的动力。没有精神,人类与动物无别;没有精神,文化产品就只是产品而无文化。文化产品传播思想、符号和生活方式,提供信息和娱乐,形成群体认同并影响文化行为,如图书、杂志、多媒体产品、软件、录音带、电影、录像带、视听节目、手工艺品和时装、雕塑等,都可称为文化产品;或进入市场,则可称为文化商品,人们购买这些文化商品陶冶情操,丰富精神生活,获得精神享受,提升幸福感。文化产品是个性化的,是作者创作出的"这一个",但优秀的文化产品同时也能愉悦他人,为他人带去精神价值。

文化的价值在于提升人的精神素质,在更高的价值层面创造生活,享受生活。在精神层面,存在着人类共同的价值观,即对真善美的共同信仰和追求。不论哪一国的文化产品,不论哪一个时代的文化产品,只要表达了真善美的人与事,就具有了人类共同性,就具有了世界共同价值观。

文化产品以情动人。人类情感的共通性可以化解社会人的价值观差异和意识形态差异,消解人的政治偏见,提升人的生活品质。这是文化产品能够促进民心相通的主要原因。中国文化产品丰富多彩,历史性、当代性兼备,但在向世界传播中华文化产品时,我们不能因为中国文化的丰富而沾沾自喜,甚至产生文化优越感,在外国人面前"炫富""摆阔",在情绪上刺激人,激发别人的反感;也不能因为中国文化产品的形式传统和内容复杂而束手无策,甚至自卑;更不能因为中国文化传播受到误解或抹黑或抵制就灰心丧气,裹足不前。而是要始终理直气壮但心平气和地将中国文化产品介绍出去,翻译出去,传播出去,让文化产品自己说话,让文化产品中的人与读者或观众或听众对话,共同谈谈柴米油盐酱醋茶,谈谈子女教育,谈谈食品安全,谈谈音乐美术,谈谈春暖花开、秋霜逼人;也可以谈谈全人类普遍关注的和平发展、生态保护、国际维和、民族和谐,让世界了解中国对世界治理的认识和态度,从中看到当代普通中国人的精神状态:同样追求和平、幸福,同样追求真理、自由,同样赞美善良、正直,同样向往美好、纯洁,这是全人类共同的追求,没有中外之分,东西方之分,这样就容易获得共鸣。文化产品如盐入水,要有个融化过程,所以我们要有耐心,不要期待"一见钟情"式的文化交流,而是要相信"日久生情"。这是文化产品的特殊性所决定的,也是文化产品特殊的传播方式和感染方式。

传播时代,沉默不是金。桃李不言,可能就会成为烂桃烂李,这是传播时代的自然规律。自己有好的文化产品,不传出去,让更多人分享,获得美感,实际上是对文化的不负责,往大里说,也是对人类不负责。换个角度讲,若传播场域是固定的,你不传美的文化产品,空间就会被别的文化产品占据,若后者是假大空作品,你的沉默就等于"助纣为虐",甚至等于犯罪。所以,中国优秀文化产品要主动走出去,有组织地走出去,政府和相关机构要从创作开始就着眼于走出去,甚至可以组织中外艺术家进行"命题作文",选择符合人类审美需要的主题、人物、情节、表现形式;作品问世后则要联合中外机构、民间团体,围绕文化产品进行系列推介活动,"桃李千言",不厌其烦,消除文化隔阂,实现文化互通。

文化产品无国界,无功利,有共情,因而相对容易沟通,容易交流,容易交志同道合的各国各地的朋友。文化产品源于社会生活百态,表现人情世故,小切口表现大主题,小故事反映大时代,感性,具体,可最大限度展示日常中国形象,日常中国内涵,从而使展现的中国形象真实、可信、可爱,"美""善"一体,可感可触可亲,更容易走进世界,为世界所认知,所接受,所尊敬。

文化产品要有故事性,这样才能吸引人。我们要增强中国文化产品的内涵,坚持民族艺术形式与异域艺术形式相统一,讲事实,摆道理,通情感,既坚持传统,又开放、包容,在坚持各自价值观基础上实现共同价值观的共融共通,尤其是尊重 Z 世代年轻人的欣赏习惯和交流方式,以更"酷炫"的中国风格、人类情感打通中外,共建文化艺术长廊,让中国文化产品与世界各国文化产品平等展览,请世界人民平等欣赏,各取所需,共享美好。

——原载"中国日报(中文网)",2024 年 3 月 25 日

坚定文化自信　释放文化潜能

习近平总书记指出："文化是民族的灵魂，是维系国家统一和民族团结的精神纽带，是民族生命力、创造力和凝聚力的集中体现，是综合实力和国际竞争力的重要组成部分。"党的二十大胜利召开之后，经济复苏与高质量发展已成为中国社会的主旋律。如何最大限度地释放全社会各领域的发展活力与巨大潜能，成为当前中国社会面临的主要问题。经济的复苏与发展，社会的和谐与稳定，都离不开文化潜能的释放。

文化是一种精神力量

习近平总书记指出"一个民族的复兴需要强大的物质力量，也需要强大的精神力量"，"我们说要坚定中国特色社会主义道路自信、理论自信、制度自信，说到底是要坚定文化自信"。并多次强调"文化自信是更基础、更广泛、更深厚的自信，是更基本、更深沉、更持久的力量"。以社会主义核心价值观和中华文化优秀传统文化为根基的文化自信，作为一种精神力量，对于凝聚民心、汇聚民力具有不可替代的价值。当下，文化自信能够引导民众坚定信心，凝聚共识，直面困难，迎接希望，积极参与经济复兴与社会发展进程，坚定不移地走中国特色社会主义道路。

文化可以助推经济发展

文化属于上层建筑，具有反映和促进经济发展的基本功能。

第一，文化对经济发展具有导向作用。美国经济管理学家德鲁克认为："今天真正占主导地位的资源以及绝对具有决定意义的生产要素，既不是资本,也不是土地和劳动,而是文化。"文化决定着当代社会经济发展的方向。无论是国家与地区,还是企业与个人,其经济发展的持久力与生命力最终取决于文化底蕴的深浅。

第二,文化事业为经济发展提供活力。中国现代公共文化服务体系日趋完善,文化事业欣欣向荣,有力地保障了民众基本文化权益,使得民众在文化获得感与幸福感不断增强的同时,能够更好地投身于各项社会主义建设事业当中。

第三,文化产业推动经济高质量发展。从国内生产总值占比来说,中国文化及相关产业增加值占 GDP 比重逐年升高,至 2021 年已达 4.56%。从经济结构调整来说,随着中国城乡居民物质水平的不断提高,其文化消费需求正在全面快速增长,因此文化产业发展有利于释放消费潜能,助力扩大内需。从经济发展方式转变来说,文化产业作为第三产业的组成部分,其发展有利于优化产业结构,加快产业升级。

总之,历史悠久、底蕴深厚、内涵丰富的中国特色社会主义文化可以促使中国经济韧性强、潜力大、活力足的优势得到更全面、更集中的体现,而作为"十四五"时期经济社会发展重点任务,文化事业与文化产业的繁荣发展将在提高国家文化软实力、建设文化强国的同时,进一步推动经济加快恢复提振,实现平稳健康发展。

文化经济困境与机遇并存

受三年疫情影响,中国公共文化服务预算紧缩,各项文化事业建设难以正常开展。据国家统计局网站消息,2022 年,全国文化企业实现营业收入 121 805 亿元,按可比口径计算,比上年增长 0.9%。也就是说,疫情期间文化产业发展保持增长但增幅不大。其一,在文化产业体系中,中小微文化企业占较大比例,受经济大环境影响,一些抗风险能力较弱的小规模文化企业生存状况不佳,乃至濒临倒闭。其二,由于人口流动与聚集受限,文化旅游业、电影业、演艺业、节庆会展业、体育休闲业等依赖于人员聚集的文化产业营业状况大幅持续性下降。其三,据国际劳工组织

2022 年 11 月 30 日发布的《2022—2023 年全球工资报告》指出，新冠疫情导致全球经济受挫，各国工人工资水平下降，其中妇女和低收入工人工资更是受到严重影响。人们在薪资水平下调、生活压力日益增大的情况下，将会减少文化产业的消费支出。

数字文化建设彰显动力

三年新冠疫情在阻碍线下文化建设的同时，也推动了文化数字化建设进程，以数字科技赋能大众文化生活。三年来，随着数字科技的不断发展，构筑新型文化空间与公共数字文化体系，加速文化产业升级转型已成为当前加强文化建设、释放文化潜能的一大趋势。一方面，数字科技助力公共文化服务创新。疫情期间，从国家级图书馆、博物馆到基层乡镇社区文化站室，几乎所有的公共文化机构都以不同形式进行线上服务，很大程度上弥补了线下公共文化服务在满足人民群众基本文化需求方面的功能缺失。另一方面，数字科技加速文化产业升级转型。据《中国文化产业发展报告（2022—2023）》公布的 2022 年文化产业十大关键词显示，无论是元宇宙、沉浸式文旅体验，还是人工智能、数字场景、数字虚拟人等概念都表明当前数字技术已与文化产业发展高度融合，成功激发了文化产业潜能，使其在线下发展受挫的情况下完成升级转型，成为经济增长新动能与新增长点。

多元一体释放文化潜能

疫情后文化市场回暖升温趋势明显。后疫情时代的中国特色社会主义文化建设，在继续坚持文化自信，实现文化创新，强调文化在社会发展中的基础性作用的同时，还要基于政府、文化机构、个人等多元主体的共同努力，以多维度地充分释放文化潜能，建设文化强国。

政府应统筹推进文化建设工作。从"繁荣发展文化事业和文化产业"的角度来说，无论是公共文化服务还是文化产业发展，都离不开政府的统筹兼顾与全面推进。政府应在充分把握文化建设发展趋势的基础上,出台切实有效、整体协同的文化政策,加强宏观指导,统筹资源规划,作好金融扶持。在中央经济工作会议将"着力扩大国内需求"作为 2023 年重点工作任务的背景下,尤其要创新体制机制,搞好统筹扩大内需和深化供给侧结构性改革,解决好当前文化建设中高质量文化产品供给无法满足人民群众日益增长的精神文化需求问题,从而释放文化消费潜力,为推动经济高质量发展注入新鲜活力与强劲动能。

文化机构应实现社会效益与经济效益相统一。一方面,作为文化事业的主体,公共文化机构应在借力数字科技的同时,不断创新管理服务方式,线上线下双融合提升服务效能,为人民群众提供更高质量、更有效率、更加公平、更可持续的公共文化服务。同时,公共文化机构还应进一步转变观念,充分利用社会资源,大力挖掘民间文化,激发民间的文化创造力,为社会力量更好地参与公共文化服务开拓空间,从而将文化资源优势转化为经济效能。另一方面,作为文化产业发展的主体和文化事业参与的社会力量,企业应增强创新发展能力。其一,企业应增强科技创新能力。在数字技术已成为文化事业和文化产业发展重要动力的背景下,企业应注重提升科技创新能力与核心竞争力,提高"文化+科技"融合速度,构建文化数字化新生态。其二,企业应增强文化创新能力。文化企业的创新能力不仅与科技创新相关,还深受文化创新创意能力影响。对此,企业应以创新创意为驱动,激发创新意识,在开展特色经营、创新产品特色和服务、提升原创水平和科技含量等方面形成竞争优势,满足人民群众的精神文化需求。

个体应积极投身中国特色社会主义文化建设。中国特色社会主义文化建设与每一位中国人都息息相关,因此要充分发挥人民在文化建设中的主体作用。对于个人来说,首先应坚守社会主义核心价值体系和核心价值观,将社会主义核心价值观全方位、深层次地融入现实生活,成为自己的日常行为准则。其次应弘扬主旋律,传播正能量,提振自身信心与精气神,以更加昂扬的精神状态投入各行各业。最后应在深入认识、了解中华优秀传统文化、革命文化与社会主义先进文化的基础上,提升自身文化修养,培养更高的精神文化追求,形成正确的文化消费观,以高层次的文化需求推动高质量文化产品的诞生。

　　总之,文化潜能的释放既可以振奋人心,激发人民群众投身社会建设的信心与直面困难的勇气,又能够对经济发展起到实质性的作用,提供活力与动力,推动产业优化,形成新的经济增长点。在后疫情时代,我们仍应坚持文化自信,通过政府、文化机构与个人的多元主体联动,共同释放文化潜能,助力中国经济恢复性发展与高质量发展。(与吴秀峰合作)

借力民间力量，推动中华文化深度融入

文化无形无声，无色无味。无论国事家事，一言一行，一颦一笑、蹙眉眼色，这一切都可以说是文化。而从文化传播角度讲，这也是文化世界化的最高境界，上善若水，至境无境，每一种文化走出去，最终目的都是走进别人的日常生活，成为别人生活所需，而不觉异样。

要实现这样的目标，单靠任何一个单位、个人，甚至单靠一个国家等，都是不可能实现的。一方面，要加强顶层设计，一张蓝图绘到底，政府协调宣传、外事、商务、文旅等机构要打破部门、区域堡垒，明确目标责任，确立文化传播国策地位，一以贯之，久久为功。另一方面，运用并拓展各种渠道，动员各种力量，实现全媒体、全社会、全方位传播。其中走出国门的国有企业、中资企业，因为与所在地生活息息相关，所以更容易发挥毛细血管作用，在满足所在地生活需要的同时，融入中华文化元素，在民心相通中传播中国好声音，在"美美与共"中传递中国智慧、中国方案。

高校等教育机构、文化传播部门要增强对企业为代表的民间力量的责任感和自觉意识，推动它们在中华文化走出去过程中发挥直接作用；在教育平台、传播途径等方面充分信任企业力量，与企业形成合力，数据共享，共同赋能中华文化走出去，构建更适合新时代中华文化走出去的立体多元体系，实现全覆盖。目前，文化交流和传播的模式都发生了巨大变化，传统传播模式已无法满足世界范围内的中文和中华文化学习需求，线上行业市场快速发展，中文教育和文化企业获得新的发展机遇，市场和社会效果得到重新认识，一些国家和地区如印度尼西亚、中东地区的中资企业中的外籍人员对中文的需求得不到满足，在中资企业工作会讲中文所带来的经济收入增加和岗位提升可能性，都进一步增加了外籍员工学习中文、了解中国文化、理解中国的愿望，而外籍员工的这些需求，都与生活有关，每个人也因此成为中文和中华文化的宣传员、播种机，具体而微，家长里短，都会谈及。这是海外企业特有的优势，也是最能吸引所在地民众喜爱中国文化的着力点：为生存而学，为幸福而学，而源头，来自中国。

目前，海外中国企业的文化融入功能还没受到充分重视，潜力还没得到充分发掘，与国内外中华文化国际传播部门还没找到最佳切入点与合作渠道。

从国内角度看，因为长期依赖政府，一、我们的相关部门和团体已习惯于依靠体制内资源作宣传、作传播，向内视角已经形成，不是故意而是无意忽视体制外的力量。二、担心安全问题，害怕民间力量在政治上不可靠，担心"引火烧身"，被动承担政治责任和意识形态工作责任。三、因为一直缺乏与体制外力量合作的习惯，也就没形成相关工作机制，老虎吃田螺，无从下口；四、即使意识到体制外力量对文化走出去的重要作用，也缺乏必要的支持手段以培育扶持民间资源力量，缺乏动员激励手段；五、因为缺乏合作平台，体制外的民间力量难以克服很多海外国家层面设置的障碍，如网络联通问题，出国交流阻力问题，国际活动空间受限问题等等，心有余而力不足。

着眼未来，政府部门和教育机构要进一步转变思想观念，牢固树立文化传播一盘棋意识，决不因噎废食，因人废事，而是要从群众中来，到群众中去，发挥民间力量的在地功能，建立国际传播统一战线，不断扩大民间力量参与中华文化走出去的渠道和途径，形成并完善工作机制，对民间力量开放体制内宣传资源，提供参与重要活动机会，发挥行业协会协调作用，组织吸引民间力量有序参与国际传播。与此同时，政府和企业要共同优选并培养一批政治上可靠的"网红""人气流量明星"，通过他们在国内外发声，产生偶像效应，扩大传播效果。还要选择与国际接轨的一些行业，如电竞产业、体育运动、动物保护、文化遗产保护等，支持行业精英和协会组织常态化参加国际活动，参与或主导制定国际规则，尤其是体育、音乐、影视等影响广泛的行业，以中国智慧提升比赛规则的公平性，以中国思维改变中国形象的塑造，不知不觉以中国价值观影响世界。

总之，只要是积极有利的力量，只要能助力中华文化世界化，无论政府民间,都一律平等;无论国内国外,都一律平等,都一体纳入中华文化国际传播政策体系和实施体系,每一股力量都是主力,都得到同等政策支持与资源支持。同时不拘一格聚力量,建立容错机制,特殊设定民间力量参与中华文化国际传播的标准,宽以待人,不求全责备,不指手画脚,不吹毛求疵,从而确保民间力量参与中华文化国际传播的积极性和主动性,形成万马奔腾、千帆竞发的中华文化国际传播新局面。

金砖国家人文交流促民心相通

2023 年 8 月 23 日(当地时间),金砖国家领导人第十五次会晤在约翰内斯堡举行,阿根廷、伊朗、沙特、埃及、阿联酋和埃塞俄比亚成为金砖国家新成员,全球高度瞩目。习近平主席出席领导人会晤,发表题为《团结协作谋发展　勇于担当促和平》的重要讲话。习近平主席指出,世界进入新的动荡变革期,正在经历大调整、大分化、大重组。金砖国家要把握大势,引领方向,坚守联合自强的初心,加强各领域合作,推进高质量伙伴关系,为世界注入更多确定性、稳定性、正能量。习近平主席提出金砖合作的四大重点领域:要深化经贸、财金合作,助力经济发展;要拓展政治安全合作,维护和平安宁;要加强人文交流,促进文明互鉴;要坚持公平正义,完善全球治理。

人文交流作为促进民心相通的重要途径,对金砖国家合作机制创新,实现习近平主席提出的金砖合作议题和目标,具有重要的积极推动作用和协调杠杆作用。

"团结就是力量",而团结的基础是相互了解。中国对世界的了解带有明显的区域差异性:对发达国家的了解多,对以南非为代表的非洲国家的了解远远不足;对印度这样的近邻,实际上也更多停留在概念上的了解,对印度文化深层结构了解不多,或者说了解渠道不多,好像中印文化之间也隔了一座喜马拉雅山。人文交流润心无声,影响无形持久,可以跨越有形的障碍,跨山越海。只要是好的文化,人们都喜欢,是没有国别限制的。金砖国家之间要合作创造更多的文化产品,如影视剧、音乐、绘画、文学作品等等,通过合作实现文化互信互通,为其他领域的合作营造良好的人文环境。

人文交流合作要重实效。国际交流往往协议签得多,落地扎根的少,尤其是人文交流的"软性"和弥漫性特征,导致很难确定量化的考核指标,对标对表进行推动和验收。但金砖合作机制务实重实效,为人文交流的有效性提供了保证。金砖国家政府之间要确立有效的协调协同机制,顶层设计要科学合理,动员组织要坚强有力,技术赋能要不留"小心眼",科研学术交流要无障碍互通,以人文之"柔"与科技之"硬"交织而成交流"连理",以柔润刚,以刚护柔,相得益彰。在此基础上,通过金砖国家之间的人文交流,在实现金砖国家文化共存共荣的基础上,推动世界文化和谐共存。这样的过程,实际上也会形成独具特色的"金砖文化",作为世界文化的一个分支,独领风骚,为世界文化的区域合作共荣,提供可供借鉴的"金砖经验"和模式。

人文交流要以平等为基本原则。毋庸讳言,不同国家之间的人文交流很难实现真正平等,其中既有政治、经济的原因,也有文化的原因,甚至个人的原因。这就会造成交流者不同的身份危机、不平等危机。为了实现人文交流的平等,金砖国家之间首先要建立政治互信,尊重各国主权,相互尊重政治决策、发展道路选择,相互打破技术壁垒,共同维护绿水青山,平等推动全球治理。这一切,都必须建立在相互理解、相互尊重和相互信任的基础上,也是人文交流的目的和成效。

人文交流要促进提升各国文化自信。添薪加火,抱团取暖,金砖国家人口众多,经济充满活力,但各国的世界影响力与各国的世界贡献度却不成正比,这与这些国家历史上遭受的殖民侵略、压迫有关。长期被置于殖民者的文化阴影之下,养成了有理说不清的习惯,因此民族意识觉醒晚,习惯于沉默,不重视文化的国际传播。金砖合作机制要有意识地促进各国从民族自卑中走出来,提升文化自信,整体提升国际形象的同时,提升民族国家自豪感。

人文交流要共建多语言互学生态。人文交流,语言先行。中文的世界化证明,语言教育是文化传播的重要载体,以语言教育建设人文交流会客厅,以教育增进友谊,促进不同文化在"金砖会客厅"实现坦诚交流,是强化金砖合作走深走实的重要基础。为此,金砖国家要建立语言教育合作机制,共同创办"金砖语言学校",开设金砖国家语言课程,如中文、葡语、印地语、俄语，跨越语言交流障碍，同时兼顾英语、法语等，为金砖合作的未来可持续发展，储备语言人才，奠定人文基础。

人文交流的未来在青年。金砖国家应合资建立"金砖青年基金"，设立金砖国家奖学金，互派留学生，加强青年人文交流，增强青年"金砖共同体"意识，打造"金砖青年领袖"项目和培养模式。从中优选杰出青年，加大培养力度，定向培养专门领域的领军人才，发挥偶像效应，以一人带动一地，以一地带动一国。在此基础上，扩大青年交流范围，对现有从事金砖交流的各国人员进行专门培训，在社会层面多开展短期交流项目，扩大旅游合作范围，为青年人才成长打造有利的社会环境。

人文交流要借助民间力量。政府要开阔胸怀，五湖四海，发挥主动性，动员并协调各国民间力量，包括企业、教育团体等，依托自身优势，共同重视和推动各国人文交流。民间力量融入充分，渗透性强，更了解当地的物质需要和精神需要，更容易精准投入资源，优先保证教育、科技、文化、卫生、体育、媒体、旅游、青年等领域的交流，为政府层面的决策提供信息和经验支持。

人文交流要讲好各国故事。金砖各国都有悠久的历史，文化资源丰富。各方要合作打造"金砖故事会"世界人文交流品牌，以各国故事推动金砖国家之间加深理解，推动世界了解"金砖"。各国要彼此尊重，话筒均拿，讲故事时避免"以己度人"、避免话语霸凌，捅破纸，打破墙，以故事的感情和真善美，弥合文化裂缝，接续文化"断头路"，打通人文沟通最后一公里。

人文交流应有序有节。目前金砖国家人文合作政府主导色彩过重，政策执行效率低，相对忽视对问题的分析研判，过多追求短平快的解决方式，重"西医疗法"，轻"中医疗法"，治标不治本，文化传播"雪泥鸿爪"，抓痕不深，没形成制度性保障，配套保障措施不全不实。未来应客观面对现实，既不盲目大意，也不故步自封，而是对症下药，无论中医西医，以祛除病根为选择标准，遵循事物发展规律，庖丁解牛，刀刀到位，有序有节。这样不但能保证各国人文交流的正常进行，而且遇到问题能即时做出反应，降低合作风险。

　　人文交流应建立统一的质量保障体系。该体系有以下几个层次：第一，应以和谐共生为目标。第二，应有统一的协调管理机构。第三，在实践中摸索建立科学的文化共生风险评估体系，基于具体问题、文化差异、互惠互利原则，设计评估标准，得出科学结论，确定评估等级。第四，应科学设定文化共生评估指标。文化交流的效果同时具有隐性和显性特征，基于其显性特征，可基本判断文化交流广度和深度。第五，建立跟踪监测机制以保证传播效果。

世界主义与中华文化国际传播

　　从词根上讲，世界主义对应的英文单词"cosmopolite"，来源于希腊文"cosmospolis"。这个词是由"cosmos"和"polis"两部分构成，前者指"宇宙""世界"，而后者指"城邦""城市""市民"。因此它的原义，是指"世界城市"或"世界城邦"。

　　世界主义的源头，至少可以追溯到公元前 4 世纪犬儒学派（Cynicism）。这一学派的信徒第一次表述了世界主义的思想，即"宇宙公民"（citizen of the cosmos）。后来，西塞罗、卢修斯·塞涅卡、马克·奥勒留等禁欲主义者采纳并完善了犬儒学派的理念。在斯多葛学派看来，人们生活在两重世界之中，一个是和出生相联的"当地社区"，二是由人类理想所支撑的"社群"，而后者对个体而言远比前者更加重要。个人的忠诚，首先应该献给"人类共同的道德理想"。斯多葛学派虽强调超越城邦的人类共同理想，但同时并未忽视"对当地、亲友、家人、朋友和同胞的关怀"。只是从重要性上来看，人类的道德理想更加重要。

　　启蒙运动时期的世界主义观点，不仅超越了地域的局限，更涉及世界范围内的政治管理，还提出应在理性、公正、彼此认同等具体的普适性道德原则下开展民族、国家间的沟通交流与合作。

　　在当代全球化大背景下，如何协调民族国家利益和国家间相互合作的关系，正日益引起人们的注意。由于全球化进程的加剧，国家、民族间的交往日益频繁，物质产品、人口、信息在世界范围内快速流动，整个世界形成了一个命运共同体，在经济上突破了国与国之间的界限。经济全球化使国家之间构成了你中有我、我中有你的交错联系；在政治上，全球化造成了国内和国外政治联系相互交错、互相影响，超越民族国家界限的世界关系成了政治全球化的重要特征；在文化上，民族之间的文化交流日益密切,不同民族的思想、道德层面的尊重、平等、友爱,常常被视为世界主义视域下处理国家、民族关系的重要原则。由此,世界主义又可以简单概括为主张爱整个人类,要对每个个体都尽到责任,不分国家、民族。

世界主义的优势,不仅体现在强调国家间的合作与民族间的融合,更在于其对民族差异的认可和尊重。世界主义的着眼点是处理民族与国际、地方与全球的关系,因而自然衍生出如何看待"他者""差异"的问题。世界主义的意义,在于提出了一种新型的处理地方与全球关系的模式:尊重并承认民族差异,又不使民族差异绝对化;个体既立足自身生长的地域,又着眼世界对全球事务有责任感;依据道义准则,建立地方和全球之间"亦此亦彼"的新型协作。正是以上内涵造成了世界主义和殖民主义、民族主义、普世主义等概念的差异,并体现出了自身独特的优势。

世界主义的意义,还在于强调个体对他者所应承担的义务和通过对话模式促进世界范围的民族国家联合。世界主义倡导实现地域联合和全球一体化协作,共同面对全球化所带来的风险和社会问题。这意味着个体不但对自己所生活的区域肩负责任,还要对世界其他地域的其他种族肩负相同的责任。世界主义的一个核心观念,就是人们对超越亲情关系的他者的仁慈和所承担的义务。世界主义者共同接受的理念,是既不忘记区域性忠诚,还对区域外的他者负有一份责任。这就需要人们不再囿于区域性局限,不再有西方和东方的严格划分,承认并平等对待民族差异,推进和"他者"的对话交流,而且,平等对话和交流成了跨地区、跨民族联合的唯一有效途径。这就需要人们回到"对话模式",尤其是生活方式不同的种族、群体之间的对话,从而建立世界范围内的联合。世界主义主张一种更加包容的胸怀,主张"亦此亦彼"的包容共存,否定了全球与地方、民族与国家之间的二元对立。

世界主义虽被应用到政治、经济、文化等诸多领域,并且有不同的理解,但不同领域的世界主义总体蕴含着以下共同内涵:

一是尊重并平等对待文化他者和民族差异;

二是坚持对话和道义原则,促进超越种族、国家之间的交流合作;

三是超越民族、国家局限的人类共同责任的承担。

　　总之，世界主义的内涵是全球一体化，核心是超越种族、地域、国家限制的平等、尊重、博爱等道义原则，途径是民族、国家之间的交往与融合，目标是建立责任共同承担的人类命运共同体。

　　中华优秀传统文化走出去，就是要推动世界不同文化之间进行平等的文化交流，通过友好协商，共同承担人类文明发展的责任，最终合力构建人类命运共同体。这是中华民族文化"天下为公"理念在新的世界发展阶段的自然体现，是中国式现代化的历史担当与世界责任。

　　中华文化强调"以和为贵"。面对矛盾和冲突，中国文化首倡息事宁人，忍辱负重，以德报怨，先礼后兵。无论是面对个人危机，还是国家发展困境，还是世界变局，中国人首先遵循的化解之道就是和解，从中体现的是一种客观而公正的价值观。遇到矛盾不主动寻求对立，不主动激化矛盾，而是正视矛盾，在承认矛盾对立客观存在的前提下，推动矛盾各方坐下来、谈起来，共同找到矛盾的结点，各退一步解决问题。这与美西方所遵循的"利益论""冲突论""阴谋论"有本质上的区别。美西方遇到矛盾首先是推责、抹黑，将物质利益置于矛盾冲突的首要根源，并以"地缘政治"为理解矛盾的视角，建构以"他者"而非"合作者"为坐标点的关系网，激化对立与竞争，实际上就是以西方为坐标原点，维护西方利益为首要目的。

　　中华文化强调"趋同存异"。世界上不存在两片完全相同的树叶，何况人与人之间，国家与国家之间。中国哲学源于自然，最懂得基于自然之道的世界之道。以生态和谐之理用于世界文明生态治理，将不同国家、民族之间的矛盾、冲突置于世界主义的和平理念内加以协调，在差异中寻求文化共通之处，建构一种和平、公平、正义、民主、自由为核心的人类共通价值观，以"文化趋近性""文化相似性"为世界文化合作基础，在尊重文化差异性的前提下，连接不同文化沟通交流的桥梁。

　　中华文化强调"和合偕习"。《管子·幼官图》有言："畜之以道，养之以德。畜之以道，则民和，养之以德，则民合。和合故能习；习故能偕，偕习以悉。莫之能伤也。""和合"基础为"道"和"德"，民众拥有共同的道德、理想，然后可以和谐融合，进而形成民心和谐的社会风尚，民众同心协力，共同推动全社会发展，一旦实现了民心相同，就没有什么力量可以战胜了。也就是说,中华文化追求以"和"求"合",以和谐求合作,强调不同人之间、不同民族、国家之间和平合作,融合统一。体现出中华文化的平等、包容、以多求一、以一融多,这是中国式的世界主义。

中华文化强调"天下为公"。以天下为己任是刻在中国人骨子里的情结。《南史·宋纪上》:"夫树君宰世,天下为公。"李贽《答耿中丞》:"夫以率性之真,推而扩之,与天下为公,乃谓之道。"孙中山《对驻广州湘军的演说》:"提倡人民的权利,便是公天下的道理。公天下和家天下的道理是相反的。天下为公,人人的权利都是很平等的。"2023 年约翰内斯堡当地时间 8 月 24 日,习近平主席:"作为发展中国家、'全球南方'的一员,我们始终同其他发展中国家同呼吸、共命运,坚定维护发展中国家共同利益,推动增加新兴市场国家和发展中国家在全球事务中的代表性和发言权。中国没有称王称霸的基因,没有大国博弈的冲动,坚定站在历史正确一边,坚定奉行'大道之行,天下为公'。"

这种中国特色的世界主义蕴含的"天下情怀",既是中华文化走出去的动力,也是目的,是中国对世界的主动担当,责任担当,是世界多极化态势下中国要以中华民族智慧推动世界不同文化之间的平等。当今时代,一些国家不甘心失去其霸权地位,对发展中国家肆意围堵打压,东边一棒子西边一砖头,谁要过上好日子了,就打压谁;"谁赶上来了,就要使绊子""吹灭别人的灯,并不会让自己更加光明"(2023 年 8 月 22 日"习近平在金砖国家工商论坛闭幕式上的致辞")。推动中华优秀传统文化走出去以推动世界不同文化和谐共生,实现全球文化平等,是中华文化的使命与担当。

中华文化强调"按行自抑"。与西方世界主义相似,中华文化也崇尚相互友好建立在自我抑制的前提下。康德主张国家民族间应彼此容忍与和平相处,世界主义秩序应基于相互沟通的意愿,并以理性、公正、主体认同为原则。不同国家之间应热情相待,应保持跨越国界的博爱与道德,应在理性、公正、彼此认同等具体的普适性道德原则下开展民族、国家间的沟通交流与合作。中华文化强调文化和谐也应以"礼之用""克己复礼",彼此尊重,相互理解,以道德律令自我约束并相互约束,以退求和,只有如此,才能真正实现世界和平,人类亲善。

——原载"中国日报(中文网)",2024 年 5 月 29 日

从中西寓言、神话看中西文化差异的根源

先看五则中西寓言、神话故事。

中国：

1. 钻木取火。上古之世，人民少而禽兽众，人民不胜禽兽虫蛇。有圣人作，构木为巢以避群害，而民悦之，使王天下，号之曰有巢氏。民食果蓏蚌蛤，腥臊恶臭而伤害腹胃，民多疾病。有圣人作，钻燧取火以化腥臊，而民说之，使王天下，号之曰燧人氏。——《韩非子·五蠹》

2. 大禹治水。尧舜时，九河不治，洪水泛滥。尧用鲧治水，鲧用雍堵之法，九年而无功。后舜用禹治水，禹开九州，通九道，陂九泽，度九山。疏通河道，因势利导，十三年终克水患。一成一败，其治不同也。——《经典史记》

3. 愚公移山。北山愚公者，年且九十，面山而居。惩山北之塞，出入之迂也。聚室而谋曰："吾与汝毕力平险，指通豫南，达于汉阴，可乎？"杂然相许。其妻献疑曰："以君之力，曾不能损魁父之丘，如太行、王屋何？且焉置土石？"杂曰："投诸渤海之尾，隐土之北。"遂率子孙荷担者三夫，叩石垦壤，箕畚运于渤海之尾。邻人京城氏之孀妻有遗男，始龀，跳往助之。寒暑易节，始一反焉。

河曲智叟笑而止之曰："甚矣，汝之不惠。以残年余力，曾不能毁山之一毛，其如土石何？"北山愚公长息曰："汝心之固，固不可彻，曾不若孀妻弱子。虽我之死，有子存焉；子又生孙，孙又生子；子又有子，子又有孙；子子孙孙无穷匮也，而山不加增，何苦而不平？"河曲智叟亡以应。

操蛇之神闻之，惧其不已也，告之于帝。帝感其诚，命夸娥氏二子负二山，一厝朔东，一厝雍南。自此，冀之南，汉之阴，无陇断焉。——《列子·愚公移山》

西方：

1. 盗取天火。在西方传说中，火是被众神之王宙斯控制的，人类没有火烧烤食物，只好吃生的东西，没有火来照明，只好生活在黑暗中。人类向宙斯请求，宙斯同意把火种给人类，但要求人类必须用一头牛来献祭。普罗米修斯不想损失一头牛，他想出一条妙计，在献祭时，把牛分成两部分：一部分是生的牛肉，但没有牛皮；一部分是皮包着骨头，但是浇上了香香的牛油。宙斯一眼就识破了，大怒，拒绝给人类火种。普罗米修斯就冒着生命危险，从太阳神阿波罗处偷走了火种。宙斯发现后，命天神用沉重的铁链把普罗米修斯锁在高加索山的悬崖绝壁上，让他经受烈日暴雨的折磨，又派了一只嗜血之鹰，每天去啄食普罗米修斯的肝脏，啄食以后，普罗米修斯的肝脏又会奇迹般地复原。

2. 诺亚方舟。上帝耶和华见地上罪恶很大，人们终日所想的都是罪恶，感到很后悔造了人类，就想毁灭了人类。但诺亚得耶和华垂青，耶和华就提前告知诺亚用歌斐木造一只方舟，保证诺亚同其妻子、儿子及儿媳妇都进入方舟。随后耶和华降雨四十个昼夜，洪水泛滥，地上生灵都溺死了，只留下诺亚一家及方舟上的活物。

这五则中西寓言、神话故事，实际上从中西方文化源头上说明了中西方文化在面对危机和解决危机、战胜危机时，在态度和方法上的根本性区别。

面对困难，中国人采取的态度是千方百计靠自己的努力抗争并解决。除了上面两则神话故事外，还有伏羲"始作八卦"故事——"仰则观象于天，俯则观法于地，观鸟兽之文，与地之宜。近取诸身，远取诸物"（《易·系辞下》）。"又教民结绳，以作网罟，捕鱼猎兽，嫁娶以俪皮为礼，又创制琴瑟"（《世本·作篇》）；另有精卫填海故事；《西游记》中孙悟空对玉皇大帝、如来佛的反抗等等，皆是如此。中华民族的形成过程，就是一次次化危为机的过程；中国的历史，就是一部苦难与奋斗相连的历史，始终充满危机和风险，始终在战胜危机与灾难中发展延续。中国人相信，矛盾是发展的前提，危机常常充满转机，只要克服了矛盾和冲突，就会迎来新的发展机遇和机会。

　　中华民族文化不断自尊自信的过程,也是中华文化克服一次次文化危机的过程。每一次的内忧外患,都会激发出中华民族强大的生命力和民族凝聚力,凤凰涅槃,新生茁壮。向世界讲中国故事,必须正视中国故事中的民族苦难,以及苦难中所孕育的民族精神。

　　面对困难,西方文化更相信神的力量,把一切都交给神,快乐还是痛苦,生存还是毁灭,把人的命运,都交给神安排。这实际上是一种精神的懒惰,是作为人的不自信。就以普罗米修斯盗火为例。他先是欺骗宙斯,毁约在先,若按约献祭,宙斯并非不给人类火种;后又偷盗天火给人类,从人类角度,依然是依赖神的力量,而非自己动脑筋,而且只要满足了自己的需要,就能将偷盗者也视为英雄,这无异于助纣为虐,罔顾契约,肆意毁约也就无所谓了。在西方人眼中,唯一的原则就是“利己原则”,因为能满足自己的需要,就可随时撕毁协议,甚至可以欺上瞒下,无所不为。因此,普罗米修斯“偷天火”,也就不是什么大不了的事,甚至成了西方人眼中的英雄,“偷”因此也就成了西方人眼中的英雄行为。

　　按照这个逻辑,只要满足了他们的需要,他们可随时随意对别人发动战争;只要是对自己有利的,就是好的,至于对别人好不好,他们是不管的;按照这个逻辑,他们火烧圆明园,他们杀光印第安人,他们侵略其他国家……

　　按照这个逻辑,西方千方百计向其他国家推销的所谓普世价值观,实际上都是欺世盗名,以众利己,以“世界”之宏名行利己之私事,让天下成为自己的人力和财力的仓库,随时可取,最好是别人乐于奉送还感恩戴德。欺骗别人为自己服务,欺世盗名,骨子里都是要全世界为自己服务。

　　按照这个逻辑,依赖西方的国家、民族或个体,最终都只是被西方利用、欺骗,必是“狡兔死,走狗烹;飞鸟尽,良弓藏;敌国破,谋臣亡”。若再有灭绝人类的洪水来临,西方人依然会按照上帝的旨意,自造诺亚方舟,带上自己需要的东西逃离,其他人都会被弃绝于世,任其自灭。而且他们还会依然采取非常“民主”的方式,有章有法地采取程序“优选”,但结论在这之前实际上就已经决定了:非其族类,必被淘汰。只是有人知道,有人被蒙在鼓里,或为虎作伥而已。这些,都是已被历史反复证明了的,是西

方文化最普通、最顺理成章的"果实"。遗憾的是,《普罗米修斯》出现在了部编版语文四年级上册,原文如下:

　　很久很久以前,地面上没有火,人们只好吃生的东西,在无边的黑暗中度过一个又一个长夜。就在这时候,有一位名叫普罗米修斯的天神来到了人间,看到人类没有火的悲惨情景,决心冒着生命危险,到太阳神阿波罗那里去"盗"取火种。

　　有一天,当太阳车从天空驶过的时候,普罗米修斯跑到太阳车那里,从喷射着火焰的车轮上,拿了一颗火星,带到人间。自从有了火,人类就开始用它烧熟食物,驱寒取暖,并用火来驱赶危害人类安全的猛兽……

　　得知普罗米修斯从天上取走火种的消息,众神的领袖宙斯气急败坏,决定给普罗米修斯以最严厉的惩罚,吩咐火神立即执行。

　　火神赫淮斯托斯很敬佩普罗米修斯,悄悄对他说:"只要你向宙斯承认错误,归还火种,我一定请求他饶恕你。"

　　普罗米修斯摇摇头,坚定地回答:"为人类造福,有什么错?我可以忍受各种痛苦,但决不会承认错误,更不会归还火种!"

　　火神不敢违抗宙斯的命令,只好把普罗米修斯押到高加索山上。普罗米修斯的双手和双脚戴着铁环,被死死地锁在高高的悬崖上。他既不能动弹,也不能睡觉,日夜遭受着风吹雨淋的痛苦。尽管如此,普罗米修斯就是不向宙斯屈服。

　　狠心的宙斯又派了一只凶恶的鹫鹰,每天站在普罗米修斯的双膝上,用它尖利的嘴巴,啄食他的肝脏。白天,他的肝脏被吃光了,可是一到晚上,肝脏又重新长了起来。这样,普罗米修斯所承受的痛苦,永远没有了尽头。

　　许多年来,普罗米修斯一直被锁在那个可怕的悬崖上。

　　有一天,著名的大力士赫拉克勒斯经过高加索山。他看到普罗米修斯被锁在悬崖上,心中愤愤不平,便挽弓搭箭,射死了那只鹫鹰,又用石头砸碎了锁链。普罗米修斯——这位敢于从天上"盗"取火种的英雄,终于获得了自由。

　　这篇课文进行了重点改写,采取的是"拿来主义"。改写后的普罗米修斯是一位符合中国价值观、英雄观的英雄。他盗取火种是为人类造福,是正义之举。与他相对立,宙斯凶残与恶毒,以此衬托普罗米修斯不怕牺牲、不向强权屈服的英雄形象。最后普罗米修斯终获自由,表明正义最终战胜邪恶。搜索一下该课的教案设计,都是围绕这个主题,反复强调普罗米修斯的"英雄"行为,强调普罗米修斯之盗,不能与一般意义上的"偷窃"相提并论,因为他是为了人类而"盗"。虽然改写课文充满了浓郁的中国风,体现了中国所追求的公平、正义,但从故事整体看:一,这段改写属于"断章取义",主题先行,有误导学生之嫌;二,课文内在逻辑仍是西方价值观,是利己主义优胜于利他主义,是主张只要目的正确可以不择手段,罔顾契约和法纪。这与中国传统文化、传统伦理、社会主义核心价值观都是相违背的,不应该进入教材,影响一代代中国孩子。从娃娃开始,遗患无穷且不知不觉。

　　总之,在西方文化的字典里,根本没有"侵略"二字,也根本没有"他人"二字,而是只有"利己"二字。这是西方文化传统中的"普罗米修斯情结",也是延续至今的西方世界观和价值观的基础,西方利己主义思想的根源。对此,中国不应抱有任何幻想,任何清醒的国家和个人,也不应抱有任何幻想。这种文化差异,不会因时间的流逝、人事的变化而变化。

美西方针对中国的文化排污及应对之策

"污名"(stigma)一词源于古希腊，现在被以美国为首的西方娴熟运用和应用，针对中国肆意滥用。美西方无视世界和谐和平发展的普遍愿望，企图通过污名化中国文化，丑化中国形象，阻碍中国发展，阻滞中国服务世界的步伐。这种做法与街头巷尾无赖泼妇吵架一个逻辑，通过证明他人黑，反衬自身清白，实际上忽视了一个最基本的常识：黑者自黑，白者自白，他人黑白并不能直接证明自身白黑。美西方这种看似聪明，实则愚蠢，表面言辞凿凿，实则撒泼耍赖的国家霸权行为，实际上是自毁形象。污人者自污，是不负责任的文化排污，是企图将自身溃烂的意识形态偏见"毒瘤"和对世界地位下降的恐惧转移到他人身上的一种文化侵略行为。

排污治理，中国是鼻祖，早在商朝就有"弃灰之法"——"殷之法，刑弃灰于街者……断其手"(韩非子《内储说上》)。《唐律疏议》对随意排污者处罚也很重——"穿垣出秽污者，杖六十"。而欧洲直到 17 世纪，人们都还随地大小便，包括贵族，包括在凡尔赛宫、卢浮宫和枫丹白露宫。

西方这种生活中随意排污的习惯，美西方国家现在广泛运用于文化输出，"逢中必反"，对中国的文化排污，更是"技术超群"，一骑绝尘，一会儿"中国威胁论"，一会儿"中国崩溃论"，一会儿文化软实力，一会儿文化锐实力，主观臆想，颠倒黑白，自编自导自演，以假当真，完全罔顾事实，违背良知，践踏公理正义。这种掩耳盗铃式的文化排污，除了一再揭示出西方文化一贯的夜郎自大和霸权心态外，徒然无功，成为人类文明交流史上的笑柄，堪称西方文化外强中干、色厉内荏的丑陋闹剧。只不过西方文化历史上的排污习惯使然，使其全然不管自己丑态百出，仍你方唱罢我登场，乐此不疲，污水频频倒，却腥臭沾己身，演出了一出出文化闹剧，却一次次惊醒世人，让人更清醒地看出了美西方文化的霸权心态和虚伪面具。

对普通大众而言,"异国形象"的建构一般基于本国对某一国家的集体想象,而想象的基础一般是碎片化的个人直接认知和政府针对性的群体性介绍,主要依赖于两国外交关系、经济合作和强弱对比。"异国形象"是美好还是丑陋,往往不是基于"异国"现实,而是基于本国、本人对"异国"的实际需要,所以,"异国形象"主要是他国的主观性的创造,是"异国"的他者形象,是他者的"异国"形象。而对美西方而言,中国就是这样的一个"他者",是最具有代表性的"东方国家"。美西方对中国形象的话语建构,包括污名化,都属于"东方主义"范畴。这个形象在多大程度上代表真实的中国,不在于中国究竟如何,而在于美西方究竟需要中国如何,其中包含着强烈的主观性、武断性和霸权性,其中既有西方历史上基于自身文明的优越感而塑造的丑陋、野蛮、专制的"中国形象"的影响,更代表了当今美西方基于自身的政治、经济、军事、科学、文化的需要,以己度人,量体裁衣,以弱代异,主观创造出"中国形象"并加以利用,为自己遮羞避丑,掩人耳目,以中国为假想敌,人为设置"非东即西""非中即美"的"鱼与熊掌"话语议题,并在这个基本框架下一再演绎出新名词、新概念、新叙事,且掩耳盗铃,自娱自乐,让世界不胜烦扰。

因此,中国反对美西方的污名化,不只是要自证清白——实际上在西方钩织的"逢中必反"的话语体系里,中国永远不可能自证清白。这套霸权话语体系我们以前可称为话语陷阱,但现在因为中国和世界都已明白了这套话语体系,实际上陷阱已成为观戏的平台,只是美西方的演员们还不知道或假装不知道陷阱的四堵墙已拆穿,还在不断变换场景,设计情节,自己演出、自己喝彩。

面对美西方的文化排污,我们既要理直气壮、有礼有节地"防污""清污""去污",积极主动地清除路障,驱散迷雾,还原真实的中国形象,捍卫国家尊严,但同时一定要坚持一个基本原则,即我们现在要祛除美西方对中国文化的污名化,目的不是针对美西方求自证,而是淡然处之,甚至一笑了之,只需着力于向世界介绍客观真实的中国,着眼于向世界展示可爱可亲可敬的中国。以此一策,即可化解美西方为污名化中国所设置的种种话题,以不变化万变,以一个中国形象瓦解美西方基于自私自利目的而创作出的处于不断变幻中的诸种"中国'艺术'形象"。因为即使他们画出的"中国",他们也会随时随地随意地根据自己的需要涂上不同的颜色,那是他们的"中国",不是中国的中国,世界的中国。

正是基于这种一厢情愿式的"中国形象"建构意图,当中国没有按照他们的意愿,而是按照自身的发展规律不断取得进步后,作为"对手"的中国逐渐成为可怕的中国,他们又想当然地按照自己的逻辑认为中国的强大一定会威胁到自身的世界霸权。一向为所欲为的美西方自然开始极力"妖魔化"中国:或者是叫嚣"中国威胁论",或者是渲染"中国崩溃论""黄祸论",沉渣泛起,中国崛起被描述为中国威胁,中国智慧被丑化为中国阴谋,中国善意被歪曲为中国别有用心……"东升西降"导致的美西方的这种"污水东倾",实际上源于美西方自身的衰落,暴露的恰是美西方制度、文化的丑陋和衰败,在一定程度上表明西方中心论者的文化自卑,说明他们担心中国冲击美西方主导建立的国际秩序,并以此来维护并维持美西方习以为常的霸权地位和制度基础。

和平、发展、合作、共享是中国走向世界的初心和使命,也是当今世界对新时代中国的客观需要。这是历史发展的潮流,任何人、任何国家都无法阻挡,因为逆潮流者必失败,排污者必自污。只有世界上一切国家、民族都致力于营造一个天时地利人和的国际环境,共建人类命运共同体,不同民族的文化才能汇聚成海,包容万物,相互倚重,相濡以沫,共同顺应历史大势,滚滚向前。

国际关系民主化大势不可逆转。历史已反复证明,任何逆时代潮流而动者,注定以失败告终。美国及其跟班"逢中必反"的闹剧,在时代大潮与人心向背面前,注定将被踢下历史的舞台。

客观认识中国文化走出去的"插秧现象"

最近几年,每到插秧季节,我都想到中华文化走出去与插秧之间的关系,总觉得当前中华文化在走出去过程中常常出现插秧现象,但要么被视为失败、倒退或受阻,要么就是根本没意识到,从而不能客观认识中华文化走出去的现实情势和形势,"守株待兔"或"破釜沉舟"或"盲人摸象",错失调整步伐和节奏的机会,导致文化传播效果的弱化或文化资源的浪费。

中华文化走出去过程中的"插秧现象",简单讲,就是以退为进,退才得食,退才是正确的方向。

"以退为进""以守为攻"是中国智慧。《周易》(师)卦六四:"师左次,无咎。"象辞说:"左次无咎,未失常也。"意思是说,是前进还是后退,要根据实际情况,若只有后退才能保存以后前进的力量,后退就不是过失。以退为进,待机破败,是正常法则。

汉·扬雄在《法言·君子》中说:"昔乎颜渊以退为进,天下鲜俪焉。"说颜回总是谦恭低调,一箪食,一瓢饮,居深巷陋室,而怡然自得,正是把退让看作前进,世上少有比得上他的人。

春秋·左丘明《左传·僖公二十三年》:晋公子重耳到楚国后,楚王请他吃饭,席间问重耳:"你返回晋国后,将怎样报答我呀?"重耳回答:"若以君之灵,得反晋国,晋楚治兵,遇于中原,其辟君三舍。"后世据以引申出成语:"退避三舍"。

清·黄宗羲《子刘子行状》:"世道之衰也,士大夫不知礼义为何物,往往知进而不知退,及其变也,或以退为进。"

华罗庚:"复杂的问题要善于'退',足够的'退','退'到最原始而不失重要的地方,是学好数学的一个诀窍。""先足够地退到我们最容易看清楚的地方,认透了,钻深了,然后再上去。"这是在说数学,也是在说天地万物生存之道。

以上诸种说法,大同小异,都是说进退都是人生常态,该进则进,该退则退,退进之间,乃见智慧,这也是中国哲学的辩证法,是中国人的人生观、生存观。

中国文化接天立地,是自然文化,生命文化,是观天察地的人的文化,中国文化的逻辑和机理与天地万物吻合。从人类社会的角度看,这是最具有生命力的文化,只要宇宙在,世界在,这种文化就在,因为其生命力就是宇宙生命力的体现和象征之一。进退之道得乎自然,与阴阳之道、荣辱之道等等一样,都是中国智慧。

向世界讲中国文化,也应秉承中国古老的智慧,这也是遵循万物自然之道,人之常道,有序有恒,该退就退,该进就进,进即退,退也是进。不要计较一时一地得失,凡事都在一定的时间和空间内判断、选择,轻名重实,这是文化传播的辩证法,与夜与昼,黑与白,明与暗,美与丑的辩证法是同质的。

退,可以更清楚地看清楚自己在做什么事,做得怎么样。就像退着插秧,看到的实际上是已有的工作成果,秧插得整齐不整齐,秧株匀称不匀称,这样才能更从容、方便地在后面的工作中予以调整。中华文化走出去经过多年的耕耘,已经取得了丰硕的成果,也遇到了很多困难,有时慢一些,退几步,实际上也是如此:无论是从顶层设计,还是具体做法,都可以基于已往,着眼未来,进行更加科学合理的调整和布局,从而确保后面的工作更顺利、更精准、更有实效。

退,可以更从容地选择行走的方向,扬弃已往,另辟蹊径。在动物界经常发生这样的现象:一只鸡,或一只鸭路上遇到栅栏,第一反应是飞过去,若飞不过去,它们就会后退几步,可能会发现栅栏虽高但并不宽,从栅栏旁边就可绕过去。退,看似与既定的目标有了一定的距离,但也因此看清了实现目标的途径可以有很多选择,就像插秧过程中不断根据眼前已插好的秧苗而调整速度和角度一个道理。

退,可以更有效地消除实现既定目标所需各元素间的摩擦力,从而更顺利前行。这即是《道德经》中言"将欲夺之,必固与之"。小时候在小镇看拉煤的火车(货车)启动,总是先咣当一声,货车整体向后退,各车厢之间咔嚓咔嚓一阵响,就像给人接断骨。当时以为货车就像人跳远,跑前都需要助跑,要往后退几步,才能铆足劲往前冲。后来读了点书,才知道货车各节车厢之间的挂钩拉得紧,火车启动时必须先克服火车与铁轨之间的最大静摩擦力。火车重,最大静摩擦力就大,直接启动就难。而先倒车则能使车厢之间的挂钩松弛一下,就像人跑步前先松松筋骨,预热一下,然后火车启动,从第一节车厢往后逐节带动,就相对容易了。

实际上,货车启动的道理,在天地万物间普遍存在,也广泛应用于人和动物的日常生活。这是因为,任何事物的发展都不会一帆风顺,人与事,在行进过程中,都会出现"插秧现象",而且不止一次,就像春天不会只有一次。只要在做着人的事,符合生命规律的事,最终一定会满眼成熟色,而不见最初插秧时的间距,苗株的大小,插秧的顺序等等,也就实现了文化交流的目标,而这种目标,就是中华文化的本意和真意。

习近平总书记一直非常重视中华文化的海外传播,他强调:"体现一个国家综合实力最核心的、最高层的,还是文化软实力,这事关一个民族精气神的凝聚。"推动中华文化走出去,构建中国特色的哲学社会科学体系,塑造可敬可亲可爱的崭新中国形象,对实现中华民族的伟大复兴,推动构建人类命运共同体,都具有深远的意义。

但不同民族、国家之间的文化传播天然具有矛盾性、冲突性甚至敌对性,因为语言文化之间的传播所依赖的都是国家的综合实力和国际地位、国际影响力,最终都是为了促进本国的政治、经济、文化的进一步发展。这也是中华文化国际传播目前受到以美国为首的强权、霸权国家围堵的根本原因。西方以冷战思维和意识形态偏见,以主观恶意将中国文化走出去污名化为文化输出,要争文化霸权地位,是破坏世界文化生态平衡等等,千方百计遏制中国文化、中国智慧服务世界发展,不断变换名字渲染"中国崛起威胁论"。中华文化走出去遇到的种种阻力,从历史发展规律和万物生长规律看,都只是正常发展阶段中的某一阶段而已,都是典型的"插秧现象"。有了这样的认识,我们能从更长远、更符合事物发展规律的视角作出合理的应对;在任何阻力面前都不会自乱阵脚,而是一如既往,按照常情常理,常态化插好自己的秧,种好自己的地,收获自己的粮食:基于万物之理、中国之道,有条不紊地建构中国文化的世界话语体系,向世界讲好中国故事。

待到金秋穗满时,试看天下谁不食?

中国非物质文化遗产与来华留学生教育

中国非物质文化遗产是中华优秀传统文化的一部分，凝结着中国智慧和各民族文化精髓，是民族延续、精神传承的重要载体，是华夏一家亲的纽带和血管。非物质文化遗产是中华文明历史文脉的毛细血管，是融通民族情感、维系国家统一的重要基础。非物质文化遗产体现了中华文化的思想观念、人文精神、道德规范，通过非物质文化遗产传承提高中华民族自信心、创造力，留根塑魂，代代延续，是中华文化永葆生命力的重要途径。

2006年起，每年6月的第二个星期六设立为"文化遗产日"，体现了党和国家对文化遗产保护与传承的高度重视和远大战略。2016年9月，国务院批复住房城乡建设部，自2017年起将每年6月第二个星期六的"文化遗产日"调整设立为"文化和自然遗产日"。文化和自然遗产保护并列，体现出全民、全方位保护中华民族遗产的人民观，这对营造文化遗产保护的良好氛围，提高全体人民的非物质文化遗产认识和保护意识，起到了引领和导航作用。

文化遗产包括物质文化遗产和非物质文化遗产。物质文化遗产包括古遗址、古墓葬、古建筑、石窟寺、石刻、壁画、史迹、艺术品、文献、手稿、图书资料、历史文化名城等具有历史、艺术和科学价值的文物；非物质文化遗产包括口头传说、传统表演艺术、民俗活动、礼仪与节庆、民间传说、手工技艺等以非物质形态传承的传统文化表现形式，与老百姓生活密切相关，深刻影响社会生活的文化财富。

物质文化遗产和非物质文化遗产是中华优秀传统文化中富有生机与活力的文化体现形式，与中华民族生活息息相关，以独特的方式不知不觉地影响着中华各民族的世界观、价值观、人生观和中华民族共同体意识，凝聚各民族力量,共同维系中华文明绵延不绝,发展繁荣。

中国式现代化是物质文明和精神文明相协调的现代化,物质文明和精神文明辩证统一。中国非物质文化遗产作为中国精神文明的载体,是留根铸魂的宝贵财富,是中华民族文化自信和文化强国的基础,是中华民族自尊和自豪的精神源头。中国非物质文化遗产不但属于中国,也属于世界文明遗产,我们保护好中华非物质文化遗产,也是对人类负责。

习近平总书记一直关心并支持非物质文化遗产的保护和发展。2016 年以来,他先后考察过国家级非物质文化遗产赫哲族伊玛堪说唱教学、粤剧、民族史诗《格萨(斯)尔》、西湖龙井茶炒制、潮州非遗项目、苗绣、沙县小吃、螺蛳粉产业、加牙藏毯、平遥牛肉店、推光漆器店、东湖老醋坊、黎锦等,殷切嘱托将中国非物质文化遗产加以创造性转化和创新性发展,强调非物质文化遗产是中华文明的重要组成成分,是建设中国特色社会主义文化、建设中华民族现代文明的重要支撑。

向世界讲好中国非物质文化遗产故事,是中华文化国际化的核心内容和重要途径。从中国非物质文化遗产中提炼题材,汲取养分,融入时代精神,以适当的方式向世界讲好中国非物质文化遗产故事,对世界了解中国的历史与当代,理解中华文化的丰富性、民族性与统一性,具有重要价值,也是促进世界了解当代中国,理解中国"天下为公"情怀的重要方式。非物质文化遗产与中国人的生活息息相关,源于中华大地,长于中华大地,反哺中华大地,是留学生了解、理解、融入中国生活的生动载体,也能激发他们更积极融入中国人的日常生活,感知中国,热爱中国。

在华留学生生活在中国,对中国的一切都充满好奇。要推动留学生直观了解中国非物质文化遗产,首先要让留学生"动起来",因为只待在教室里讲、体验非遗效果并不理想,必须让留学生在非物质文化遗产孕育、成长的环境里亲身去感受,去体验,去参悟。在生活中弘扬,在实践中振兴。为此,目前留学生教育机构常常组织留学生进行文化考察,也往往安排参观并体验中国非物质文化遗产,或让留学生自己动手,亲身体验"活起来"的非物质文化遗产,让非物质文化遗产在留学生面前"动起来",给留学生留下深刻印象,在感受到中国非物质文化遗产的生动魅力之余,直观感受到中华文化的博大、丰富和活泼,体验到中国人的生存智慧和精神生活。

高校是保护、传承中国非物质文化遗产的重要力量,高校要将非物质文化遗产教育与立德树人目标有机结合,结合自身的研究优势、技术优势,与非物质文化遗产传承人、传承地结合;通过课堂教学与现场体验相结合,将非物质文化遗产在高校和非物质文化遗产传承地之间"连起来";借用高校的学术研究和技术力量,以让世界了解"真实、全面、立体的中国"为目的,充分发掘非物质文化遗产中的"传统文化、红色文化、当代文化"元素,打造更具有国际范的非物质文化遗产产品,如以 VR、AI 技术让非物质文化遗产数字化,让过去复原,让历史复现,使非物质文化遗产更富有艺术感染力,更符合 Z 世代年轻人的欣赏习惯、理解习惯,也更具有世界普适性,更容易成为世界共同的文化产品。通过高校的国际合作网络,比如孔子学院、海外教学中心等等,中国非物质文化遗产产品可以辐射到海外中华文化爱好者、海外华侨华人,走向世界。

青年是世界的未来,也是传承推广中国非物质文化遗产的未来。在留学生教育中融入非物质文化遗产,可以拓展留学生培养的渠道和非物质文化遗产传承的通道,丰富留学生的非物质文化遗产知识,锻炼留学生讲非物质文化遗产的能力,最终使其成为向世界讲中国非物质文化遗产故事的世界传人,推动形成中外合力讲中国非物质文化遗产故事的跨文化交流机制。以洋嘴讲中国非物质文化遗产,更容易获得世界的认同和喜爱。中国非物质文化遗产走进世界,也是中国非物质文化遗产的初心和使命。

中华文化走出去:从曲线传播到直线传播

当前,中华文化国际传播基本上采取两条路线:一是借助外语实现传播,可称之为曲线传播;一是用中文进行传播,可称之为直线传播。两条路线并没有截然的先后之分,传播效果也无优劣之分:外语传播对象所接受的"外语中的中国文化"在翻译过程中可能就已产生了偏差,所以即使全盘接受,也不能说与源文本保持一致;即使中文传播能保持原汁原味,传播对象中文理解能力的强弱也决定了他们所接受的"中文中的中国文化"不可能与源文本保持一致。

翻译曲线传播是必要手段

每一种语言都是一种阐释世界的独特符号系统,世界文化就是不同的语言符号系统,而每个符号都具有创造这种符号的民族赋予的特殊文化内涵。当不同符号之间要进行沟通交流时,就需借助翻译,使"言语不通"的"五方之民""达志,通欲"。这是人类文明交互交汇的基本手段。

中华文化国际传播的目的是向世界讲好中国故事,讲好中国式现代化的历史与未来。中国历史悠久,内容丰富,结构复杂,要扩大其国际影响力,形成规模化传播效果,目前翻译仍是最有效、最直接、最必要的手段。

多语种同步翻译传播中华文化,可使中华文化适用于不同语言文化的表现形式和表述方式,从而更容易为不同群体所接受、理解和认同,实现中华文化国际传播目标泛在化。但目前国内外多语种中华文化国际翻译人才的培养远远满足不了实际需求,中译外与外译中人才比例失衡,高级中译外人才严重不足,高质量经典翻译成果乏善可陈,而随着世界中华文化热的持续增温,翻译人才和质量已迟滞了中华文化走出去的步伐。

中文直线传播代表未来

人与人之间传话容易出现偏差，翻译曲线传播也容易出现误译、漏译、错译等等问题。从文化传播的效果反观翻译的效果总是不尽如人意，因为翻译归根结底只是桥梁，而不是过桥的"人"。语言形成过程中所积累沉淀下来的深厚的政治、经济、历史、人文、地理等内涵，是无法通过翻译完整传达给传播对象的，充其量只能九牛一毛。因此，翻译的目的，除了实现不同文化之间的基本交流外，更重要的是通过翻译使接受对象对源语国产生兴趣，进而去主动学习源语，最终能直接阅读源语文本，实现文化的直线传播。

但英语与英语文化国际传播的历史经验说明：以母语传播母语文化是文化国际传播的高级阶段，也是一国语言和文化国际影响力的实力证明。任何民族文化要真正走向世界，最终手段是实现本民族语言的世界化。也就是说，中华文化国际传播的最终理想方式是通过中文直接传播，使传播者和传播对象之间避免翻译这个中间环节。要实现这个目标，就要持续推动中文的国际化，使中文成为国际通用语言。目前，中文国际化在量与质方面都还存在着很多问题，在中外合作模式、教学内容、教学手段、教材编写方面也都存在着内外认知差异、推进路径和质量标准不统一，教育资源投放不均衡等等问题，但这都是中文和中华文化世界化进程中的过渡性问题、阶段性问题。只要我们坚定中文直线传播的目标，并基于此目标采取更科学合理的手段推动中文世界化，翻译在中华文化国际传播中的"无为"时代一定会加快到来。但这个时代并非翻译终结的时代，而是翻译从传播一种语言文化发展到打通不同语言的更高阶段了。这个阶段，也是语言打通了人类心灵的时代。

中华文化国际传播目前仍处于曲线传播阶段，外语传播仍是主要手段，外语能力仍是衡量国际传播能力的显性标准。但着眼长远，中文直接传播必将成为中华文化国际传播的主要手段，我们应该为此做好各方面准备。

——原载"文旅中国"，2023 年 10 月 17 日

中华文化国际传播:大众传播与大众化

中华文化大众传播就是将中国化、时代化的马克思主义理论、中华优秀传统文化与现实生活相结合,实现中华优秀传统文化的生活化,融入大众日常生活,成为大众口耳相传、不自觉传播的文化。也就是说,实现了大众化的中华优秀文化一定是深入人心,为大众所接受、所喜爱、乐于传承传播的文化,也一定是能解决大众生活中的文化问题,能改善大众人文生活环境,使大众安居乐业的文化。真正优秀的文化一定是生活化的文化,也是不断改善生活、促使生活现代化并在满足大众现代化进程中不断实现自身现代化的文化。

目前中华文化走出去仍处于初级阶段,我们向世界传播的中华文化虽然属于从中国历史生活中凝练出的优秀文化,但一方面,这些文化元素本身还没有实现与中国式现代化的日常生活有效结合,形成中国式现代化的生活文化,仍属于庙堂文化、象牙塔文化;另一方面,这些文化元素在走向世界过程中还没有实现与世界不同民族文化中的历史与现代日常生活融合,仍具有鲜明的异域文化、他者文化色彩,其他民族的文化出于生存本能,自然排斥中华文化,或者相互排斥,难以实现文化寄生、共生和增殖。究其根本原因,都是文化与大众生活的脱节。

能实现大众传播的文化都具有共同的特点:都来自生活,高于生活,最终服务于改善生活、推动生活的不断现代化。

赫拉克利特发现"人不能两次踏进同一条河流",是基于对河流的观察,进而指出万物皆变。老子发现"草食之兽,不疾易薮。水生之虫,不疾易水",进而提出"行小变而不失其大常也",即只要把握了生命的根本生存环境,就不必担心其他细小的环境变化,也即做人做事固本就可。实际上,人类的一切思想来自生活,哲学来自生活,科学来自生活,文化来自生活。生活即文化，文化即生活，文化大众化，实际上就是大众都有文化。
人＋人＋人＝众，一切哲学、科学、文化的起源都是日常生活，并最终服务
于"人"的日常生活。文化的起点和终点也是日常生活，脱离了大众的文
化是没有生命力的，犹如鱼儿离开了水，树儿没有了根。文化只有在大众
中得到检验和证明，才能获得源源不断的生命力，不断汲取民间智慧和力
量获得进一步发展、完善，从而获得更博大的生存和发展空间，在服务生
命中获得永恒。

　　文化大众化的前提是其实用性，即能给大众带来切实利益，既包括物
质的利益，也包括精神的利益。大众化不是低俗化，更不能媚俗，而是要
代表先进的现代化，能够切合大众日益提高的文化需求，倡导正确的价值
观、人生观、世界观，祛低俗存良俗，帮助大众抵挡各种消极、利己、冷漠的
文化风潮，始终生活在健康、和谐、互助、互信、共享的文化环境，也即社会
主义价值观环境。

　　当前，文化传播看似大众化，实则单一化、单向化、盲从化。信息传播
常常是"一花开百园"，即传播者不辨真假，不加辨识，一条信息盲从传播，
看似烂漫繁荣，实则单调重复，不但实现不了传播效果，反而更容易混淆
视听，推波助澜，让更多的人如堕五里雾中，从而造成生活文化的混乱混
杂，干扰了正常的文化生活，客观上造成了世界中国认知的偏误和误读。

　　大众化传播的环境本就复杂，信息环境的复杂更进一步加剧了这种
复杂化。大众传播时代似乎人人都是传播者，人人都是消费信息者，实际
上也都是信息消费者。信息爆炸的烟雾裹挟了信息传播者和接受者，导
致大众不知所措，不知所从。短平快的信息处理方式代替了应有的深思
熟虑，主观判断和选择代替了客观思考和调查研究。中华文化走出去所
要面对的国际信息传播环境更加复杂，尤其是以美国为代表的西方势力，
借助发达的信息传播方式，有针对性地、别有用心地蓄意选择更容易造成
混乱的信息和传播方式，利用信息快速传播造成人的心理混乱，宣传西方
文化优越论、中国文化威胁论，对目前尚处于初级阶段的中华文化国际传
播形成信息包围态势，"浑水摸鱼"，扰乱视听，而陷入此种信息传播环境
的大众往往更容易被诱导，被迷惑，来不及作出正确选择，不但成为错误

信息的接受者,而且自觉成为传播者,成为错误信息传播涟漪中的一波,助推错误信息进一步扩散,促成错误信息的大众化,抢占优良文化的生存空间,造成文化大众化的恶性生态环境。这种现象可称为文化排污。

污水里的鱼儿活不了。文化排污现状若不改变,不但中华文化走出去会持续受到阻碍而无法实现世界范围内的大众化、生活化,而且会造成世界文化生态环境的恶化,文化共生、共存、共荣愿景无法实现,弱势民族文化甚至可能因此失去生存发展能力而逐渐消亡。作为对世界和平发展负责任的大国,中国不能不切实承担起清污治污的责任,在加快向世界传播中华优秀传统文化的同时,联合世界上一切愿意生活在文化的"绿水青山"中的国家,万众一心,以大众为传播主体,发挥大众信息传播的积极主动性和话语自信,实现万众传播,形成合力,抢占信息传播高地,重塑文化生活价值观,给世界大众文化清清肠,灌灌胃,换换水,还大众文化以清白、清净、清明、清新。只要实现了这个过程,中华文化也就满足了世界大众的文化需要,符合时代需求,也就融于世界大众日常生活的每一个角落,成为无所不在的世界文化一分子了。

中华文化国际传播：专业化视角

作为政府有组织的对外文化传播行为，无论是哪一个国家的政府，其目的都是相同的，即让世界了解、理解、支持本国文化，为本国的国际地位营造良性文化环境，维护本国利益、提升国际话语权、国际地位和国际影响力。要实现这个目的，任何文化的对外传播都必须形成一整套专业化的理论与实践体系。

建立健全专门的工作机制体制。中华文化国际传播专业化必须有完善的工作机制体制作为支撑，才能确保国际传播的持续、持久和方向。首先需要有专门的领导和管理机构，制定国际传播的政策、制度、规划，统一传播的口径，创办专门的媒体，开拓专门的传播渠道，分析研判传播形势，及时传播相关内容，消除负面舆情，引领传播方向。

建立健全专门的理论体系。与政治、经济、科技、教育、军事等领域的国际传播相比，中华文化国际传播在整个中国国际传播体系内具有鲜明的特殊性，似乎无处不在，似乎无影无形，这一方面说明文化国际传播更难把握，更难明确其特殊性，另一方面也说明了形成专门的理论体系的必要性和急迫性，因为只有形成独立的理论体系，才能明确文化国际传播的内涵与外延、途径与方法、质量与效果，才能精准发挥文化特有的融通功能，并辨析辨明文化国际传播在遇到困境时的真实原因，及时找到解决困境的途径与方法，从而真正做到"以文化方法解决文化问题""以文化思路解决文化困惑"，避免西方以"文化污名"整体抹黑中国非文化领域的国际传播，也能避免中国传播主体在资源运用、方法选择方面出现错位现象，从而保证资源优化，效果最大化。

在形成文化国际传播专门理论体系基础上，政府和相关机构要加强顶层设计，直接统筹，推动不同领域的国际传播实现联动联防，实现中国国际传播的全方位、全覆盖、大联动、大统一，确保内部一致、内外一致，为中国式现代化构建国际传播大格局，形成与中国国际新形象相一致的国际传播新局面。

建立健全专门人才培养体系。国际传播的关键是人才，而人才是中华文化国际传播的基础和保证。目前，中华文化国际传播人才仍主要来自新闻学、传播学、教育学、中国语言文学、外国语言文学等相关专业，并未形成专门的人才培养体系。面向未来，中华文化国际传播专门人才培养应以国际中文教育专业为基础，基于相关专业人才培养经验，形成专门的学科体系、教材体系、课程体系、思政体系、就业体系、质量评估体系等等，培养出以中华文化国际传播为专业特色的复合型国际化专业人才。

目前，一些学者仍把外语能力作为中华文化国际传播人才最基础的能力。从中华文化国际传播的短期目标看，外语能力的确是必要的，甚至是首要的，但从长远看，中华文化国际传播是以中文国际传播为基础的国际传播。随着中文在世界范围内的普及，外语能力作为中华文化国际传播直接手段的"曲线传播"将逐渐让位于以中文能力为直接传播媒介语的"直线传播"，从而提高传播的效率、效能。这种可能性不只存在于中国人才，同样适用于外国人才，包括海外中文学习者、汉学家，而后者都是通过学习中文而传播中华文化的"外籍中文团"。以中华文化为纽带，中外专门人才相互补充，共同协作，就能为中华文化国际传播提供持续不断的人才支撑。

总之，国内外的经验和教训都已证明，只有走专业化发展之路，中华文化国际传播才能行稳致远，日久恒心，持久发挥民心相通的桥梁功能，确保中华文化所蕴含的中国智慧有效地润泽世界，服务世界健康发展、和谐发展，吸引越来越多的世界人共同为人类命运共同体而携手共进。

——原载"文旅中国"，2024 年 3 月 14 日

中华文化国际传播：妥善处理意识形态表达问题

　　文化之间的交流有一个敏感但无法回避的问题，就是意识形态问题。

　　意识形态（ideology）是一个哲学概念，是政治共同体或社会共同体精神的集合体，常归属于政治学和社会学范畴，并以党章、政纲、体制具体体现。

　　在中外文化交流中，因为政体和文化传统差异，意识形态的构成和表现形式差别大，在文化领域主要体现为价值观差异。价值观差异是客观存在，只要客观认知，就能存异趋同。但因为背后意识形态的政治性，所以价值观差异常常成为文化矛盾和冲突的导火索，西方更是视其为包治百病的万能药，动辄拿出来抹黑中国，打压中国，反而使一个常态问题变成了一个浑身带刺的利器。也就是说，意识形态本身不是问题，之所以成为问题，是因为人有了问题。

　　价值观是在国家、民族历史形成过程中逐渐形成的，体现国家民族文化特殊性。总体上说，西方文化趋利避义，崇尚个人主义，相信"天下为私"；以中国为代表的东方文化重礼重义，克己复礼，推崇集体主义，相信"天下为公"。这是中西价值观的基本区别，也是中西文化冲突产生的基础。只不过美国更主动打价值观牌，并将价值观与意识形态、政治挂钩，混淆概念，搅乱视听，以"普世"之名，试图让整个"天下""为私"所用。这与西方价值观是一致的，也是与以"天下为公"为基本核心的中国价值观相冲突的。今年暑假，我在朋友圈曾发过一个消息，说的是暑假德国、日本、韩国的短期班来同济研习之事。我加了两句说明："新朋旧友聚同济，天下本来是一家。"一位美国华裔朋友留言说，"美国人根本没有天下是一家"的概念。他在美国，对此的感受比我更直接、更可靠吧。

　　美国动辄拿价值观指责中国的根本原因就在这里。我们常说他们是主观故意,实际上他们自己认为是客观态度,甚至是无意识的反应,就像一看到瓶子上"醋"的标签嘴巴就感觉到酸一个道理。无论我们怎么批评、反制,他们的这种立场和视角是不可能改的。我们希望达到的目标,不是要他们改变价值观,而是明白世界上存在着不同的价值观,每种价值观都有其合理性和合法性,不要以自己的价值观为统一标准、世界标准,而对别的价值观指手画脚,也就是说,学会尊重别人,学会闭嘴。

认识到了这一点,我们在向世界讲中国故事、传播中华文化的过程中,就像驾驶一艘航船,要在未知的海域航行,启航前就要对传播对象国意识形态结构进行了解和分析,准确判断对象国意识形态领域中可能存在的险滩暗礁、缓流急流,掌好自己的舵,该直行直行,该绕行绕行,该警告警告,该救援救援;有时还需要直面风险并抵抗各种攻击,但无论如何要走下去,一路航行一路旗,把航行之路变成传播之路、交友之路。这艘船就如同中国价值观,在价值观"公海"上就是独特的这一个,而周围航行的各国价值观之船,也都是独特的这一个。只有大家各按自己的航线行走,才不会相互冲撞,才能各达目的。而到了港口后,大家才有可能相互交换商品,形成交流。

事实上,因为不同意识形态决定着人的思维方式和道路选择,所以差异或对立是常态,就像天下没有完全相同的两片树叶,天下也没有两个完全相同的人一样。因此,在文化传播过程中进行意识形态表达,并不要"求同",也不要求认同,理解也不现实,而是只需要得到尊重,基于最基本的人与人之间、国与国之间的尊重,回到最基本的人之所以为人的原点,并以人情沟通人情,以诚心换取诚心,吃包子的不嫌弃吃披萨的,喜欢吃大蒜的也不要嫌弃喜欢喝咖啡的,只要对健康有利,让人能健康生存并快乐的东西,都要尊重对方的选择。你爱的,我不一定爱,我们之间也不需要彼此相爱,但我尊重你的爱,你也尊重我的爱,相视一笑或毫无表情,都没关系。这是意识形态交流的基本目标,是最基本的,也可能是最高的要求了。

"物之不齐,物之常情。"要实现意识形态观、价值观的沟通交流,首先我们要相信其可能性。创造各种条件,让不同意识形态观都能够充分表达出来，就像商品博览会一下，都充分展示出来，相互认识对方，相互客观比较分析，寻找到能够平等交流的切入口，各自都感兴趣的点，寻求感情共振点，美美与共。交流多了，沟通多了，陌生人也能变成朋友，至少会变成熟人，差异感就会越来越弱，共同点就会越来越多。就像以前挤火车，刚挤上去时大家都觉得别人是多余的，挤占了自己的空间，看谁都不顺眼，但火车一开，一晃，大家安之若素了，或者说无可奈何了，适应环境了，一会儿可能就聊起来了，甚至还互相安慰、帮助。我 1992 年夏天从济南回商丘，本来买到了坐票，但挤上火车后就被隔阻在了过道里，眼睁睁看着自己的座位上坐着别人，就硬是没挤过去，而且是两只脚轮流着"金鸡独立"，过程中就发生了这样的交流，知道我的情况后，周围的人就是这样安慰我的，使我温暖至今。（但是真就挤不到座位上吗？ 我一直疑惑，还是我看到座位上是位老人，就放弃挤过去了？）现在每每想起此事，我都想到文化交流的事。意识形态交流难，也难不过我当时在火车上的情况吧？ 既如此，为何不能交流？ 一定能，关键不在意识形态本身，而在脑子里有意识形态的人。

基于意识形态冲突的永恒性，我们在保持定力的同时，依然要克服各种困难，在沟通中讲好自己的故事，不断以中国智慧丰富人类精神生活。鉴于美西方除了政治、军事、经济打压之外，越来越采取文化、舆论等隐蔽方式抹黑中国，逐渐从明处到暗处，而我们还习惯于误认为美西方开放、民主，一切都公开透明，对其采取的诸如和平演变、奶嘴战略等等缺乏基本的了解，导致应对乏力，在国际舆论战中长期处于被动，内部也形不成合力，甚至有一些人助纣为虐，为虎作伥，帮助美西方一起妖魔化中国，从内部给中国制造压力，与外部压力合流，千方百计在外孤立中国，在内制造舆论，搅乱民心，制造香港那样的混乱，为美国霸权的合理性提供舆论与道义支撑。目前看，美国打压中国战略将长期存在，仍将纠集一切力量，持续对中国进行政治分化、思想渗透、经济遏制、文化抹黑、形象扭曲，甚至进行军事围堵，而且不排除局部军事冲突。对此我们必须有清醒的认识，要跳出以前单纯从经济矛盾看中美关系的窠臼；美国是要全面围堵中国，美国更讲政治正确，美国不是世界主义者，而是世界霸权主义者，这是美国人的价值观,是美国的本质,溶于美国社会的每一个角落,流在美国人的血液中。对此我们不能躲,也躲不开,更不能软弱,抱有幻想,而是要直面冲突,奋起抗争。"真的猛士,敢于直面惨淡的人生,敢于正视淋漓的鲜血",鲁迅的话,面对任何压力和危险时都适用,也是我们应该坚持的。

　　习近平总书记指出,"我们要在国际上大张旗鼓地弘扬和平、发展、公平、正义、民主、自由的全人类共同价值"。我们的价值观与美西方价值观在概念表达上是相似的甚至相同的,如公平、正义、民主、自由等等,但内涵是有差别的,比如我们的公平讲的是全体人民的公平,我们的民主是全体人民的民主,我们的富裕是全体人民的富裕,等等,这是中国社会主义制度、中国特色社会主义核心价值观的本质决定的。这些概念是人类价值与道义的制高点,我们要旗帜鲜明地讲,既讲与其他国家价值观的相同点,更要讲不同点,决不能将这些概念的解释权拱手交给别人,任由别人去说,从而失去话语权。由于美西方向世界传播的核心价值观就是西方所谓"民主""自由""人权"等,我们也应针锋相对,讲清楚我们价值观中这些概念的涵义,清晰明确地讲清这些概念的来龙去脉、传承推广、体系,分析世界上对这些概念的各种阐释,在比较分析中讲清楚其中的中国理解、中国价值和世界价值。

中文与中华文化海外传播关键着力点

中华文化走出去是一项国家战略，既要从战略高度科学规划，精准设计，有计划、有步骤、有重点地进行合理的全球布局，又要针对不同国情，着眼长远，区域化推动，分众化表达，实现和谐发展。

文化国际传播天然具有矛盾性和排异性，但没有分歧和碰撞，也就无法实现文化交流。因此，在推动中华文化走出去的过程中，我们要始终坚定文化自信，秉承兼容并蓄精神，细致入微地体察、考察、分析不同国家的舆情、民族文化生态与国情，细致推理、研断、把握不同区域、不同国家、不同群体受众对中华文化的客观认知和具体需求，进而精准施策，滴灌入根，在以中华文化推动世界进步和发展的同时，实现中国故事和中国声音的全球化，助推中国和世界各国平等相处、协同发展。

目前，世界矛盾多点散发，中华文化走出去必将面对更多不可预测的新风险、新挑战，需要我们基于中国智慧，在大变局中自信从容，行稳致远。

更加精准地投放中文和中华文化资源。中国作为负责任的大国，一直在真诚地与世界分享中国发展成果。但中国目前毕竟仍是发展中国家，理应坚持有序有度原则，变粗为细，变散为聚，变同为异，根据不同国家或地区对中华文化的不同需求，确立区别化的供需关系；结合当地实际需求，科学规划资源分配区域和路径，综合调配相关资源，采取差别性的传播策略，实现精准投放，给予符合双方实际的帮助，形成既符合中国综合国力实际，又具有现实针对性的中华文化走出去长效机制和质量保障机制。

更加合理适度地开发中文和中华文化本土资源。推动所在国或地区开发利用本土中文和中华文化资源是中华文化精准落地的重要途径，但不同国家对中文和中华文化资源的开发利用并不平衡。一些经济欠发达国家或地区的开发不充分,文化自生能力弱,仍主要依靠中国的"外援",实际传播效果也不理想。而在一些经济较发达的国家或地区,对中文和中华文化的需求大,导致对本土相关资源的过度开发,中文师资的培养甚至出现拔苗助长现象,形成本土中文和中华文化传播量大质低、点多不深现象,实际上消耗了可持续发展的潜力。为此,我们应进一步密切内因外因的有效联动,加强中文和中华文化资源的供给侧结构性改革,根据中华文化在当地发展的具体需要合理适度开发当地相关资源,进而推动区域联动,实现资源共享,助力中华文化的世界化整体发展。

更加重视推动中华文化走出去实现自我发展。 经费问题目前仍是海外中文教育与中华文化可持续传播的关键制约性问题,必须未雨绸缪,积谷防饥。未来,我们既要授人以鱼,更要授人以渔,在帮助所在国或地区经济发展的基础上,将中国的优质中文教育和文化资源转化成适合所在地需要的内生资源,并充分发掘统筹海内外各种社会资源,形成以政府为主导、海内外民间资本为主流、以传播主体营利性收入为基础的经费支撑体系,推动海外中文教育与中华文化传播机构从非营利性机构发展成经济独立的自给自足机构,使所在国或地区中文教育与中华文化传播逐渐实现自我发展,形成"政府主导、市场需求、主体自身发展"三位一体、相互依存的中华文化传播和发展模式,实现可持续健康发展。

更加重视中文教材和文化读物的理念和内容与时俱进。 目前,中华文化走出去所依托的教材与读物理念和内容更新不及时,缺少融通中外的新概念、新范畴、新表述,对"中国故事及其背后的思想力量和精神力量"表述不充分,对"中国共产党为什么能、马克思主义为什么行、中国特色社会主义为什么好"的阐释缺乏中国特色的理论体系和话语体系支撑。因此,未来我们要以高度的政治敏感、敏锐的世界视角、高效的工作节奏,更加重视教材和文化读物建设的时代性,保证与中国发展同频共振,不断推陈出新,加快教材更新换代,将日新月异的中国出现的新事物、新现象及时反映在教材中,并逐渐推动教材编写的本土化,真正使中华文化日用而不觉。

　　更加重视中外民族语言资源保护的协同协调。中华文化走出去面对着世界上丰富的民族语言资源，而我们要为中华语言文化走出去营造出多民族语言共存共生共荣生态环境，就需要借力中国语言文化资源保护、传承理论和经验，帮助所在国或地区加强民族语言资源的保护性开发运用，创办打破时空限制、国别限制和区域文化限制的世界语言文化资源数据库，科学研发各种语言资源的多元价值，加快语言资源产业化、智能化，优化语言互通媒介，提高语言互动频率，监测语言使用过程，解决跨语言沟通障碍。

翻译是文化国际传播的最后一公里

各位老师、线上线下的同学们：

大家好！

"一年好景君须记，最是橙黄橘绿时。"在美好的季节，我们共同迎来了"第二届未来语境跨学科视角国际会议"。首先，我代表同济大学国际文化交流学院向出席本次会议的各位嘉宾、各位同学表示热烈欢迎。

今年是中国共产党第二十次全国代表大会召开之年。过去十年间，面对百年未有之大变局和中华民族伟大复兴战略全局，习近平总书记以马克思主义战略家的卓越政治智慧和非凡政治勇气带领中华民族取得了一系列辉煌成就，尤其是大国外交出新出彩，人类命运共同体战略构想和"一带一路"重大倡议的提出，不仅提升了中国的国际话语权，更为世界各国人民平等交流、互利共赢提供了平台和机遇。

2020年以来，面对世纪疫情，世界各国文化、学术交流依然频繁。对于同济大学这所立足上海、站位中国、放眼全球的百年名校来说，我们有责任下大力气加强国际传播能力建设，为加快形成同中国综合国力和国际地位相匹配的国际话语权作出同济贡献。国交院也积极推动"一带一路"与中华文化和谐共进，倡导以中华文化促世界文化和谐共生以及孔子学院与人类命运共同体建设研究，形成"中华文化国际传播"和"'一带一路'与中华文化国际传播""同济大学国际学生感悟中国"等系列研究成果，创建了具有同济特色的中华文化国际传播理论体系。

文学是超越意识形态范畴的艺术形式，记载历史，传承文明，传播文化，承载着世界各国人民共有的精神家园，也是最易传播、最易接受的表达方式。文化的传播从文学开始，用独特的中国表达、中国风格传播中国文学和中国文化，传递中国声音，孕育共有价值追求，实现"让世界拥有中国，让中国拥有世界"的美好愿景。

对于中国文学的海外传播，翻译是关键。若不经准确科学专业的翻译，中国的思想理论和知识观念便难以跨越语言和文化的束缚。同时翻译具有工具和价值双重属性：一方面，翻译将不同语言和文化在功能方面实现对等转化；另一方面，为谁译、译什么、怎么译饱含价值观念、审美情趣和文化态度。基于此，从培养理解世界的翻译人才转向培养传播中国的翻译人才，培养一批为时代所需、为国家所用的翻译人才，用外国人易于理解、乐于接受的语言方式讲述中国故事、传播中国声音是我们必须回答好的时代课题。

翻译是文化国际传播的最后一公里。当今世界，翻译人才被赋予融通中外，帮助世界读懂中国的历史使命。我们必须坚守家国情怀与全球视野的统一，在语言和翻译技能基础上彰显专业特色，内涵培养，为实现人类文明互通互鉴，中外受众共鸣共情多做贡献。

谢谢大家！

——2022 年 10 月 15 日在埃及巴德尔大学"第二届未来语境跨学科
视角国际会议（Future Contexts：Interdisciplinary
Perspectives in Literature：Language & Translation，
Bard University in Cairo）"上的致辞

铸牢海外华侨中华民族共同体"石榴籽模式"

习近平总书记在党的十九大报告中指出："铸牢中华民族共同体意识,加强各民族交往交流交融,促进各民族像石榴籽一样紧紧抱在一起,共同团结奋斗、共同繁荣发展。"2022 年 3 月 5 日,习近平总书记在参加内蒙古代表团审议时强调："不断巩固中华民族共同体思想基础,促进各民族在中华民族大家庭中像石榴籽一样紧紧抱在一起,共同建设伟大祖国,共同创造美好生活。"在党的二十大报告中,习近平总书记又再次强调要"以铸牢中华民族共同体意识为主线"。

习近平总书记对"中华民族共同体"的阐述内涵丰富,立意高远,涵盖了中华民族共同的美好追求,是推动中华民族团结发展的精神动力和构建人类命运共同体的坚强支撑。习近平总书记以"石榴籽"比喻中华民族共同体,形象生动又高瞻远瞩,既指出了中华民族共同体建设的方向,也提出了中华民族共同体建设的目标:像石榴籽一样自然而然地生成一个命运休戚与共的中华民族整体。这种生成过程一如万物的生长过程,实际上也就是中华民族血液融通互通的过程。这样生成的中华民族大家庭才能真正根深纹细、亲密无间;才能"勠力同心、奋力实现中华民族伟大复兴中国梦"。因此,如何以铸牢海外华侨中华民族共同体意识为基础,形成中华民族共同体的"石榴籽模式",推动中华文化的世界化,就成为当前迫切需要科学研究、统筹规划、整体推进的紧要任务。

海外华侨是铸牢中华民族共同体意识的基石

海外华侨是中国走向世界的形象大使,是外国的"中国外交家",他们会更自然地采取世界不同国家所能理解和接受的方式说明中国,更有利于弥合不同文化之间的分歧,塑造积极正面的中国形象。海外华侨作为中华民族大家庭中的一员,已越来越成为连接中国与住在国的天然桥梁、联系中国和世界的纽带,是国际社会了解中国的重要窗口,是筑牢中华民族共同体的一条条跨洋越海、绵延不绝的同根之桥。

当今世界,华侨遍布世界每一个角落。他们既是铸牢中华民族共同体的实际设计者,也是具体实施者,更是畅通中华民族共同体生命机体的血管。事实证明,正是通过广大的海外华侨,中国才进一步实现了与世界各国、各地的无缝对接。目前,海外华侨在知识结构上越来越成为住在国的重要智力资源。他们了解住在国的语言、文化、政治、民风、社会、法律和族群关系,知道如何融合中国文化与住在国文化,这种独具的身份优势,决定了他们将为融通中外的中华民族共同体提供丰富的人力资源、雄厚的资金支持,和宽泛实用的人脉网络。尤其是近年来,海外华侨开始越来越积极地在住在国主流社会发声。许多华侨,尤其是新侨,借力自己的身份优势和跨文化沟通优势,逐渐改变了勤勉守法却隐忍低调的传统作风,开始积极融入主流社会,或踊跃投身政坛,公民意识逐渐强化。这也说明,借助海外华侨,不但可以更有效、更有针对性地向世界传播中国优秀文化,助力中国智慧融入世界、惠泽世界,而且可为筑牢中华民族共同体意识突破很多主观和客观障碍,避免很多误解和误读,从而团结海外华侨众人一心,推动对中华文化的一致认同,进而基于正确的祖国观、民族观、文化观、历史观,构筑融通中外的中华民族共有的精神家园,建构具有中华民族整体观、共同体意识的海外中华民族形象。

新侨是铸牢中华民族共同体意识的关键

目前,海外华侨群体已经发生结构性变化,而新侨越来越成为维系海外华侨与祖国根系相通的关键力量。但与父祖辈相比,新侨群体"同根"文化意识淡薄,对中华传统文化、价值观念的了解和认识不充分,在思维方式、价值观、精神品格等方面和父祖辈差异渐渐扩大,文化和信仰"本土化"趋势愈加明显。他们从小接受住在国本土文化教育,成长过程无时无刻不处于跨文化冲突之中。他们渴望融入住在国生活,但因各种主客观因素而难以构建自如的主人翁意识。在本土强势文化影响下,他们心中充斥着难以融入当地文化并与之和谐相处的不安感,甚至会产生强烈自卑感,精神家园常常残缺,因而感到迷茫和无措,并产生"民族认同疲惫"。而他们一旦深度融入住在国文化,在住在国主流社会发挥的作用越来越大,他们的中华民族"同根""同魂""同梦"共同体意识又会出现不同程度的弱化。

新侨具有中华民族血统,并不意味着他们任何时候都一定会将族裔利益、中国利益优先置于住在国国家利益之上。事实上,在很多情况下,新侨对自己出生国的文化认同感会远高于对祖籍国的文化认同感,对此我们应客观认识,正确理解包容。然而,也正因为华侨文化身份的双重性甚至多重性,有不少新侨对祖籍国文化抱有浓厚兴趣,父祖辈们也往往希望他们能够承续中华文化。同时,随着国际人口流动日益频繁,尤其是一些发达国家的移民数量不断增长,许多国家也越来越开始强调多元文化和谐共存,鼓励少数族裔重视自己的民族文化身份。因此,我们只要科学、辩证分析新侨的文化处境和文化认知状态,共同秉承求同存异、和而不同原则,推动他们客观理解中华文化和住在国文化内涵、思维方式、价值取向等,就能有效促进丰富多彩的中华民族文化与同样丰富多彩的住在国文化之间的和谐交流,稳步铸牢新侨同心同德、你中有我、我中有你的"华夏天下一家亲"意识,推动形成中华文化与本土文化和谐共荣的局面。

华裔留学生是铸牢中华民族向心力的重要依托

随着中国国际影响力的提升,中国教育的国际化程度不断提高,吸引了越来越多的华裔留学生来华留学,为铸牢中华民族向心力提供了丰富的人力资源。但因为目前来华留学生教育还基本上被视为一种"特殊教育",已形成特有的"象牙塔模式",对留学生的教育目前主要集中在专业知识技能的培养上,而华裔留学生作为华裔新时代的重要组成部分,在中华民族向心力和凝聚力培养方面亟须加强针对性施策。

目前,华裔留学生教育基本上是作为中国留学生教育体系的一部分统一进行教学,缺乏针对性和差异化的教学和研究,其所独有的促进中华民族向心力的潜力未得到充分重视和开发,向世界讲好中国故事的能力没得到针对性、专门化培养。为充分发掘和发挥华裔留学生在铸牢中华民族向心力方面的功能,我们要进一步加强精准施策,既要通过顶层设计,将华裔留学生的语言教学、文化传播能力培养纳入中国外交大格局之中,更要在符合国家留学生教育总目标的前提下对华裔留学生采取区别化教育政策,对不同国家、同一国家不同地区的华裔留学生采取差异化、适应性教育策略,根据各国、各地不同的政策法律、宗教信仰、教育水平、华人地位制定不同的培养方案,采取独立的教材体系、施教体系、教师培训体系,研发专门的考核体系,建设专门的人才数据库,从课程设置、文化体验、社会活动、日常管理等方面加强中华民族向心力培养和讲中国故事能力培养,将铸造中华民族向心力的责任意识、使命意识贯穿于教育全过程,使华裔留学生教育与中华民族向心力建构工作的结合由分散走向联合,由多点形成焦点,逐渐培养华裔留学生涵养中华民族之气,传播中华民族之魂,扎深扎匀中华民族之根,成长为知中华民族之基、讲中华民族之情、爱中华民族之魄的华裔新生代代表。

——原载"文旅中国",2023 年 4 月 28 日;

"学习强国",2023 年 5 月 12 日

助力海外华侨融入中华民族共同体

目前,越来越多的海外华侨认识到构筑中华民族共同体意识的意义,自觉投入维护祖国形象、向世界讲好中国故事的工作,为中华民族的伟大复兴,努力营造积极的文化生态环境。但因为华侨特殊的文化身份,以及日益复杂多变的国际形势,华侨在发挥铸牢中华民族共同体意识桥梁作用时,常会遇到纷繁复杂的外在障碍和内在冲突,导致价值观日趋多元化,"同根"意识弱化或变异。这就需要我们直面问题、因地制宜、因人而异,更加精准有序地推动解决华侨铸牢中华民族共同体意识过程中的问题,提供切实可行的帮助和对策,从而使他们更有信心、更有方法、更有希望地参与到共建中华民族大家庭的伟大使命之中,为中国智慧服务世界发展,垒砖砌瓦,沟通丘壑,最终推动世界团结、世界和平。

铸牢海外中华民族共同体意识要因地制宜

海外华侨是其他族裔借以认识中国的载体,也是中国文化在其住在国是否得到认可的试金石,还是中华文化是否深入其住在国的晴雨表。华侨更懂得如何以当地文化所能接受和理解的方式,"润物细无声"地构筑起中华民族共同体的"石榴籽模式",因此,我们一定要发挥海外华侨在铸牢中华民族共同体意识过程中的先驱和先锋作用。但与此同时,我们也必须认识到,华侨构筑中华民族共同体功能目前在总体深化的同时,还存在着主动性不均匀、区域发展不平衡等问题。

总体来看,华侨所生活的不同国家政治生态不一,经济水平差异大,地缘政治复杂多变,社会与文化机制不同,甚至充满着巨大的风险。尤其是各国政治、文化迥异导致的华侨处境的迥异,决定了不同国家华侨发挥构筑中华民族共同体桥梁功能的途径与方法差异性很大。借力华侨构筑中华民族共同体因此也必须面对各种复杂的风险,充分了解各国民族状况,研究各国华侨在住在国民族结构中的地位,科学规划好中华民族文化融入华侨住在国民族文化生态体系的路径,以中华民族文化与住在国文化的和谐共生共享,推动实现华侨中华民族共同体认同和住在国身份认同的协调。

这就要求我们必须因地制宜、区别研究分析并制订具有国别、地区针对性的相应对策,并在充分尊重各国国情、民情、侨情的前提下,更精准、更充分发挥华侨构筑中华民族共同体和沟通中外文化的积极主动性。

海外华文教育是铸牢中华民族共同体意识的灵魂

"宁卖祖宗田,不忘祖宗言。"中文是海外华侨身份认同的主要标志,语言认同则是民族认同的基础,而民族认同则是联系海外华侨与祖国的脐带,起着供血功能,而实现这种认同的关键,就是海外华文教育。面对百年未有之大变局,中国政府和相关机构必须加强与住在国的沟通与合作,以双方共赢模式,在师资、教学资源、人才培养体系等方面持续加大对华文教育的支持,在建设已有本土华文学校的基础上,创办更多优质华文学校,构建海外华文教育成长与发展的良性环境,并争取住在国政策、法律上的支持,推动海外华文教育纳入住在国国民教育体系,实现专业化、规范化、标准化发展,从而克服政策上的局限,以海外华文教育促建中华民族共同体"石榴籽模式"。

中华民族共同体元素能否有机融入海外华文教育教材,决定着华文教育能否有机促建中华民族共同体意识。教材体现了知识的价值导向、民族导向、文化导向和未来走向。目前海外华文教材很多因编写和出版年代久远,文化知识点普遍与中国现实脱节,无法真实反映出当代中国的真实面貌,也缺乏文化应有的时代敏感度。着眼未来,中国政府和相关部门应协同海内外华文教育专家、一线老师,推动组织专业研发团队,编写出既符合海外中文与文化教学规律,包孕中国传统文化的精髓,又能真实反映当代中国社会风貌、文化特色、民族文化多样性的应用型华文教育教材;同时利用最先进的科技手段,开发针对不同层次学生的多媒体课件和辅助教材,研发网络交流平台和远程教育系统,多层面、多角度开发教材的语言和文化价值,逐步实现海外华文教育教材理念和内容的"当下化",加快教材更新换代,将日新月异的中国出现的新事物、新现象及时反映在教材中,在推动教材编写本土化的同时,以世界性视角有机融入更加丰富生动多元的中华民族共同体元素。

海外华文文学是铸牢中华民族共同体的情感载体

海外华文文学承载着中华民族的情感沟通功能。华侨身处异邦的情感冲撞与痛苦承受、忍受和适应过程,通过海外华文文学生动呈现为中华民族的共同精神感受,为铸牢中华民族共同体提供了精神温床。因此,大力支持海外华文文学发展,使之自觉承担中华民族共同情感、共同精神、共同价值观的载体功能,可以为筑牢中华民族共同体提供积极有利的软环境。

近年来,随着新时代华文作家的出现,尤其是 21 世纪以来伴随着中国崛起走出国门的新移民中的华文作家的日益崛起,他们作品中表现出前所未有的因新时代中国发展所激发出的民族自豪与文化自信,在塑造华侨华人新形象的同时,也在塑造着中国新形象,并在东方文明的坚守中融入了西方文明的健康因素。作品中东西方文化融合的气息浓厚,全球化视野开阔,传播手段丰富,其中蕴含的中华元素对异域文化也越来越产生辐射性影响,推动形成海外华文文学发展的新阶段,与中国国际地位的提升相辅相成;推动华侨在构筑中华民族共同体意识时集体呈现出前所未有的自信、自豪。以海外华文文学所讲的中国故事连接世界故事,也能使中华民族共同体意识呈现出鲜明的世界意识,从而使华侨在感知到中华民族共同体获得世界性认同的同时,更愿意,也更有自信在作品中呈现中华民族共同体意识,在世界文化共同性中突出中华民族共同体的独特性。

支持并推动海外华文文学发展,就是在推动逐步铸牢中华民族共同体意识。在国内,国家及各级政府、研究机构要针对性制定具体政策与措施,从制度设计和经费保障方面加大海外华文文学研究的力度,确保海外华文文学研究的良性发展。在国外,可以设立专门的海外华文文学创作和研究基金,拓展国际传播渠道,扩大华文文学在海外的影响力,推动实现华文文学从"漂流、寻根、悲情、边缘"形象向"自信、自强、乐观、中心"形象转型,使华文文学不再仅仅讲华侨自己的故事,而成为中华民族共同体故事的璀璨之灯。

习近平总书记指出,中华民族的独特文化传统是海内外中华儿女"共同的宝贵财富",团结一致的中华民族是海内外中华儿女共同的"根",博大精深的中华文化是海内外中华儿女共同的"魂",而实现中华民族伟大复兴是海内外中华儿女共同的"梦"。铸牢中华民族共同体意识,加强中华民族大团结的出发点和落脚点是增加文化认同感,建设共有的精神家园。

事实证明,华侨群体始终是中国发展进步、实现中华民族伟大复兴的重要参与者、实践者和见证者。中国政府和相关机构应主动与海内外华侨组织、社团密切合作,有计划地为华侨,尤其是新侨组织开展"寻根之旅"、青少年夏令营、祭祖等文化传承活动,使新侨在实地考察、走访学习等亲身体验中感受祖籍国多元文化和悠久历史,增强对中华文化的认知和认同,巩固对中国的向心力和凝聚力,从而凝聚中华民族团结统一的强大精神力量,更直接、更有效地向世界讲好中国故事,讲好中华民族共同体故事,推动中国发展成果更快、更顺利地惠及世界发展。

——原载《东方教育时报》,2023 年 6 月 20 日,

"学习强国",2023 年 6 月 20 日

加强中外语言文化国际传播比较研究

语言文化的国际传播能力已经成为国家文化软实力的决定性因素。一个国家语言和文化的世界影响力,不仅取决于其内容是否具有独特魅力,而且取决于其是否具有先进的传播手段和强大的传播能力。

历史证明,在世界上占据强势地位的西方语言和文化,都有过快速传播的历史机遇期,由此导致的西方中心主义,至今仍在影响着世界的文化格局。

随着国际地位的提升,中国也日益重视和加大了中文和中华文化国际传播的广度、深度和力度,但与中国文化强国、中国文化国际化的目标还存在着很大差距,与世界发达国家还存在着巨大的"文化贸易逆差",对中国国家形象的建构造成了消极影响。

因此,立中文与中华文化国际传播的现实需求和战略目标,主动发现中文、中华文化国际传播中存在的问题,扬弃外国语言文化国际传播的经验和教训,探索构建为世界所了解和理解的汉语言文化国际传播的"中国模式",形成可资世界语言文化国际传播借鉴的"中国经验",就成为中国政府和相关机构亟须解决的时代课题。

英语、法语、德语作为除汉语外的世界前三位语言,在全世界具有广泛的影响力,并成为全球语言文化传播的成功典范。我们可将这三种外语作为语言参照,以美国文化、德国文化、法国文化作为文化参照,进行汉外语言文化国际传播的对比分析,并在中国语言政策法规指导下,以语言建设为基础,以文化建设为目标,在总结分析中国改革开放以来汉语言文化国际传播的历史经验和教训的基础上,基于国际语言文化传播的经验和教训,探索建立汉语言文化国际传播的创新体系和中国模式,提升国家软实力。

对比研究分析的主要内容主要包括以下几个方面。

1. 中文、中华文化国际传播如何建立完整的体系

目前,中国以孔子学院、海外华校等为基础,逐步建立了中文、中华文化国际传播教学体系,但在一些基本问题,如传播什么、如何传播、传播质量评价体系等方面,都还存在着很多不足,需要科学研究,构建完整的中文与中华文化国际传播体系,以保证其可持续稳定发展。

2. 中外语言文化国际传播历程比较分析

各国语言文化的国际传播都与政府的主导和推动密切相关。如英语在全世界的传播源于英国的殖民扩张,而美国的崛起则进一步扩大加深了英语的国际传播广度和深度。法语、德语的世界传播也基本遵循同样的规则。通过梳理比较英语、法语和德语及其文化的国际传播历程,并与中文与中华文化国际传播的现状和目标进行比较分析,可探索具有中国特色的语言文化国际传播新路。

3. 中外语言文化国际传播目标比较分析

各国语言传播的目标具有同质性,都是希望学习者掌握本国语言。但各国文化传播的目标却大相径庭,因此,不同的国家往往会被贴上不同的文化标签。我们希望世界如何认识中国的文化? 这事关中华文化国际传播的成败。因此,比较分析世界强势文化国际传播目标的设定及实现途径,有助于科学确立中文与中华文化国际传播的根本目标。

4. 中外语言文化国际传播模式比较分析

一国语言的国际传播也是一国国际形象、文化和价值观的国际传播。因此,基于中文与中华文化国际传播的现实要求,对比分析世界主要国家的语言文化国际传播模式,可发现外国语言文化成功传播的模式,为中文与中华文化国际传播模式的建构提供借鉴。

5. 中外语言文化国际传播机构比较分析

20 世纪 30 年代,英国成立英国文化委员会,作为向海外推广英语的准官方机构,并服务于改善英国的国际形象,维护英国的国家利益。1883 年,法国创建了法语联盟,迄今在全世界 138 个国家有 1 140 多个培训机构。德国则通过建立歌德学院实现德语、文化的国际传播。目前,世

界上有 11 万所学校固定开设了德语课程，1 380 万中小学生定期学习德语。

孔子学院肩负着推广汉语和中华文化的使命，成立以来发展迅速，成绩举世瞩目，但现在也面临着很多制约性的问题。英语、法语和德语及其文化所依托的完善的海外推广体系，及所凝练的成功经验，可以为孔子学院的健康、可持续发展提供借鉴。

6.中外语言文化国际传播教材与考试评估体系比较分析

教材是影响语言文化有效传播的重要因素。英语、法语和德语的国际教材已很成熟。在考试评价方面，孔子学院目前正在大力推广新 HSK 考试，但与英语、法语和德语的考试评价体系相比，新 HSK 还有许多亟须调整和完善的方面。因此，比较分析不同语言文化教材和能力评估体系，可助益构建中文与中华文化教学和考试评估体系。

7.中外语言文化国际传播师资培养比较分析

孔子学院多是国内高校和教育机构与国外大学或教育机构合作建立的，其师资在很大程度上依附于国外合作大学。而法语联盟、歌德学院等大都是在国外设立的独立的教育机构，师资主要来自本国或经过机构本身培训的人员，与当地大学的合作模式主要是以项目交流为主。通过比较分析各国语言文化传播机构在师资培养方面的异同，有助于探索适合中国国情、又符合国际标准的孔子学院师资培养方式。

它山之石，可以攻玉。对比分析中外不同语言文化国际传播的异同，有助于我们知己知彼，更准确地基于语言国际传播的规律和特点，设计和实施中文与中华文化国际传播的规划和计划，获得事半功倍的效果，节约人力和财力资源，加快中国世界化的进程。

"一带一路"启新航，十年树木育新林

"十年曾一别，征路此相逢。"经过十年的发展，"一带一路"已成为中国在全球治理中贡献中国智慧的国际平台和载体，生机勃勃，生意盎然。"一带一路"文化作为可以载入史册的世界人文交流经典范式，也已逐步经典化、日常化、世界化，成为习近平新时代中国特色社会主义思想的重要组成部分、构建人类命运共同体的重要基础和中国式现代化区域性建设的成功范例。历史已经证明并将继续证明："一带一路"的未来，代表着中国的未来、世界的未来、人类美好生活的未来。

"推动共建'一带一路'高质量发展"是党的二十大报告中提出的新要求，为开启"一带一路"的新十年、新百年提出了新目标，擘画了新图景，规划了新路径，指明了新方向。在坚持"一带一路"五通目标的基础上，在坚持"一带一路"共商共建共享原则基础上，在坚持高标准、高效能、惠民生高要求的基础上，"一带一路"建设必将迎来新高潮，驶入新赛道，拓展新领域，到达新高峰，并以实实在在的合作成果，提供顺应民心民意和世界大势的和谐交流的国际合作新机制，助力解决世界面临的重大发展问题、民生问题、环境问题、安全问题，推进人类命运共同体建设进入新阶段。

着眼未来，"一带一路"建设仍将是中国持续改革开放的火车头。在不断增强中国国际影响力、构建世界发展新格局的同时，推动引领"一带一路"共建国家更开放、更发展、更自尊、更自强，推动中国和共建国家之间在经济、文化等领域构筑双循环、多循环共建新形态，推动整体提升世界的经济实力和文明程度，以中国式"桃花源"为模式，建设"'一带一路'桃花源""人类命运共同体桃花源"。

着眼未来，"一带一路"建设将推动"以人民为中心"发展思想惠及共建国家。对美好生活的向往是全世界人民共同追求的目标。但在当今世界,恃强凌弱、滥用霸权、对立对抗,甚至战争依然横行;冷战思维、零和博弈、粗暴干涉仍然肆虐。人的生命被无情漠视,人的尊严被野蛮践踏。"一带一路"指向人类幸福生活的未来,始终致力于谋各国民生福祉,代表了中国和共建国家民众最根本的利益,尤其是世界上最贫困、最无助、最被忽视的一部分弱小国家民众的利益,为这些国家带去了实实在在的发展机遇和欢声笑语,这是人类文明史上前无古人、后无来者的伟大工程。只要"一带一路"国际列车行稳致远,这个未来就必会一步步变成现实。

着眼未来,"一带一路"将成为培养国际化、复合型人才的大学校。"'一带一路'人才"培养将开辟中国和共建国家教育合作的新领域,尤其是在基础设施建设、城市变迁与环境、共建国家安全机制、多双边人文交流、科技人力资源、人才培养与课程建设、技术与管理人员培训等领域,进而积极推动各国现有教育体制和机制的国际化,提升教育质量,使各国之间的双边和多边教育合作获得更多发展机遇和更深入的相互理解、支持。"致天下之治者在人才,成天下之才者在教化。"以"一带一路"教育合作为媒,才能持续培养出一代代"一带一路"人。秉承致力于创造人类幸福、维护世界和平的"一带一路"精神,为世界健康和谐发展提供持久原动力。

着眼未来,"一带一路"仍将坚持"传"与"引"并重,中国和共建国家智慧"走出去"和"引进来"交汇。中国和共建"一带一路"国家互信互助,汇聚智慧,基于互利共赢原则,聚焦重点领域,推动"一带一路"建设持续走深走实,高质高效,以中国担当和世界情怀,继续开通一个个新的"生命通道"和"命运纽带",为世界输送更多的中国智慧成果。

着眼未来,"一带一路"市场化体系将进一步完善,质量保障体系和评估体系将获得广泛共识并为"一带一路"保驾护航,从而推动"一带一路"建设更加规模化、规范化、系统化、标准化。借力市场化、标准化建设,"一带一路"共建将获得更集中多口径的资源支持,共建国家之间的合作壁垒将被进一步打破,"一带一路"话语体系将更加具有影响力,"一带一路"发展理念将更具全球影响力,"一带一路"思想体系将进一步提升中国和共建国家文化软实力,"一带一路"共建国家应对国际风险能力将整体性提升,"一带一路"发展层次将更加丰富,"一带一路"的独特文化体系将融入世界文明体系。

　　未来可期，未来已至。"一带一路"将持续为世界提供新机遇，为中国式现代化铸就新里程碑。

　　　　　　　　　　　　——原载"文旅中国"，2023 年 2 月 27 日

"一带一路"新征程，文旅产业促进"四融合"

借力"一带一路"的十年发展，中国和共建国家的文旅产业实现前所未有的互通，使世界文化多样性呈现出鲜明的"一带一路"色彩。文旅产业既是硬实力，又是软实力，也是"一带一路""五通"的重要推手和实践平台。在"一带一路"的新十年、新百年，文旅产业在产品开发、文化融合、民心相通等方面都将迎来新的发展机遇期、合作共赢期和深度融合期。

"一带一路"是"文旅之路"。"一带一路"共建国家及地区的文化和旅游资源丰富，世界文化遗产占全球的 80%。过去的十年，"一带一路"为中国文旅产业在国内外的新布局和新发展创造了良机，中国文旅产业则为"一带一路"建设疏通和扩展了更加丰富的合作发展渠道。党的二十大报告提出，"共建'一带一路'成为深受欢迎的国际公共产品和国际合作平台"。同时，强调"坚持以文塑旅、以旅彰文，推进文化和旅游深度融合发展"。"一带一路"建设归根结底是为了携手共同推进世界人民安居乐业，而文旅产业惠民、富民，以提升各国民众的获得感、幸福感为目标，这与各国共建"一带一路"的初心、目标完全一致。聚焦这一共同目标，未来十年，文旅产业与"一带一路"将协同发展、高质量发展，并实现 4 个方面的深度融合。

文化与旅游的深度融合。文化旅游不是简单的"文化＋旅游"，而是合二为一，深度融合，这样才能开发出真正富有文化内涵的公共旅游产品，整体提高各国文化创新和生活消费方式的文明程度，提升各国文化自信。能否以文化与旅游的深度融合，促进文旅产业与"一带一路"建设的深度融合，不但影响"一带一路"未来十年合作发展的广度和深度，而且也会影响各国民众对美好生活的向往，进而削弱民众对"一带一路"的信任和支持，最终影响"一带一路"建设的成效。

自然生态与文化生态的深度融合。"一带一路"是绿色发展之路。绿水青山就是金山银山，自然生态与文化生态具有天然同源、同根性。文化之旅，就是自然和文化和谐生态之旅；文旅产业，就是生态产业；文旅之脉，即生态文明；文旅屐痕，即为寻觅"天人合一"。其所体现的人与自然和谐、不同文化交融暖心的文旅观，与"一带一路"建设的目标一致。因此，坚持生态文明理念，共建绿色丝绸之路，是"一带一路"可持续发展的一把金钥匙。

区域性供给与整体性共享的深度融合。"一带一路"文旅产品呈散点多元分布状态。国与国不同，文化内涵与呈现形态各有区别，不同对象对同一文旅产品的理解角度和接受方式也千差万别，甚至误解和误读的角度和原因都千人千面。因此，各国在推进本国文旅产业发展的同时，一定要有"一带一路"整体观，跳出区域看整体，以产品的共享度为最大公约数，建立统一标准，研发出既各具特色又同具"一带一路"整体共享价值的文旅产品，使区域性供给的文旅产品获得最大限度的共享性价值和最大产值，从而惠及更多民众。

民族性与世界性的深度融合。目前，中国和"一带一路"共建国家的文旅产业总体上仍处于弱势地位，缺乏国际竞争力，而共建则可合力打破既有文化壁垒，有利于各国文旅产品获得世界认同。筑牢"一带一路"国际性、公共性文旅合作平台，既可推动不同国家文旅产品的交汇、交融、创新，也能结合"一带一路"的布局更加因地制宜、灵活制定发展策略，实现本国文旅产业多层次、多形式融合，并在独立自主发展的基础上，推动不同民族文旅元素之间互通互融，促进文旅产品民族性与世界性的统一，从而借力文旅产业，提升民族自信和尊严，提升"一带一路"共同体的尊严，提升世界上一切爱好和平的民族和国家的尊严。

——原载《中国文化报》，2023 年 3 月 1 日；

"学习强国"，2023 年 3 月 1 日

第二章

向世界讲好中国故事:理论与实践

留学生讲好中国故事能力培养：问题与对策

由于来华留学生教育在中国还基本上被视为一种"特殊教育"，在某种程度上孤立于中国教育体系之外，形成来华留学生教育的"象牙塔模式"。在思想政治教育方面，目前主要集中在对留学生专业知识技能的培养上，而对留学生的思想政治教育工作一直少有触及，没有直接纳入留学生教育体系，更没形成独特的教育理念和方法。这种做法将留学生隔绝于最适宜其学习中文和了解中国文化的语言文化环境之外，不利于培养既理解中国，更能从感情上亲近中华文化的留学生，影响到他们向世界讲中国故事的能力。

留学生思想教育的主要问题

目前，针对留学生的思想教育方法相对传统，且模式单一，雷同性强，效果差——主要包括："感知中国"社会实践。通过开设"中国概况"和中国文化课程（中文或英文授课）、留学生第二课堂、中外学生融合活动等，以语言为媒、文化为桥，让留学生全面感知中国文化和国情，积极促进跨文化交流，深化相互了解，培育牢固友谊，使留学生发自内心热爱中国、传播中国。

校园跨文化适应教育。主要关注中外价值观差异、文化距离以及陌生环境影响留学生的心理适应。针对跨文化适应开展入校教育、国情教育、中外文化对比讲座、心理适应教育、组织丰富多彩的课外活动等。

生活安全教育。由于留学生在语言、文化、思想认识方面和中国学生有较大差异，在安全保卫方面表现出的问题有其特殊性，高校通过多种形式对留学生进行日常的人身安全教育等。

　　进入新时代以来,中国的留学生教育在思想认识、教育方法方面缺乏与时俱进的战略定位和远瞻性设计,没能及时将新时代内涵融于留学生教育全程;教材内容滞后,更新不及时,没有突出中国共产党在留学生教育中的主导性和纲领性,与新时代的中国地位和国际影响力脱节,留学生讲中国故事能力培养没有受到充分重视,主要表现在:

　　政府与高校对留学生讲中国故事的重要性认识不足。 由于来华留学生教育问题也是政治问题,政府的战略导向性与政策推动力必须贯穿全过程。目前一些高校与地方政府的结合不紧密,政府搭台少,导致留学生与新时代中国社会生活的互动少,结合点不多,留学生难以走进百姓生活。

　　对留学生思想政治教育回避,不积极,缺乏文化自信。 中国高校目前仍总体回避留学生的思想政治教育工作,唯恐引起国内外负面舆情,不敢旗帜鲜明地将"三全育人"融入培养全程,主动回避"课程思政"责任。

　　留学生讲中国故事能力培养常流于表面,模式化、浅层化。 通过讲中国故事揭示出中国道路的核心理念与社会主义核心价值观,需要系统设计,科学归纳,精准施策。目前相关活动如留学生汉语演讲、短视频、征文比赛过于注重形式效果,缺乏整体性可持续性规划和系统性深入引导。

　　留学生中国故事教材与读物缺乏。 没有专门教材,相关教材理念和内容严重滞后,更新不及时,缺少融通中外的新概念、新范畴、新表述,对"中国故事及其背后的思想力量和精神力量"表述不充分,对"中国共产党为什么能、马克思主义为什么行、中国特色社会主义为什么好"的阐释缺乏中国特色的理论体系和话语体系支撑。

　　红色文化不鲜明,不突出。 红色文化是中华文化的精华,但目前没有机融入留学生中国理解教育,内容选择不具体,角度不客观,甚至主观故意回避当代中国认知,回避对中国共产党的正面介绍。

　　思想政治教育形式传统,前瞻性不足,补救性教育居多。 目前,留学生思想政治教育缺乏明确的理论体系和统一的培养方案,基本仍是开大会、开班会等传统形式,被动性明显,常是"马后炮"式补救性教育,没有考虑留学生文化背景的复杂化和多样性,精准度不高,没有相应质保体系保证。

　　留学生感知中国的途径较为单一、肤浅。感知中国活动实际上多成为参观旅游活动,走马观花。留学生讲中国故事的平台与渠道单一,影响力小;碎片式报道多,系列报道少,内容模式化,留学生自主性传播少,新媒体传播平台少。

　　心理疏导体系不完备。留学生文化融入意识强,但融入能力弱,若不及时正确引导,极易出现心理问题,甚至采取极端行为方式。因此,在法律法规要求外,目前迫切需要高校与社区合作建立针对留学生的心理疏导体系和社会支持系统,预防为主,干预及时。

留学生讲好中国故事能力培养的对策

　　为了帮助留学生讲好中国故事,必须突破传统教育的限制,实现跨越式发展,**旗帜鲜明,有的放矢,精准施策**。具体做法应包括:

　　旗帜鲜明地向留学生讲好中国共产党的故事。习近平总书记指出:"读懂今天的中国,必须读懂中国共产党。"要结合中国共产党的百年奋斗史,帮助留学生全面、立体、客观了解近现代以来中国不断从传统走向现代、从封闭走向开放、从积弱走向富强的历史,尤其是改革开放三十年、党的十八大以来中华民族伟大复兴运动和党的十九大以来新时代中国特色社会主义思想对中国发展的核心引领作用,使留学生更客观认识到中国共产党是为中国人民谋幸福的政党,也是为促进人类进步事业而奋斗的政党。

　　实事求是地讲好中国人民奋斗圆梦的故事。让世界加深了解中国人民在历史上和当代为人类做出的伟大贡献,讲清楚中国梦与世界梦的共通之处。讲清楚中国梦的实现将坚持和平发展、合作共赢,必将有利于推动世界和平发展,必将为世界更加和平公平发展做出新的历史性贡献。

　　进一步提升国际中文教师讲好中国故事的意识和能力。习近平总书记指出:"教师承载着传播知识、传播思想、传播真理,塑造灵魂、塑造生命、塑造新人的时代重任。"目前国际中文教师重视语言教学,相对轻视思想引领,较少培养留学生讲中国故事的意识和能力。应在教师职业考核中增加政治思想教育工作指标,提高政治站位,锻造过硬的政治素质,使老师在语言教育基础上引导留学生了解中国政治、中国国情和中国共产党。

与时俱进编写出版具有更加鲜明的思政元素的国际中文教材。由于教材体现了知识的价值导向,教材建设也是国家意志的体现。未来要以高度的政治敏感、敏锐的世界视角、高效的工作节奏,更加重视中文教材和文化读物的理念和内容的"当下化",不断推陈出新,加快教材更新换代,将日新月异的中国出现的新事物、新现象及时反映在教材中,并逐渐推动教材编写的本土化,真正使中华文化日用而不觉。

留学生文化体验活动更加精准对焦当代中国故事。留学生文化体验活动要以留学生了解当代中国为导向,以红色文化为载体,让留学生在实践中深入了解中国共产党历史;以新时代中国为载体,让留学生了解当代中国创造的奇迹和原因;加大留学生志愿者活动力度和广度,推动留学生了解中国社会综合治理体系,感受中国脱贫攻坚的胜利果实,见证中国乡村振兴之路。

更加重视华裔留学生讲好中国故事的特殊价值。目前,华裔留学生教育独有的文化传播潜力未得到充分重视和开发,其向世界讲好中国共产党故事的能力没得到针对性、专门化培养,特殊效能未得到充分发挥。未来,应对华裔留学生采取区别化教育政策,制定不同的培养方案,采取独立的教材体系、施教体系、教师培训体系,研发专门的考核体系,逐渐实现华裔留学生讲中国故事能力培养的标准化、正规化、专业化。

乙类乙管后上海留学生情况、特点及问题

一、现状

由于"乙类乙管"方案的实施有利于上海留学生教育事业,目前,部分留学生已在第一时间联系学校,希望尽快办理签证,购买来华机票;留学生培养部门也在为恢复正常的线下教学积极准备。

1. 疫情的负面影响,尤其是 2021 年上海疫情的海外负面影响,短期内不可能完全消失,导致部分拟来沪留学生对乙类乙管政策仍心存疑虑,对未来上海和中国的疫情防控持怀疑态度,选择以休学的方式静观其变,等中国疫情趋于稳定后再来华。

2. 因来华签证办理时长较长、航班暂未完全恢复等问题,部分留学生无法准时于 2023 春季学期前返校,需要继续参加线上网课,直至入境返校,方能参与正常的学习生活。

3. 2020 年后,上海留学生流失严重,规模缩减,而乙类乙管后来华留学生人数会进一步增加,并持续增长。但如何加大海外宣传力度,逐步消除上海疫情海外负面印象,提供针对目前上海留学环境已得到改善的说明材料并实现广泛认知,目前上海各主体单位还没采取有效的措施;已有相关工作没显现出有目共睹的效果,更缺乏可作为制定乙类乙管后上海留学生教育政策的准确数据。

因此,乙类乙管后上海留学生教育面貌短时间内不会发生根本性改观,而已采取的措施方法是否已产生积极影响尚未得到数据验证,总体情况仍不容乐观。目前的首要工作是逐步改善海外"上海疫情形象",逐步扩大留学生规模,从政府、培养单位和社会层面全方位一体化做好准备工作,切实从政策、环境,尤其是防疫实效方面吸引留学生尽快返沪。

二、问题

1. 来沪中国政府奖学金生的奖学金发放政策解释工作具有挑战性

奖学金生是否在甲类管理之前来华完成线下注册,以及乙类乙管后是否来华完成线下注册,决定了奖学金生是否可领到补发的疫情期间的生活费,而其他类型的奖学金发放政策均对标中国政府奖学金执行。部分留学生对奖学金比较重视,甚至依赖,在可领与不可领补发生活费的留学生之间会出现认知差异,甚至攀比,可能导致国际负面舆情。鉴于此,在国家统一政策引领下,上海应发挥自身经济优势和政策优势,力所能及地解决这一"疫情遗留问题"。

2. 在沪留学生的主客观需求与留学生理解中国目标之间存在落差

上海飞快的经济发展速度、便利的交通和良好的城市国际声誉是留学生首选上海作为留学目的地的原因。多数留学生对华情感主要基于物质生活和人际关系的主观认知感受,同时受自身的价值取向以及在母国习得的价值观念与中国价值观念之间的远近亲疏的影响。在沪留学生的培养目标是理解上海、理解中国、讲好中国共产党故事,但疫情使部分留学生的主客观需求没得到满足,中国理解出现偏差和误差,拉大了与培养目标的差距。

3. 在沪留学生对中国媒体及上海媒体的关注度不足

留学生来沪后对本国社交媒体软件的使用黏度依旧很大。多数留学生保持用母语或英语获取信息的习惯。原因一是留学生受中文水平限制,阅读中国媒体和上海媒体的中文文章存在障碍;二是部分留学生不信任中国媒体和上海媒体,主观认为其政治色彩大于新闻传播职能。如何以适当方式引导到沪留学生尽快安装中文社交媒体软件,并主动依赖中文媒体获取信息,同时避免受到信息碎片化传播的负面影响,能够合理选择积极正面的信息,直接影响到到沪留学生融入上海的速度和深度。

4. 缺乏乙类乙管后的上海故事案例

面对乙类乙管后留学生即将返沪的新形势,目前迫切需要有能在留学生到沪后第一时间讲给他们听的后疫情时代的上海故事、中国故事，第一时间消除他们来沪前的疫情认知偏见，并借以向世界传达真实的疫情后的上海形象、中国形象。目前各培养主体单位仍主要只针对已在沪留学生开展相关活动，没有基于即将返沪留学生的认知"落差""偏差"针对性准备上海特色故事。由于国际舆论的话语权和传播方式在一定程度上仍被西方国家垄断，国外一些媒体故意抹黑中国，煽动一些不明真相的人诋毁中国，抹黑中国人形象，包括上海，其中受到误导的可能就包括即将来沪的留学生。鉴于此，必须在充分了解目前海外关于上海，尤其是乙类乙管后的上海的各种偏见及产生的原因，针对性、差别化准备好相对应的上海故事、中国故事，以保证在留学生来沪后第一时间进行偏见消除工作。

5. 对乙类乙管后留学生教学和管理方式的变化缺乏前瞻性的预判和应对措施的完善

由于三年疫情，留学生教学与管理的"疫情模式"短期内影响仍在，留学生培养单位皆存在着从"疫情模式"到常态化的认识和方法转变问题，与到沪留学生一样，都不同程度在教学、管理、校园生活、社会融入方面存在着适应性问题，包括心理问题、教学内容和手段调整问题、交流障碍问题等。目前缺乏针对培养单位和教师的相关心理疏导、管理内容更新和创新方面的针对性培训和指导，以及留学生到沪后心理、学习手段、文化适应、社会生活融入方面可能出现的问题的预判和预案。

三、对策

1. 针对乙类乙管政策，加强对一线留学生管理工作人员的整体性培训

一线留学生管理工作人员直接回应拟来沪留学生的心理需求和现实需要，但目前各单位之间，甚至同一单位不同人员对乙类乙管后的政策解释都存在不统一、不一致情况，客观上会加重拟来沪留学生的担心和怀疑。鉴于此，应确立上海留学生教育整体观，立足上海一盘棋原则，顶层

梳理政策敏感点、关键点,确立统一话语体系、阐释范畴,并通过集中培训提高一线管理工作人员的政策水平、业务能力、阐释口径,保证全市思想统一、认识统一、口径统一,从而提升上海对留学生的整体吸引力,确保乙类乙管后留学生的上海印象、上海形象的统一,为上海留学生教育未来的整体性良性发展奠定一个新的良好的开端和基础。

2. 整合教育资源,为乙类乙管后到沪留学生组织整体性的融入性教育活动

打破各留学生培养单位门户局限,上海市相关部门统领乙类乙管后首批留学生融入上海的文化、教育活动,集中全市资源,组织开展迎新季系列活动,包括乙类乙管主题展览、企业参观、文化体验等活动,发挥各高校优势,同时整合社会各方力量建立系统、精准的乙类乙管后留学生思想教育体系。

3. 建设乙类乙管后上海留学生一体化信息平台

上海市应一体化建设服务全市留学生的乙类乙管信息平台,以系统、精简为原则,提供留学生所关注的乙类乙管前后上海社会生活和教育环境热点问题,提供可供拟到沪或在沪留学生浏览学习的视频和最新资讯,以及各类生活学习信息,而主管部门要及时掌握相关数据,经研判、分析后提供给留学生培养单位,帮助培养单位准确把握乙类乙管后留学生的心理和上海关注点的变化,及时进行疏导、引导。

4. 乙类乙管后上海抗疫相关内容尽快进留学生教材

上海抗疫、中国抗疫行动和精神是向世界说明"中国共产党为什么能"的典型案例,生动且真实,对培养留学生讲好上海故事、中国故事能力具有直接的现实效果,必须直接讲,常态化讲,使之成为上海留学生教育的底色之一。为此,上海相关主管部门应作好协调规划,整体推进抗疫内容进留学生教材、课程,入耳入心,同时推动教材普适化,为乙类乙管后的中国来华留学生教育提供上海特色的教学资源和理论、经验。

5. 留学生培养单位加强国别化融入教育

因上海疫情的海外认知国国不同,在乙类乙管后留学生的常态化培养过程中,培养单位的留学生思想教育工作应"点面结合",在上海市统一

政策引领下,针对来沪留学生主要国家对沪疫情的舆情,总结乙类乙管后不同国家地区留学生认知上海的特点并建立针对性强的教育策略,做到"一国一策",加强国别化、个性化引导,发挥朋辈效应,帮助留学生更好更快适应乙类乙管后的上海留学生教育环境,有温度地培养留学生知沪、爱沪。(与宗骞　李钰倩、时玥　张林华合作,2023 年 2 月 6 日。)

向世界讲好中国诗酒故事

"病毒无国界",抗"疫"也无国界。目前,随着病毒传染范围逐步扩大,世界各国达成共识:消灭病毒是全人类共同的使命。疫情面前,没有谁能独善其身,也没有谁能置身事外,冷眼旁观。只有世界各国守望相助,共渡难关,才能保证世界健康发展、和平发展。中国政府和人民从抗"疫"伊始就坚持人类命运共同体立场,"为天地立心,为生民立命"。事实证明,中国抗"疫"工作体现出了一个发展中大国的使命担当、世界胸怀和人类情怀。如今,由于在中国榜样力量引导下,抗"疫"国际同盟逐渐形成,全世界联合起来才能取得抗"疫"胜利已成共识,人类命运共同体理念的高瞻远瞩和切实必要得到了实证。

疫情期间举办国际诗酒文化大会,充分说明了中国改革开放、对外交流的既定方针不会变,说明了中国坚持传承创新中华优秀传统文化的既定目标不会变,说明了中国与世界分享中华优秀文化成果的传统态度不会变。诗人们来自不同的疫情环境,共同相聚于酒城泸州,可以实地感受疫情下中国人的日常生活,这对破除一些别有用心的国家针对中国的疫情偏见,具有直接的引导作用。诗酒文化大会的成功举办,不但向世界展示了中国的抗疫成果,为向世界讲好中国当代故事提供了一个国际舞台,也能提升世界各国抗疫的信心和决心,必将载入世界诗歌史和抗疫史。

诗歌是人类自由安放灵魂的栖息地,是世界不同国家、不同民族,乃至全人类心灵的吟唱,表现人类最真挚、永恒的情感,满足人类对美好生活的追求,为人类提供语言的韵律之美,揭示普遍人性中真、善、美、诚、信、义等高贵品质。这些思想不指涉任何具体国家和民族,因而具有天然的世界性。

当前,就中国诗歌而言,一方面,要找到中国诗歌与世界民族文化的相通之处,努力展示其中与世界密切相关且历久弥新的精华,令其与世界优秀多元文化同放异彩。另一方面,中国诗歌应通过开放自己推动其他文化的开放,并在更高层次上丰富自身、反哺自身、发展自身。随着中国影响力的不断提升,世界各国深入了解中华文化的需求日益迫切。中国诗歌作为中华文化的重要组成部分,传递中华民族的尊严和精神,传达中华民族的文化内涵,体现中华民族对历史和现实的思考,是世界认识中国和了解中国的重要途径。如何让中国诗歌中所蕴含的中国思想和中国精神走向世界,并在这一过程中找到海外知音,是中国诗歌海外之旅的重要使命。但因不同民族的诗歌表现世界性的方式和方法各有不同,所以应通过相互交流与合作,分享民族经验,"美美与共",共建人类精神乐园。诗酒文化大会为实现这一目标提供了国际交流的平台。

泸州老窖是中国的民族品牌,是中国酒文化的象征,也是中国民族文化的代表之一,具有国际知名度。作为中国诗酒文化的承载者和传播者,在当前全球汉语热和中华文化热的背景下,泸州老窖作为中国诗酒文化的组成部分,也已成为世界认识中国的窗口。

企业的社会担当本身就是一种企业文化,一种社会责任心的体现,是一种好口碑,也是企业文化的好品牌。这更是一笔巨大的财富。泸州老窖"深耕"文化,将民族文化与企业文化有机结合。

近年来,中国不断加大对文化企业的支持,鼓励中华文化企业主动参与国际竞争。与发达国家相比,中国企业主动传播中华文化工作目前总的来看仍处于初级阶段,因此未来中国企业应更积极利用自身的文化优势,走以文化产业传播文化的世界之路,让文化进入市场,让市场来传播文化。中华文化产业还要实施品牌战略,打造出一批精品,形成系列和规模,并以优质的产品、出色的服务和中国的理念,凝聚中华文化产品的冲击力量。同时发挥企业文化品牌灵活机动的优势,与国家资本相辅相成,互为补充。这样既能扩大中华文化"走出去"的范围,也能形成合力,形成规模,凝练品牌和知名度,共同创造社会效益,分享经济效益,增强国际竞争力。中华文化走出去工作会逐渐淡化政府政策的决定性作用,形成中国政府主导,中外机构、社会力量共同推动的民间传播机制,中资企业将在其中发挥积极作用。泸州老窖与文化传播的结合,走在了时代前列,必将实现文化与产业的双赢。

诗酒文化属于中国生活文化,诗酒故事是中国生活故事,而中国故事就是由一个个中国生活细节积累而成。讲好细节,讲好点滴,讲好小故事,实际上就是讲好中国大故事。国际诗酒文化节,就是中国生活故事汇,来自世界各地的诗人,必将在品酒吟诗中,品出中国热爱生活、热爱和平的味道。

——2021 年 10 月 13—17 日,"国际诗酒文化大会第五届
中国酒城·泸州老窖文化艺术周"在泸州开幕。
诗酒文化大会以"让诗酒温暖每个人"为题,
全球征文。此为发言提纲。

中国故事怎么讲？中华文化如何融？

　　要向世界讲好中国故事，我们必须要明确讲什么样的中国故事，怎么才能讲好，既要有顶层设计之谋，更要有精准落地之策。我们要基于中华优秀传统文化和习近平新时代中国特色社会主义思想，有选择、有针对性、有步骤、有目标地将中国故事讲出去，融进去。

　　向世界讲好中国故事，必须充分认识文化的差异性，在差异性中寻找中国故事与所在国故事的共同点，以同求同，然后以同传异，最后以异融同；充分尊重外国受众的欣赏习惯和审美情趣，用他们听得懂的语言和方式，讲述中国故事，实现中国故事的本土化。在条件允许的情况下，主导搭建各国故事交流的平台，推动各国故事之间互鉴互学，推动不同"国别故事"之间实现"跨本土"融合，形成相关理论，提炼成熟经验。这样，不但能使中国故事的传播效果最大化、泛在化，也能更直接促进国家之间的文化交流、经济交流、政治交流。

　　中外文化交流的历史经验告诉我们，处理好世界文化与中华文化的关系是讲好中国故事的重要前提条件。客观世界是交换的世界，有物质文明的交换，也有精神文明的交换。我们要讲的中国故事里要包含我们有而别人没有且需要的东西。也就是说，我们首先要推动具有中国智慧、中国特色的中国故事走出去，因为这样的故事是世界渴望认知的，是对人类共同发展有益的，是能丰富世界生活和文化的。在这个过程中，我们还要尊重其他民族文化，秉承文化平等态度，以我们的文化自信推动其他民族发掘并坚持本民族的文化自信。

　　我们向国外民众讲述中国人自强不息的故事，就是讲述真实的历史中国故事、当代中国故事和未来的中国。中国的发展历史，尤其是中国共产党的百年奋斗史，本身就是一部苦难与奋斗的历史，是一部不畏艰难险阻、能够战胜一切困难的历史,本身已经形成中华民族的伟大精神,本身就是中国好故事的底本和阐发源。

1. 讲述中国共产党的故事

2021年6月21日,习近平总书记在给北京大学留学生的回信中指出,"读懂今天的中国,必须读懂中国共产党"。要让世界全面、立体、客观地认识中国,就必须正确了解中国共产党与新时代中国繁荣昌盛的关系。近现代以来,中国从封闭走向开放、从贫弱走向富强的历史,就是中国共产党不忘初心、砥砺前行,带领中国人民实现从民族自觉—自新—自强——自信——自尊的跨越式发展的历史,尤其是改革开放四十年、党的十八大以来中华民族伟大复兴和党的十九大以来习近平新时代中国特色社会主义思想对中国发展的核心引领作用,足以令人客观认识到中国共产党"是为中国人民谋幸福的政党,也是为促进人类进步事业而奋斗的政党"。

2. 讲述中国百姓的生活故事

中国百姓的生活故事就是一个个中国人的梦想故事。中国梦是每一个中国人的梦。我们向世界所讲的中国人民对幸福美好生活的向往与不懈追求的一个个小故事,共同组成了中国人民追求中华民族伟大复兴的大故事。任何一种文化都融汇在这种文化所养育的人的血液中,文化养人,人载文化。正是因此,博大精深的中华优秀文化,就是中国人的日常生活,就在中国人的一举一动中。从这个角度看,向世界讲中国故事的起点,仍在国内,那就是中国故事的一个个载体,即每一个中国人。在国际视野下讲好自己的故事,向世界呈现"有血有肉"的真实中国。

3. 外国人讲述中国故事

外国人讲中国故事是中国故事走进世界的重要途径,而且越来越多的外国人主动加入讲中国故事的行列。在华外籍员工、留学生是向世界讲中国故事的重要力量。他们既有海外成长经历,又有中国生活体验,还有国际人际关系和跨文化交流经验;既是中国故事的承载者,也是中国故事的传播者。实践证明,在国际传播中"讲故事"被认为是最有效的手段之一。我们要通过生动活泼的组织形式,吸引他们主动走进最真实的中国生活语境和社会环境,像盐一样溶入中国当代生活的海洋,与中国老百姓一起生活,贴近中国的心脏感受中国的心跳,感悟中国国情,思考中国胸怀,从而获得真实的中国生活体验,并能以所在国乐于接受和理解的方式向世界讲中国故事,实现中国故事落地无音,润物无声。

4. 讲述休戚与共的人类故事

人类命运共同体是中华文化为世界发展贡献的中国智慧,是中国故事的核心。人类命运共同体理念植根于中华优秀传统文化。国有国界,人心无界。为推动世界上不同民族文化共同打造人类命运共同体,我们要能够担起重任,负起责任,共同努力把人类对美好世界的向往变成现实。

要向世界讲好中国故事,我们既要坚持以我为主,也要秉承世界文化一律平等的原则,异中求同,同中存异,精准对接海外接受群体,形成给即所需、所愿能给的中国故事精准落地新局面,从而让中国智慧惠及世界发展,推动人类命运共同体建设。

——原载《中国石化报》,2023 年 2 月 1 日;
"学习强国",2023 年 2 月 1 日

向世界讲好中国故事:同济做法

问:我们国家一直在"加快构建中国话语和中国叙事体系""深化文明交流互鉴,推动中华文化更好走向世界",在传播中华文化、中国智慧中,向世界呈现着厚重的传统中国、鲜活的当代中国和多彩的未来中国。我们知道同济大学有许多国际交流项目,孙教授能和我们分享一下同济大学留学生讲中国故事的案例吗?

答:谢谢你关注同济大学。我是一个谦虚的人,但在这一点上我可以不谦虚。因为在围绕"向世界讲中国故事、向世界传播中国文化"方面,我们同济大学的确做了很多应该说带有一定前瞻性的工作。

我给大家介绍几个经典的项目,第一个项目是"熊猫叨叨——国际学生讲中国故事",这是我们的一个系列品牌项目,获得了各种各样的大奖,受到国内外专业媒体的高度评价。围绕着讲中国故事,我们的留学生发布了系列短视频。我们鼓励支持留学生到中国各地去亲眼去看中国的当代生活,亲口讲述自己的所见所感、所思所想,然后拍成系列短视频,点击率非常高。

除了拍视频之外,我们还组织留学生们编书写书,将所见所闻、所思所想写成文章。2021 年 7 月 16 日,《人民日报海外版》发表了一篇文章,题目是:"来华留学生:中国的发展离不开中国共产党的领导",介绍了我们的留学生们在观看了 7 月 1 日庆祝中国共产党成立 100 周年大会后的感想,他们都表示,相信"在中国共产党的领导下,中国的发展会越来越好"。推动留学生讲好中国共产党的故事,是我们基于留学生客观真实理解当代中国的实际,在留学生教育领域比较直接提出要旗帜鲜明地客观真实地向留学生讲好中国共产党的故事。我觉得这是我们这个文化传播品牌一个最成功的着力点。我们有一个朴素的认识,也是常识:在新时代中国留学的留学生,不了解中国共产党,怎么能够了解真正的当代中国?我们基于这样一个基本理念,推出这样一个项目。事实证明,我们这个项目得到了认可并成为在华留学生教育的典型案例。2022年,吕培明常务副校长牵头的一个项目——"价值导向、多元耦合、精准传播:留学生'讲好中国故事'人才培养模式创新",获得上海市教学成果二等奖,虽然是二等奖,但它是唯一的留学生类别的获奖项目。我们相信,在未来的人才培养体系里,学生讲故事能力培养将成为必要。基于这种认识,2022年,我们还和海外合作高校共同尝试把培养学生的讲故事能力有机融合进合作课程体系里——就是基于已有的中外双学位项目、学历学位合作项目,把我们的留学生讲中国故事能力培养的课程体系和方式方法,和国外的教学体系结合。这是一种什么概念呢?就是说,通过合作课程,在国外大学的人才培养体系里,融入我们培养留学生讲好中国故事的经验,比如我们和日本的大学合作,借助我们的经验,推动日本学生讲好日本故事,形成综合性的讲故事能力,进而结合日本的文化特点,针对性地培养日本学生将来讲好中国故事的能力。这个模式一旦成功,我们就可以再和法国、英国、德国、美国等等合作,遵循讲故事能力培养的基本规律,区别化地培养不同国家学生讲好自己国家故事的能力,进而讲好中国故事。如果这样持之以恒地做下去,做好,我们现在所实施的国际学生讲中国故事能力培养模式,就有可能成为未来中国,甚至世界上国际学生讲故事能力培养的一个经典范例。

第二个品牌项目是2021年启动的"同济大学留学生行走看中国"。这个项目实际上有一个背景:推动"Z世代"留学生更好地了解真实的中国,讲好中国故事。当启动这个项目时有一个基本的认识,即面向未来,因为对于真正能讲好中国故事的人,除了我们中国人之外,以后我们可能更希望,也需要依靠外国人来讲,就像中国现在的外国语学院,基本上是中国的外语老师在教中国学生外语。我们现在身边的这些外国留学生将来就可能成为这样的中文老师,以中文讲中国故事、世界故事的人。他们可能一生都离不开中文,离不开中国文化。如果我们现在能够推动他们掌握理解中国、讲好中国故事的方法,不但他受益终生,中国也是受益者,他们可以替我们讲好中国故事。但我们的留学生讲中国故事能力培养，如果只局限于课堂上，只在象牙塔内进行教育，是培养不出他们的客观视角和真实视野的。比如在上海读书的外国留学生，如果只待在上海，只生活在上海这个环境里，他怎么能真正知道山东人生活怎么样？西藏人生活怎么样？甘肃人生活怎么样？……他不知道，那么他将来讲的中国故事肯定是偏狭的中国故事，即使他能讲并能讲好上海故事，但他把上海故事讲得再好，对世界希望了解的中国故事而言，都只是冰山一角。那么他讲的中国故事就是不全的，是不客观的，是带着"有色眼镜"的，这是事实。所以，我们启动"留学生行走看中国"项目，就是希望打破这种象牙塔式培养模式，我们组织留学生到中国的各个地方去实地行走观察思考，不只是去繁华的城市，也去偏远的乡村，也去我们的民族地区，让他们眼看着中国的变化，脚走在中国的大地，心想着中国的发展，手写出中国的感情。不但让他们看到我们的成就，也希望他们能帮我们发现一些问题并提出解决问题的建议。留学生以这种方式身体力行去感悟中国，他写出来、讲出来的中国故事就肯定水汽淋漓，肯定充满活力和生活的热情，肯定充满着真实的中国元素。他讲的中国故事自然就会有人听，也会有人信。若有人不信，他自己就会去解说，因为他亲眼看到过，他自己感悟过，甚至会带着自己的同胞、朋友也"行走看中国"。

我再简单介绍一下第三个项目，是 2022 年 9 月 20 日启动的"国际传播能力提升"专题研讨班。主要是从理论上提升中外师生的传播能力，学会顶层设计，学会制定传播的方法、途径，等等。我们邀请媒体记者、传播学专家进行系列授课，并通过研讨、情景模拟强化学员的传播意识，着眼具体问题，凝练多方智慧，切实提升学员们的国际传播能力，为中华文化走向世界，培养懂传播、会传播、能传播的复合型专业人才，积极主动地破解"有理说不出""说了传不开"的文化传播困局，更加精准有效地传播好中国声音，讲好中国故事；从谁来讲、讲什么、怎么讲入手，科学选择文化传播的内容和角度，不断加强国际传播能力建设，丰富传播渠道和手段，为开创"中华文化国际影响力不断增强的新局面"贡献力量。

我介绍这三个品牌项目，实际上是想表明，在国际学生讲中国故事能力方面,我们在逐渐地一体化构建一个人才培养体系,进而推动这个体系逐渐成为中国留学生教育的一个课程包,一个同济案例。这个体系不再局限于同济大学,甚至不再局限于中国,而有可能成为世界范围内培养外国人讲自己国家故事的一个人才培养体系的"同济智慧"、中国智慧。我想,这符合我们向世界讲中国故事的大目标,因此也是我和同事们未来要努力实现的一个发展目标。

问:目前华文教育是帮助海外华侨华人特别是华裔青少年学习中文和中华文化的重要方式,也是在海外传播中华文化、推动中外人文交流、促进中西文明交流互鉴的重要渠道。如何通过华文教育更好地来讲中国故事?

答:这个问题非常尖锐,也非常直接。海外华文教育是我一直在关注的一个话题,也为之做了一些工作。我们学院也承担了很多海外华侨华人团体的接待和教学活动。海外华文教育实际上就是海外中文教育。中文呢,我觉得是我们华夏民族同心同根的一个具体的表征、一个标志。但现在海外华文教育实际上压力很大,我觉得有很多原因,有国内的原因,也有国外的原因。在我调研过程中,我发现海外华侨华人,尤其是新生代,存在着一个我认为非常让人担忧的现象,我称作"中华民族认同疲怠",这种现象说明海外华侨华人没有认祖归根的热情了,不主动、不积极了,尤其是新生代。当然,导致出现这种现象的原因是各种各样的。例如他们所出生、成长的环境,他们要融入当地,而融入当地就要接受当地的文化,这是无可厚非的。但从我们的角度来讲,能不能把这样一种疲怠感消除,事关中华民族伟大复兴,这也是我们多年来一直在关心也一直在努力的工作。

习近平总书记提出"中华民族共同体"概念,非常贴切形象。就是要我们中华民族像石榴籽一样紧紧抱在一起。这实际上提出了包括海外华侨华人在内的华夏一家亲的基本模式。这种"石榴籽模式"也适合于海外华文教育的目标,就是让每一位生活在各处的中华民族的后代,不论形式上的国籍如何,在内在的精神和感情方面都要逐渐地像"石榴籽"一样紧紧抱在一起。但这种模式有一个基本前提,就是说,石榴籽是抱在一起,是在石榴的生长过程中自然而然地紧紧抱在一起的,而不是一颗籽一颗籽人为嵌进去的。现在我们的海外华人教育,在铸造中华民族共同体意识方面,还没有做到这样一种自然生长,人为痕迹还非常明显。

我举一个简单的例子:海外华文学校是海外传播中文、传播中国文化的重要领域。但在我们支持帮助海外华文学校时,实际上我认为存在着一个误区,这个误区就违背了"石榴籽模式"的基本要求。

我们现在支持海外华文华校时,往往强调其华校特色,这就是误区,实际上恰是要支持华文学校不要突出华校特色,不要独具特色。很多学者,包括从事华文教育的人都未必赞成我的这种观点,但我坚持认为应该这样。什么意思呢? 我们不要支持海外华文教育脱离所在国的教育体系,更不能让华文学校脱离所在国的民众生活环境,让人天天视为"异类":那是中国人教中文的学校。华文学校应该成为当地人日常生活的一部分,这是我一直坚持的原则。所以我们在支持海外华文学校规范化、正规化的过程中,要坚持推动海外华文学校尽快地、有效地、有序地融入所在国的国民教育体系,而不是要推动华文学校成为有鲜明特色的"那一个",而是让他没有特色。什么意思呢? 就是让它成为当地教育体系中很自然的一部分。只有这样,华文学校才会成为所在国教育体系的内在有机组成部分,那么其所在国的教育体系、教育资源就会支持这个华文学校,那么我们中国支持与其所在国支持就会形成合力。若能做到这样,海外华文学校表面上看数量减少了,但它实际上融入了一个更大的有利于其发展的教育环境,如鱼儿入水,"星星之火"就成了"燎原之势"。这样的话,海外华侨华人子弟在就读的学校说中文也就不再被视为在说"外"文,而就会像在中国的学校讲英文、讲法语一样,大家都觉得很正常;这也就有利于消除海外华侨华人特别是新生代的中华民族认同的疲惫感,至少会减弱,因为他不会觉得讲中文有什么特别的,没有什么不好意思的,他没有觉得讲中文和他所生活的文化环境是相违背的。所以我认为这个"石榴籽模式"应该成为海外华文教育的未来发展模式,也是我们国内国外助力海外华文教育的一个基本方向。"天下华夏一家亲",华夏民族都同根同祖,但这个同根同祖绝对不能是"拉郎配",人是要像石榴生长过程中石榴籽自然地抱在一起一样。我们可以通过各种各样的活动,通过非常自然的一些认祖归宗的活动,打通华夏民族彼此之间因为生活的环境的不同所造成的心理的隔阂,最终回归自己的本心——"我是华夏人""我是中国人",让大家发自内心地认同同是一家人。若能如此,华文教育就能润物细无声地将海外华侨华人的民族认同意识之线一根一根地连起来,华夏一家亲就形成了石榴籽模式。

问:中德开放在线学习平台致力于成为中外青年人文化交流的社区。那在本次访谈的最后,我们希望孙教授能够给我们平台一个寄语。

答:实际上这个平台我接触了很久,尤其赞扬这个平台所做的工作。因为这个平台主要是为了中外青年交流,而青年应该代表希望,应该代表着激情,应该代表着更宽阔的视野,所以我的寄语就是:"青春无忌,以天下胸怀共赴天下美好未来!"

——根据中德开放在线学习平台《大家说》
栏目采访内容整理。2023 年 2 月 9 日

熊猫叨叨：国际学生向世界讲中国故事

中国故事讲什么，如何讲，由谁来讲，才更易被国际社会认可，才能更好地传播中国声音？同济大学国际文化交流学院创新表达，探索向世界讲好中国故事新途径、新赛道、新做法，打造了留学生网络思政短视频文化传播品牌——"熊猫叨叨 Panda Talk"，以向世界讲好中国故事为目标导向，从留学生视角，通过短视频的形式，以认识与理解中国为主线，选取有吸引力、接地气、针对性强的中国社会生活，主题分四大模块：校园生活、中国故事、中外青年说以及中国国情，从留学生的身边小事、中国特色小吃与美食、地方特色到中国的传统文化、中国政府的举措、中外差异，从关乎民生的衣食住行到关乎未来的百年教育大计等，但无不客观中立、以小见大，多角度、多维度、多层次展示全面、真实、立体的中国。

传统的留学生理解中国教育，主要是通过在学历教育课程体系内开设相关课程来实现预期目标，如"中国概况""中国文化"等等，受限于时间和空间，教育的影响力和覆盖面都难以令人满意。随着 Z 世代留学生成为主体，新媒体成为他们认识世界、理解中国的重要途径，为此必须"因人制宜"，针对性地选择更适合 Z 世代留学生群体的媒介形式和内容，润物无声地实现留学生理解中国的目标。"熊猫叨叨"就是因此而应运而生的一种留学生理解中国的创新模式——利用线下实践、线上线下传播相结合的方式传播中国文化。"熊猫叨叨"系列视频的主角是在中国学习、生活多年的留学生，由他们分享自己在中国生活、学习期间的所闻所见所感；以"洋口"讲出"洋眼"所看到的中国故事，真实表达对中国社会和人民生活的感受，进而理解中国智慧和精神内涵，使留学生成为积极传播中华文化的使者。

"熊猫叨叨"牢牢抓住校园第二课堂，探索新时代留学生成长特点和话语体系。短视频从国际学生视角出发，借助传统、当代、红色文化资源向留学生展示日常化、生活化的当代中国，引领国际学生与时俱进地认知中国，研究中国，读懂中国，表达中国，主动讲好习近平新时代中国特色社会主义思想，主动讲好中国共产党治国理政的故事，主动讲好中国人民奋斗圆梦的故事，生动展现一个矢志让全体中国人民过上幸福生活、为世界和平与发展做出巨大贡献的、文明进步的中国，帮助留学生全方位、多角度地发现、认识和感悟中国，形成完整的中国观，提高向世界讲好中国故事的积极主动性。

当今世界正经历百年未有之大变局，政治、经济、文化、科技等领域的变革正在加速世界格局重构，世界进入动荡变革期。美西方国家基于意识形态偏见和维持霸权的需要，千方百计抹黑中国，误导世界对中国的认知，使"真实的中国"与"世界的中国"形象之间存在着严重偏差，严重影响了中国的文明大国形象。因此，重塑中国和中华民族的真实形象成为当前社会需要迫切解决的热点问题。

留学生兼具对外传播对象和对外传播主体双重属性，既是中国故事的传播对象，也是中国故事的叙事主体。"熊猫叨叨"以微信公众号、爱中文海外平台、哔哩哔哩视频网站等为主要传播载体，以短视频为主要传播形式，形成了立体化的留学生讲中国故事平台，借助留学生的"他者"视角，在留学生中培育讲好中国故事的"意见领袖"，培养留学生的全球胜任力，有助于让中国故事"听得懂""传得开""融进去"。作为新时代"留学生中国理解教育"的重要探索，"熊猫叨叨"对研究如何在新媒体时代利用新媒体渠道进一步加强留学生"中国理解"教育，培养"知华、友华"的留学生，也提供了新的案例。

海外中国企业如何讲好中国故事

  党的二十大报告提出:"完善中国特色现代企业制度,弘扬企业家精神,加快建设世界一流企业。"面对百年未有之大变局和实现中华民族伟大复兴的中国梦,推动越来越多的中国企业走向海外,成为世界一流企业,承担更大中国责任、世界责任,是党和国家事业发展的需要,也是世界对现代化中国的需要。

  2023 年 2 月 28 日,中央全面深化改革委员会第二十四次会议审议通过了《关于加快建设世界一流企业的指导意见》,具体提出了中国的世界一流企业的标准是"产品卓越、品牌卓著、创新领先、治理现代"。"卓越、卓著、领先、现代"的内涵不是只指产品质量,也包括企业所代表的国家形象、世界贡献和建设人类命运共同体的责任。

  事实上,中国企业在"走出去"过程中,也一直在讲着自己的故事,在讲企业经营理念的形成和发展过程,与现代管理制度的关系,与世界品牌企业经营文化的内在一致性等等。但相比于中国企业海外拓展业务的不断增长和影响力的不断提升,在向世界讲中国故事方面,海外中国企业却表现出一定的滞后性、盲目性、不适应性,自说自话,针对性弱,在内容、方法和途径方面缺乏换位意识、他人视角,导致效果不明显,没有充分发挥出有效提升中国形象的责任和功能。这是目前海外中国企业必须面对、普遍乏力、亟须提升却有时又不知所措的现状,而要改变这一现状,就要在总体性调研分析海外中国企业讲中国故事现状、问题与对策基础上,分国别、分区域设置中国故事议题,顶层设计企业讲中国故事能力评价标准,分类别、分层级加快赋能企业讲中国故事能力,培训和提升企业跨文化交流能力,推动海外中国企业在创立自己的国际商业品牌的同时,实现企业发展故事与中国发展故事有机统一,真正成为向世界讲好中国故事的品牌企业,助力世界了解和认识中国。

换位讲好企业故事

中国企业走出去就代表了实力,说明其是品牌企业、"偶像"企业,在国内外都有一定的知名度和影响力,而这样的企业,一定有深厚的企业文化。

海外中国企业就是一座座移动的"故事汇",而听众首先想听到的故事,就是企业本身的故事。中国企业的成长、发展、壮大、出海,与中国共产党的领导、中国综合实力提升、中国社会主义核心价值观引领息息相关,代表的是中国人的世界观、人生观、经济观。所以说,每个企业的每一个故事,都是"中国故事企业版",是中国自信的现实版。

然而,面对全新的环境,海外中国企业缺乏专业、专门的传播队伍。企业本有的文化宣传人员相对缺乏海外传播经验,自我意识强,他人意识弱,往往因循国内宣传思路和方法,不能及时根据海外环境进行转换和调整,出现水土不服症状也不能及时对症下药,影响企业形象建构,甚至恶化企业生存发展环境。

因为不了解听众的语言文化环境、心理动态、感情期待,在讲企业自己的故事时,讲故事的人往往更多关注"我要讲什么",而较少关注"他要听什么",找不到最能打动听众的内容,无法采取最能打动听众的表述方式、叙述方式,讲者可能热情澎湃,听众始终无动于衷。你谈自己,与别人无关,别人有什么理由听? 也没有兴趣听。结果讲故事成了演"独角戏",表演"单口相声"。浪费了人力、财力,却达不到预期的目标。

着眼未来,企业应及时根据海外发展布局和目标,强化相关人员的理论修养、文化素养,加大力量培养、提升企业专门人员的综合素质,分国别针对性培养国际化意识和跨文化交际能力,使企业代言人都既能"主内",也能"主外",内外兼修,随机应变;既能坚守原则,捍卫国家尊严,也能审时度势,"八面玲珑";既能"独当一面",一讲百应,也能"呼朋引伴",异口同声共讲,让企业故事成为听众口耳相传的故事。

讲好企业诚信故事

顾客最想听的企业故事,不是企业规模、效益,而是质量和诚信,责任与担当。这样的企业故事,就是真实的中国故事。

中国是礼仪之邦,中华民族自古就以诚为本、以信为先,诚信文化是一以贯之的中华优秀传统文化元素。《尚书》称尧"允恭克让"。《史记》称禹"其德不违,其仁可亲,其言可信"。孔子说:"人而无信,不知其可也。"(《论语•为政》)"人无忠信,不可立于世。"(程颐)诚信是人立于天地间的基本道德准则,更是经商者必须遵守的行业规范。诚信经营,无信不商,这是中国文化的传统,也是世界上一切商业文化的传统。

信誉故事是最直接、最有效、最可信的企业故事。这样的企业故事,也是最好的中国故事。诚信理念与信用管理制度,是企业可持续发展的基本保证。海外中国企业必须秉承诚信经营理念,以信誉为生命。众口铄金,只要做到了这一点,即使企业不主动去讲自己的故事,企业故事也已享誉四方,声名远播。对于这样的企业故事,消费者也会自觉成为讲述者、传播者。

企业一直在成长,一如人的成长,而每个成长阶段都有故事。因此,讲企业故事,要讲清讲全"企业的一生",并在此基础上,根据一时一地的需要,讲好某个对应阶段的故事。在故事中不回避企业成长过程中的挫折、失误甚至错误;困惑、迷失甚至绝望;探索、碰壁甚至失败……"不精不诚,不能动人"(庄子),这样的故事,既是每个成功企业的共同故事,也是每个人成长的共同故事,自然更容易让听者感同身受,与故事产生共鸣,与讲者产生共情,与企业产生"同诚共进"的意愿。这样的故事,更能打动人心,更能推动企业与所在地文化的融合。

讲好企业责任故事

在互联网和全球化的双重背景下,世界局势千变万化,商业局势尤其瞬息万变。海外中国企业也应在顺应时代变化、尊重商业规则、发展壮大自身的同时,恪守企业文化传统和中国天下为公的人文情怀,充分发挥自身国际化的优势,自觉充当中华文化传播的使者,推动企业文化、中国文化与其他国家文化交流融合,自觉承担中国企业对世界发展的责任,以切实的使命担当,推动共建人类命运共同体。

企业形象在外国人看来就是中国形象。海外中国企业的一举一动,都代表着中国;其责任心和使命担当,代表着中国对世界的初心和使命。

世界一流企业更要讲好中国故事。2023 年 6 月 28 日,中国石化海外投资控股有限公司揭牌,在服务中国式现代化石化建设的同时,发挥企业国际影响力,积极参与全球治理。海尔的"自主创牌"故事,则是典型的中国式创业故事的企业版,是具有中国人格的企业故事,代表了中国精神和中国融入世界的方式和目的。中石化、海尔这样的世界一流企业是中国现代化强国的基础和支撑,在世界范围内取得商业利益的同时,也通过企业文化传播着中国文化,包括在产品质量上精益求精,不断进取,回馈社会,承担社会责任等等,从而成为世界中国形象的代言人,从"国之大者"成长为"世之大者"。

中国的世界一流企业必须不拘泥于狭隘的民族情感,必须心胸开阔,兼收并蓄,与其他国家、地区、民族友好相处,成为中国负责任大国形象的企业样板。履行企业的中国责任和世界责任本身就是在传播中国声音,讲好中国故事,贡献中国智慧,推动中外文化融合。中国企业在海外要"不把自己当外人",要实心实意地为所在地民众谋福利、谋幸福,如参加公益活动、生态保护等等,并以中国企业为纽带,推动所在地经济、文化的国际化,以真诚的努力和付出,创造出一个个真实、感人的中国故事,破解国际社会对中国企业"走出去"的刻意抹黑,以一切可能的方式强化与所在地、所在国民众的沟通交流,向世界展示中国发展的和平意愿、共享理念和负责任大国形象。

总之,在信息化时代,企业不能静待花开,而是要既做又说,该说就说,该抢话筒就抢话筒,从不愿讲、不敢讲、不会讲向自觉讲、自信讲、"能说会道"转变,既自己搭台唱戏,也借台唱戏,既自己生蛋(自讲),也借鸡生蛋(借嘴),如中石化与彭博社、路透社等西方主流媒体的及时互动,如用海外社交媒体讲企业履行社会责任的故事等。这样的企业,就成了讲中国故事的平台,也是世界认识中国的一个个窗口、一面面镜子,也会因此获得中国和世界的信任与支持。

——原载《中国石化报》,2023 年 8 月 23 日

向世界讲的中国故事要具备的基本元素

讲好中国故事是让世界理解中国的重要方式，以讲好中国故事推动世界各民族、各国家讲好自己的故事，是我们向世界讲中国故事的初衷和目的，因为只有这样，中国故事才真正融入了世界故事大家庭，世界故事才真正成为世界人共享的故事，这和人类命运共同体建构的途径、方法和目的是一致的。从这个角度讲，讲中国故事是一个系统工程，讲中国故事的人，也与一般意义上的讲故事者有根本性的区别，在故事的内容、讲故事的方式、讲故事的效果评估等方面，都有更高的要求。

要向世界讲好中国故事，要讲的中国故事应该具备一些基本元素，讲故事的人要符合一些基本条件：

爱国。只有爱国的人，才会主动去了解自己的祖国，热爱自己的祖国，才会立场坚定，才会充满自信。一个不爱自己祖国的人，讲不好自己国家的故事，也不会得到听故事者的尊敬，讲的故事也没人相信。因此，爱国主义教育是培养讲好中国故事者的基础，也是向世界所讲的中国故事的基本要求。

求知。中国文化博大精深，要讲一滴水，得备一桶水。要讲好中国故事，得做一块海绵，不停吸饱——吐出——再吸饱……中华文化之水，"外之既不后于世界之思潮，内之仍弗失固有之血脉，取今复古，别立新宗"。要勇立时代潮头，在丰富自己中国文化知识的同时，眼看着世界，不断与世界同步更新知识体系，只有这样才有中国故事讲，而且清醒地知道世界现在是什么样，需要讲什么样的中国故事才能吸引听众。

虚构。故事本体要真，但为了突出效果，吸引听众，可以渲染一些情景，烘托一下气氛，放大一些细节。但故事要表达的核心思想不能肆意编造，不能骗人。

想象力。想象力与组织故事的能力相辅相成。优秀的故事都有想象的成分,也都需要有出色的组织能力,而故事要"出色",就要靠想象力。同样一个故事,有想象力的人就比没想象力的人讲得精彩动人得多。有了想象力,就可以把一件平淡无奇的事情,加上许多幻想的成分,就能讲成一件大事,就更容易打动人,引人向往。

真诚。讲中国故事必须秉承真诚之心,对故事的真诚,对听故事者的真诚,谦谦君子,彬彬有礼,德厚有邻。这是讲故事者的专业气质,更传递了中国人谦虚、开阔的胸襟,也是我们所希望于世界的人与人之间的日常关系。

协同。中国故事不是非中国人不能讲,而是要形成全世界一起讲的生动局面。我们不仅要培养好中国人讲好中国故事的能力,更要培养外国人讲好中国故事的能力,以中国故事的国际化实现中国文化的国际化,促进中外文化友好交流。

协调。国际交流遵循利益本位规则。从全球视野看,每个国家都是"小小寰球"中一个更小的"球",生存成长空间都有限,竞争是常态,合作是竞争状态下的一时妥协。国家之间不存在"一见钟情"的友谊,"同床异梦"才是常态。也就是说,中国故事遇到质疑、诘问甚至攻击都是正常的,讲中国故事不能一味追求"以和为贵""一和遮百丑",而是要正视国际交往中逐利的现实,在冲突中协调各方利益,明确自身立场与态度,营造有利于讲好中国故事的环境,采用针对不同利益诉求的方式,讲好中国故事。

形式。故事总与人和事相关。中国历史悠久,文化灿烂,但中国人耳濡目染其中,自然熟悉中国人的社会,中国人的人物,也感到亲切。海外华侨华人虽然离开祖籍国的时间长短不一,但中国情结在,也相对容易唤起家国情怀,也就是说,只要是受中国文化影响较深的地方,中国故事都相对容易受到欢迎。但对全然觉得中国文化陌生的外国人而言,中国故事的内容和形式相比,他们首先更容易受到形式的影响,就像买书,首先是看封面。所以,面向外国人群体讲中国故事,还必须考虑形式的吸引力。对了解中国文化的听众,可以采取中华民族形式,对不了解中国的外国人,我们则要首先了解他们的民族文化,采取更适应他们欣赏习惯的他们的民族形式,这样"人以群分",采取针对性的故事形式,首先吸引住听众，然后再以生动智慧的故事，打动人心。

美感。讲故事是中国最传统的民族形式，也是世界各国最传统的民族形式，史诗如荷马史诗、《吉尔伽美什》《格萨尔王传》《摩诃婆罗多》《罗摩衍那》等；文学作品如中国四大名著、《失乐园》、莎士比亚戏剧、大仲马、巴尔扎克和雨果的小说等等，也都是以丰富的故事性打动人心。好的故事能使日益枯竭的人类的心灵之源重获生命复苏的活水，赏心悦目，或是悦耳动听。好的故事能通过文字创造一些人物、故事或情感来表达某些美的、善的、纯真的感情或价值，以故事中的真善美为标准，针砭假恶丑，宣扬真理，分辨是非，以美动人，以善教育人。

感情。故事不是不表达思想，"诗言志"也同样是中国故事传统，关键是看怎样表达。讲故事不是宣传，不能像宣传文字、说理文章那样，通过条理分析和逻辑论证而使读者心悦诚服。故事不是不宣传，但不是讲道理，或通过故事中人物之口来讲道理，而是通过感人的故事或戏剧场面或激动人心的诗句，使听众接受作者的感情，而且是热血沸腾、热泪纵横地接受。好的故事要表达感情，刻画人物个性，描写人的生活或是生命，以情感人，讲故事者和故事中的人物、故事在感情上要融为一体，这样讲起来自然就充满了感情，也让听众受到感染，充满感情。

传奇性。故事具有民间性，小时候围坐在老人身边听故事，听完往往忘了自己在人间，神仙鬼怪，飞天遁土，无所不能。故事的传奇性能满足听众对个性自由的追求，使人在平凡的生活中发现人生的乐趣。好的故事"抒写世间悲欢，表达人性感受"，要突破单一的国家、社会、历史维度，增加超验世界和内宇宙的维度，将历史视野，江湖传奇和人生故事融为一体，这会增加故事的审美韵味，使人听后回味无穷。

勇敢。向世界讲中国故事充满着不可知的矛盾和风险，是一场不见硝烟的战争。尤其是世界多极化态势下，美西方持续对中国打压，"逢中必反"。讲中国故事的人必须敢于斗争，善于斗争，敢于正视矛盾，敢想、敢说、敢做、敢当；逢山开路，遇水搭桥，见招拆招，草木竹石皆可为剑；同时坚持文化自信，量体裁衣，有勇有谋，以中国智慧把朋友弄得多多的，把敌人弄得少少的，扩大中国故事的朋友圈。

向世界讲好中国故事与世界语言规划

语言是人类用于交际和思维的最重要的符号系统，是文化最为重要的组成部分，也是文化最重要的承载者、阐释者和建构者。世界是一座语言的巴别塔。向世界讲好中国故事因此是典型的"一"与"多"的关系，客观上需要国内外"七嘴八舌""喋喋不休"，以形成千军万马之势，合力一体并进，协同发展。要实现这样的目标和效果，就需要对讲中国故事的不同语言环境进行细致调研分析，基于中国多民族语言共生规划经验和理念，在适应国外语言环境的基础上，根据讲好中国故事的需要，以中国语言规划的智慧，从语言传承发展视角，帮助所在国语言进行更合理的规划，并在过程中融入中国故事，合力打造融通中外的新概念、新范畴、新表述，以语言互通推进全球治理。

向世界讲好中国故事，传播中国声音，贡献中国智慧，需要打造国际一流的交流平台，需要建设各种平台加强话语体系，需要提供好各类文化公共产品：传统的、当代的、未来的；工作的、生活的、爱情的；吃的、喝的、乐的；"一带一路"的、人类命运共同体的、中国梦的……要向世界讲清楚这些丰富多彩、横跨古今的中国故事，首先要基于中文的世界规划，做好世界语言的规划，充分了解对象国的语言状况与语言生态，语言特点与语言类型，进而更精准地从故事的选择、讲述的方式到效果评估一体化设计，提高讲好中国故事的效果和效能。

语言规划是为了保证语言文字的规范使用和宣传推广，由政府或社会机构所进行的有组织、有计划、有目的的人为管理与策划。语言规划可以改变和改善现有语言的区域性、国家性和国际性，推动语言政策的制订、修订甚至否定。向世界讲中国故事的媒介是语言，要面对千差万别的语言生态，而有些语言生态可能有利于或不利于中文或中国故事的生存。

只有基于向世界讲中国故事的顶层设计和目标,对中国故事目的国的语言体系、语言结构、语言状况、语言生态、语言习惯、语言类型等进行一定的梳理和分析,寻找到中文和所在国语言、文化之间的共性与差异,通过对比分析确定要讲哪些中国故事、怎么讲、讲多少等等,有的放矢,"斤斤计较",基于政治互信与经贸交流,结合目的国的语言政策,尤其是中文教育政策,在合理适度的范围内,以推广中文教育为切口,以中文教育影响当地的语言政策和语言环境,推动当地的语言教育环境和生活环境更有利于中文教育和中华文化推广,减轻中国故事世界化的人为阻力,这本身就属于语言规划的范畴。

借力以中文教育为核心的目的语国家或地区的语言规划,不但可以节约中文教育资源和讲中国故事的人力资源,而且真正能实现中国故事以小讲大,以小见大。更重要的是,因为规划先行,等于先进行了讲中国故事的预演,对讲中国故事过程中可能遇到的问题都可以提前预设好解决和应对之策,避免了盲目、失措,避免了遇到突发情况有理说不出等卡嗓子窘境,从而能前瞻性地一体规划中国故事的内容、过程,确保故事的效果。另外,当基于国别的有规划的中国故事传播体系越来越丰富时,就可以从全球视野,局部调整国别规划体系,整体规划中国故事的世界传播体系,形成世界全域性的中国故事传播体系。有了这个基础,就可建构中国特色的中国话语体系,使中国能更主动从容地通过向世界讲中国故事建构更客观真实的中国形象,同时也通过这个过程,推动合作国提升语言规划意识和能力,借鉴中国故事世界化的经验与做法,形成基于世界语言规划的本国故事和本国世界形象的建构模式。

基于语言规划讲好中国故事,有利于发挥海外华侨华人的桥梁作用。海外华侨华人既是中国故事的听众,也是中国故事的讲述者。在对海外听众的语言环境进行规划调研时,要针对性地区分出华侨华人的特殊性,而在华侨华人群体中,还要将来自大陆的华侨华人与来自港澳台的华侨华人进行区分,因为虽然同为华侨华人,但不同的中文和中华文化环境对大陆和港澳台籍的海外华侨华人听中国故事的能力和习惯有很大影响,只有这样,才能针对性地选择中国故事讲给他们听,再由他们讲给其他外国族群听。这就需要把中文与海外华侨华人的语言生态进行协同考察，了解当地中文的语言特点和语言生活状况，区别性规划针对华侨华人的中国故事讲述内容和方法。

向世界讲好中国式现代化故事的"四不"与"四一"

2023 年是党的二十大召开后的开局年,是中国改革开放 45 周年,"一带一路"倡议和"人类命运共同体"理念提出 10 周年。随着世界"中国热"持续升温,中国共产党治国理政经验备受关注。中国式现代化作为新时代中国特色社会主义文化培育和创造的新的文化形态,应该如何向世界讲? 讲什么? 向谁讲? 都是我们必须思考清楚才能讲清楚的基本问题。

我们要向世界讲清楚中国式现代化,首先面对的世界关切是:现代化的"中国式"长什么样子? 千人千面,要讲清楚这个问题,我们必须将中国式现代化与人们已熟悉、已认同的世界上各种现代化"样态"进行对比,进而让人们认出差异。也就是说,我们要向世界讲清楚中国式现代化是什么,首先要讲清楚中国式现代化不是什么。

1. 中国式现代化不是无组织的现代化。中国共产党是实现中国式现代化的根本保证。没有中国共产党领导,就不能汇聚全体中国人民的智慧和力量,保证中国式现代化的人民至上;就不能保证现代化成果为民所用、为民所享、为民所信;就不能保证依法治理、和谐治理、安全治理,从而就不能确保现代化的中国式。

2. 中国式现代化不只是中国的现代化。中国式现代化是世界现代化发展的一个分支,与美国式现代化、法国式现代化等世界上一切国家的现代化的本质区别,就在于它是基于中国的历史、现在和未来所独立自主提出并推行的具有中国特色的现代化,是中国文化孕育催生出的现代化。中国共产党始终胸怀天下,秉承文明互鉴理念,坚持人类命运共同体,在推进中国式现代化进程中,抛弃了零和博弈思维,不会形成中国中心主义思想,而是让中国式现代化的发展成果同时惠及世界上一切有需要的国家和人民,让中国之福成为世界之福,以中国式现代化推进全世界现代化。这是中国共产党的胸怀,也是中国人民一以贯之的世界情怀。

3. 中国式现代化不是中国要优先现代化。中国是世界上最大的发展中国家,中国式现代化是为中国人民谋幸福的现代化,是在中华民族伟大复兴的历史征程中谋划中华民族发展新篇的现代化,同时也是贡献中国智慧推进世界发展的现代化,立己达人,同舟共济,共同发展,共建人类命运共同体。

4. 中国式现代化不以破坏生态文明为代价。2023 年 7 月 17 日至 18 日,习近平总书记在北京召开的全国生态环境保护大会上强调,中国经济社会发展已进入加快绿色化、低碳化的高质量发展阶段,生态文明建设仍处于压力叠加、负重前行的关键期。这也再次说明,中国式现代化是生态环境保护与经济社会发展的辩证统一,包括了物质文明现代化和精神文明现代化,既要实现全体中国人民共同富裕,又要促进生态文明建设;既要金山银山,更要绿水青山,使幸福的中国人民生活在和谐的自然生态环境。这是世界现代化的新形态,也是中国向世界贡献的中国式治国理政的新形态,也是中国提出共建人类命运共同体的初心与使命。

中国式现代化基于深厚的中国历史文化,既有博大精深的中华优秀传统文化的孕育,又有中国共产党创造的中国红色文化的滋养,具有挖掘不尽的价值内涵,始终彰显出日新日日新的时代价值和世界价值。要向世界讲好中国式现代化的故事,实际上就是要向世界讲好中国的历史、现在与未来的故事,是一部中国全史、通史。要讲好这个故事,需要讲故事者悟深悟透习近平新时代中国特色社会主义思想,全面理解中国式现代化的理论内涵和传播实践模式,在人类命运共同体视域内,久久为功,行稳致远,坚持"四一"精神,推动中国式现代化的世界传播、广泛接受和普遍支持。

1. 一心一意。作为讲故事的人,必须心无旁骛,一心一意研究透中国式现代化,一心一意研究透在不同文化语境下讲好中国式现代化的最佳环境、方式和节奏,一心一意研究透中国式现代化故事在传播过程中出现的问题并及时化解应对。一心一意是讲述者对中国式现代化的一种态度、一种尊重、一种信任,这种态度、尊重和信任本身就是中国式现代化的内生元素,也是听众希望从中获得的一种精神元素,更是赢得听众的基础。

2. 一言一语。向世界讲好中国式现代化故事需要掌握一定的语言技巧,无论是用中文还是外文讲,每一言一语都要重视与故事整体的有机联系。故事的魅力首先是通过语言的魅力呈现出来的,所以讲故事者的一言一语必须清晰规范,感情充沛,鲜活生动,节奏感强,抑扬顿挫,与故事情节保持一致,起伏有致。

不管听故事的人是听得懂中文还是外文,中国式现代化故事元素对他们而言都是陌生的,因此,在保证选好合适的故事题材后,讲故事的语言还必须尽可能简洁,口语化,通俗化,一字一句清清楚楚。只有讲不好故事的人,没有听不懂故事的人。

3. 一人一事。任何故事都是"人＋事"构成的。向世界讲好中国式现代化故事,也就是要讲好其中的每一个人每一件事的故事,而只有这样,深厚丰富的中国式现代化故事才会变成生动的中国人的生活故事,而只有柴米油盐酱醋茶的日常生活故事,才具有世界普适性,才能以中国人的生活细节与世界人的生活细节对应,融合,中外故事才会不知不觉融会贯通,中国式现代化故事才会如涓涓细流,无声无色,成为听故事者日常生活的一部分。

中国式现代化根本上就是中国人的现代化,是以全体中国人的全面幸福为目标的,也是与中国人的日常生活息息相关的。所以,我们要发掘中国式现代化理论中的生活元素,讲清楚与这些元素相关的人与事发生、发展的环境、场面,人物、故事与背景的关系,人的感情、个性、信仰等等,以情感人,以美动人,以善育人。

4. 一招一式。信息化时代讲故事的媒介发生了很大变化。网络、卫星、无线电等新媒体以数字技术传播信息,实现了传播的泛在化,人人皆可参与传播,可以在任何时候任何地方接受任何东西。向世界讲好中国式现代化必然是在传统媒体和新媒体并重的信息环境中进行的,必须重视故事的互动性,按照新媒体的传播方式组织故事内容,设计讲述手段,比如影视化、动漫化、VR 化等等，使一招一式都为大众喜闻乐见，且易学易练，从而使人人都成为"中国式现代化故事自媒体"，既是听故事的人，也是传播甚至讲中国故事的人。只有以泛在化的信息媒介向世界传播中国式现代化故事，才能逐渐实现中国式现代化故事在全世界范围内的泛在化，而这正是我们向世界讲好中国式现代化的目标。

——原载"文旅中国"，2023 年 9 月 8 日

如何向留学生讲好唐诗宋词里的中国故事

在世界人眼里，"中国是诗国，中国人都是诗人"。世界认识中国始自唐诗；18世纪英国人詹尼尔(Soame Jenyne)将《唐诗三百首》译成英文；1884年，中国"东学西渐"第一人陈季同在《中国人自画像》一书中把李白、杜甫、孟浩然、白居易等诗人的诗译成法语介绍给欧洲读者，从此，世界眼中的中国就成了"诗国"。

我们向世界讲中国故事时，往往纠结于是讲传统还是讲当代。实际上中国文化传统里孕育了当代中国文化，中国当代文化里蕴含着中国文化传统，犹如人的繁衍：母不是子，但无母即无子；子不是母，但若无子，母亲的精神和血脉就延续不下去。也就是说，如何基于世界对当代中国的理解需要，而又能从他们"熟悉"的中国讲起，选择唐诗宋词显然是一个有效的方法。但如果带着对中国的"诗国"想象的留学生一来到中国，就能真正接受中国诗词的熏陶和引导，他们的中国情结无疑会加深加厚，对中华文化的兴趣无疑会进一步提升，对学习中文、理解中国的愿望无疑会更加强烈。

在华留学生教育实际上就是以中文学习为基础的理解中国教育，所以向留学生讲唐诗宋词，实质上就是如何用唐诗宋词，包括我们传统的经典文化，来让留学生理解中国古代与当代的关系，理解历史上中国为什么那么做，现在为什么这样做，两者之间是什么关系。我在思考向世界讲中国故事问题时，最大的困惑是，如何贯通中国古今故事？我们不能只讲当代中国而断裂了与古代中国的关系，否则那样的中国就成了碎片化的中国，而我们有五千多年的历史啊。但限于留学生的特殊情况，中文能力啊，先入为主的文化偏见啊，时间有限啊等等，我们又不能一以贯之讲下去，所以必须选择最具有世界性和当代性的中国文化元素，尽力做到点能带面,以少含多,让留学生窥一斑而知全豹,见一星而知苍穹,见一落叶而知秋至等等。这就需要讲唐诗宋词的人不但具有丰富深厚的中国诗词知识,而且要有火眼金睛,能准确根据留学生的国别文化采取适当的方式,既保持唐诗宋词的精神本质,又能让留学生愿意听,听得懂,传得出。只有这样,才能发挥唐诗宋词传播中国故事的功能,发挥古为今用的日新日日新的经典文化价值。

我们为什么要给留学生讲唐诗宋词,因为他们期待到中国就遇到诗,遇到诗人,因为他们中很多人就是通过诗词知道中国的。中国人都是诗人,这是世界上很多人对中国的最初认知。我们现在向世界介绍中国的平台,比如孔子学院,海外中文教育机构等等,在面对初次接触真实"中国"的留学生时,我们一开始总是按照语言教学的基本模式,开头先讲拼音,然后汉字,然后语法、句子、篇章。这对未来的本土中文教师、汉学家等很必要,但对很多只是以中文为交流媒介的中文学习者而言,这种循规蹈矩的教学方式并不需要,很多中文学习者甚至因此会觉得中文难,一眼看不到边,而中途放弃。所以,要用外国人所能理解和接受的方式讲好中国故事;对那些出于好奇和兴趣学习中文,甚至只是想了解中国,甚至连中文都不愿意学的外国人而言,还不如一开始先讲一首杜甫的诗、李白的诗,就用外语讲都可以。对这部分外国人而言,这样讲的效果肯定比一开始就讲拼音要好得多,因为你满足了这部分外国人对中国的期许,当然这是就这个特殊的群体而言。另外,从讲唐诗宋词让中国首次进入外国人的接受视野,从文化交流的效果来讲,这类外国人对中国的了解和接受会快得多。我有时有点失望的是,何时世界能通过我们的文学作品认知当代中国,比如通过中国当代诗歌,认识我们的未来?

面对百年未有之大变局,政治上的冲突,文化上的冲突,军事上的冲突越来越复杂多样,甚至很激烈,越是这样的国际关系,越需要文化交流。而要交流成功,就需要从人类共同的情感和价值开始,比如真善美,比如花草虫鱼,比如人之所以为人的东西——有朋自远方来,正常的人都高兴;春天到了,春风一吹,春花一开,树叶一绿,看到的人没有感觉不舒服的……中外诗歌表现的都是人类共同的情感,思乡啊,悲秋啊,伤感呀,离别呀，友情啊等等，这些情感全世界人都相同。所以讲诗歌容易交到朋友。因为真正好的诗歌都是反映大自然在人情人性中激起的回响，是大自然的韵律与人性的合一，表现的都是人类最真挚永恒的情感，满足的都是人类对真善美的动人追求，展示的都是人性中的高贵品质。大家看看中国的诗歌，不管是唐诗还是宋词，主题基本如此。诗歌表现的是人类世界上不同国家、民族的共同感情，是全人类心灵的吟唱。真正的诗歌很少表现功利的东西，很少表现对金钱的追求；即使有，也流传不下来，而只有追求人类心灵美好的诗歌才能流传下来。这是诗歌天然的世界性和自然性。当然，诗歌是文学的一种，也就是说文学更具有世界性和自然性。我们培养留学生，首先是培养他认识中国，进而加深对祖国的热爱，进而热爱整个世界。这是留学生理解中国的三部曲。

2022年4月，上海疫情期间，我晚上看完学生回到学院，在学院南门外的椅子上坐下休息，对面是一片竹林。我当时真感觉到了人与自然的和谐。我很累，心力交瘁，浑身无力，但突然一阵风吹起，整个竹林蠕动起来，我好像真感觉到了竹子在说话，在随风吟唱。竹叶之间相搏击的那种声音，我感觉就是在唱歌。我突然领悟到，王维的诗《竹里馆》"独坐幽篁里，弹琴复长啸。深林人不知，明月来相照"等等，就是顺着自然的音律记下的而已。也就是说，人谱写的乐曲，谱写的诗歌，都是要还原自然界的韵律，做自然界的记录者。诗歌表现的人类的纯真，就是人捕捉到的大自然的最和谐的一面，然后极力用有限的人的语言表现出来，当然，所表现出来的不过万一，相对于大自然，都不能说是完美的。只有能和大自然融为一体的人，才能听到大自然的声音，并表现这种声音。所以，这样的诗歌超越了任何具体国家和民族，就像大自然的风雨不分国界，具有天然的世界性。

这样的中国诗歌，不能只用于培育中华儿女的天下情怀，还应培育世界人民的中国情怀。就是说，既然中国的诗歌表现了全人类、全世界共同的美好情感，中国的诗歌就不仅仅属于中国。而鉴于目前世界上还有很多人不了解中国诗歌中的美，我们就要主动去向世界讲。换句话说，我们要向世界贡献中国智慧，而中国诗歌里就有中国智慧。如果我们不向世界讲中国诗歌中的美和中国智慧，讲我们中国诗歌中的天下情怀，我们怎么向世界贡献中国智慧？我们如何对世界和平发展负起责任？

通过中国诗歌，可以使世界更深刻理解中国历史，进而使世界相互更加了解和理解，从而让世界多一份美感，让世界上的人多一份对大自然的尊重，让世界上的人多一份和大自然的和谐。这是中国诗歌要融入世界的使命，也是我们要向留学生讲好的中国诗歌的使命。我们不仅是在讲中国的诗歌，更是讲诗歌中的中国，诗歌中的中国人和事，这样留学生才更容易接受中国诗歌中的美，而爱美的人就会更加热爱诗歌。如果每个人都因为诗歌而变得更好，这个世界肯定会变得更好。通过中国诗歌形成人类精神的共鸣，则是共建人类命运共同体的基础。

面对留学生这个唐诗宋词的特殊"粉丝群"，应该如何讲，讲什么，才能够将唐诗宋词里的中国故事入其耳，润其心？才能将中国诗词里的中国经典文化元素以世界共通的情感表达形式传播于世界，感动于世界，理解于世界，自信于世界？

从事国际中文教育的老师都是向世界讲中国故事的人，是中华文化国际传播者，在向留学生讲唐诗宋词时站位一定要高。我们不是普通的中文老师，我们不能仅仅满足于做一个语言学者，而要成为一个世界者，要成为一个具有全息视角、俯瞰全局的人，习惯于站在整个世界的角度来看中文教育的人，我们甚至要超越外交家。也就是说，我们在向世界讲任何中国故事的时候，心中都不能只有中国，而是要有整个世界。这样，当我们要将唐诗宋词中的中国美好讲给世界听时，我们就可以游刃有余地根据听众的情况灵活分配资源，就像我们手中有一瓶水，因为站得高，望得远，我们就能随时发现渴的人在哪里，有多远。我们要分国别讲，分人群讲。

唐诗宋词对中国人来说，就像偶像和粉丝，大家彼此都已经耳熟能详，都能够茶余饭后吟几句；见到一棵树，一朵花，诗意就来了，或吟或作，总能有几句应景的，就像粉丝唱偶像的歌。

留学生为什么来中国？今天参加案例大赛的老师主要是从事留学生教育的老师，我们每个老师在上每一堂课之前，都要思考这个问题，就是我就要踏上教室的讲台,我要面对 15、20、30 个外国学生的时候,我要讲唐诗宋词了,我怎样才能讲好? 让每一个学生都有收获。

国家概念具有排他性,但也具有世界性。人生而在某国。但不是只有中国才有诗词,每个国家都有自己的诗词,给他们讲唐诗宋词,实际上是打通中国诗词和学生所在国家在诗词概念和实践方面的隔阂,搭一座桥,让他们先从概念的共通性上接受,进而发现差异性,在此之后,他们才能理解中国诗词之美,也就是说,让他们先在差异中感悟唐诗宋词之美。这个差异他要在生活中发现,因为他们到中国后最大的发现是生活环境的差异,所以要推动他们把唐诗宋词应用于日常生活,发现古今中国生活的相同点与不同点,及其与他们国家古今生活的相同点与不同点,然后再学着用诗词去表现当代中国的生活。

我们在讲唐诗宋词的世界性时,一定要突出其中国属性,直接讲其中体现的中国的价值观、世界观、人生观和未来观,尤其是其中所体现的个体尊严、民族尊严和国家尊严,包括个人对国家的忠诚,对国家尊严的捍卫等。我们面对世界时,既要传达美好善意,同时要传递我们的尊严,以及我们捍卫民族尊严的决心。任何一个民族,任何一个国家都有自己的尊严。尊严感既是民族的,也是世界的,尊严本质上没有历史差异、国别差异,没有哪一国的文学不自带民族尊严,这也是唐诗宋词里能够引起世界共鸣的元素,这也是唐诗宋词向世界贡献的具有世界性的中国元素。所以,我们推动唐诗宋词里的中国尊严世界化,实际上有助于推动世界和谐一致。所以,我们要让中国诗歌中所蕴含的中国思想和中国世界走向世界。

优秀的中国诗人始终在为时代、为大地、为中国、为人类写作。一个诗人如果只吟唱自己的悲哀喜乐,他就不会创作出经典的诗。他的哀哀戚戚,他的舞蹈高歌,如果只代表自己,他就成不了伟大的诗人。

唐诗宋词是世界理解历史中国和当代中国的一面镜子。我们生活在百年大变局,时势造诗人,越是变动的时代,越需要诗人的出现。大变局下应该涌现更多的诗人、更多的词人,来记载、讴歌时代之变,这是孕育诗人的温床。然而,不知是什么原因,在应该产生大诗人、大作品的大时代,很多人却因为无力跟上这个时代,而选择随波逐流,浮游于世,自我躺平:反正这个时代我抗争不过,反正我只是时代之潮中的一滴水,那我就做一滴水好了。为什么你不想翻腾起浪花呢?为什么不和其他的水滴联合起来制造一个时代的波浪呢? 其中一个原因,是我们普遍失去了诗人的敏感,我们感知生活的触角断了,甚至连呼吸都是细弱的。我们充其量只会背背古诗,我们找不到古诗与生活相融合时的惊心动魄、电闪雷鸣了。

所以,我们这个时代需要创新地理解唐诗宋词,不但外国人需要,我们中国人同样需要。因为我们都需要重新生长出触摸生活的触角,学会从生活中的任何一个巨大的变动或微小的波动中找回自己生命的律动,再创造出一个时代的诗波,以诗词记录下我们所生活于其中的这个变化的时代,也是伟大的时代。留学生虽然可能对唐诗宋词略有所知,但毕竟了解不多、不深。从讲中国故事角度讲,他们对唐诗宋词的偏见可能更小,可能更容易培养成讲真实中国故事的人,如能再进而推动他们由喜欢唐诗宋词而模仿创作中国古体诗,那么中国古诗不但能提高他们的中国认知,而且有了外国传人。中国相声外国传人有大山,唐诗宋词有谁? 我们要讲,更要培养创作,这也是一种开放。今年 5 月份,我们和上海教育电视台合作推出了一个系列活动,叫"上海外国人诗词大会",就是希望活动过程中能不断产生新作,鼓励参赛的外国选手创作中国古体诗,顺口溜都行,就是要有一个创作意识,创作能力是次要的。我一直认为好的诗词植根于日常生活,又必须服务于日常生活。通过创作才能实现这个目标。我们这个活动的场景是不固定的,任何有诗意的地方都是场景。实际上是和我们的"行走看中国"留学生理解中国项目结合在一起的,就是首先让留学生生活在中国日常生活中,先学会用唐诗宋词对照我们当代的生活,试试还能不能从中发现诗意? 不管能不能发现,都是好的,都是收获。然后再在一些有诗歌传统的地方,如马鞍山、汨罗等等,与当地一起搞活动,鼓励留学生创作新的诗词,最后结集出版。我们想打造一个什么样的氛围呢? 诗歌是歌颂人类美好生活的,诗歌就应该是人人喜欢的。诗歌就应该表现人人的悲欢,激发人人的快乐、人人的悲哀。我们就是想打造这样一个中外融合的诗歌情景,中外相互激发,培养留学生的创作欲望,用气氛烘起来。留学生何时能创作？这个是很遥远的,我们就是想通过这样的活动,让这些外国人知道,唐诗宋词不是远在天边的,而是近在咫尺的,就在他们身边,看看身边的人,都是诗人,都是出口成章的诗圣、诗仙。让唐诗宋词回到生活中来,回到现实中国中来。唐诗宋词代表了中国的人格,至今影响着我们的依然是这种人格,如屈原,如文天祥,如辛弃疾,这就是中国的诗歌精神呀,也是中国诗歌中的世界精神！

唐诗宋词有自己的局限,地域的、文化的、历史的局限,但这种局限就如窗户的局限,我们要将一首首唐诗宋词作为一扇扇窗,透过这一扇扇窗告诉世界一个真实的中国,透过一扇扇窗我们就可以向世界言说中国,以唐诗宋词中的中国言说,重新言说中国！让唐诗宋词之美、文化之美、心灵之美,成为世界上其他民族文化精神的有机组成部分,从而实现以中国文化的开放,推动其他文化的开放,以其他文化的开放,反哺中国文化的开放,实现更大的发展！

唐诗宋词里有中华民族精神的韵律,这个韵律不仅仅是诗歌的韵律,而且包括了中国人的生活节奏、思维方式、世界观、人生观、生活观、对人对事的态度,所以讲唐诗宋词实际上是让世界更深入地了解中国,中国人为什么这样做,而不那样做？从唐诗宋词里都能找到答案。唐诗宋词的韵律,就是中国人的生活韵律。通过唐诗宋词里的中国言说,能让世界知道中国为什么向世界如此言说,这是我们向留学生讲唐诗宋词的主要目的之一。

2013 年,同济大学国际文化交流学院举办了第一届外国留学生歌咏诵读大赛。我一开始的设计,是仅限于朗诵唐诗宋词。但后来因为学生实在受不了了,就加了很多的创造。班主任问我学生这样做行不行,我说随便,只要是吟诵中国诗词就行,只要是用中文吟诵就行,至于加不加背景啊,加不加民族音乐啊,异域文化背景啊等等,随便吧。所以后来形式花样很多,但都是为了"让留学生爱上中国文化",这是《东方教育时报》报道这个活动时起的新闻标题,我觉得特别好。让留学生歌咏诵读就是为了让他们爱上中国文化,以中国的诗词作为媒介爱上中国文化。2022 年起,同济大学国际文化交流学院连续承办中央电视台"中国诗词大会"上海赛区的选拔,也请留学生参与整个过程,我觉得整个环境的熏陶就很好,入诗词之境,久而成诗人。1 000个读者可以有1 000个哈姆雷特,为什么就不可以一万个留学生就有一万个李白、杜甫、苏东坡? 完全可以。诵读一次,流芳一生。诵读一次,由古通今。今年的诗词大会,我觉得效果会比去年更大。全市16个区的高校都齐聚同济大学来商量。也希望大家都多多支持啊,因为通过诗词大会,实际上提升了我们中国的影响力,提升了我们上海的影响力。

最近一部动画电影《长安三万里》很火,据说看哭了很多观众,有男有女,有长有幼。为何会如此? 原因各各不同,但我觉得有一点是共同的,那就是唤起了每个人内心的诗人梦,一个已经破碎的少年诗人梦,现在从这部电影里找回来了,依然那样清晰,那样生动,那样涌到嘴边,让手指颤动。还有一个原因,生活在盛世新时代的中国人,从电影中的盛唐气象中看到了梦想的样子,电影在某些方面承载了我们的中国梦。我们新时代的梦和我们盛唐时代的梦是一脉相承的,是中华文化的特殊基因一代代传承重塑出来的。换句话说,我们历史上的兴衰,是可以通过中国诗词传递、表达出来的。一部诗词史,就是一部中国史。从盛唐到盛世新时代,诗歌就是其中的一节节链条。盛世的标志之一是盛产:物质的、精神的,包括诗词的。我们身处新时代盛世,诗词也一定要盛产,新时代的新诗、新词、新歌、新剧等等。所以我们背唐诗宋词,我们讲唐诗宋词,就是要讲其中不同时代的中国。

关于诗,宋朝的严羽有"四忌"说:**"语忌直,意忌浅。脉忌露,味忌短。"**当然,这不能一概而论,最优秀的诗人常常以平易语言入诗,仍能给人诗情画意之感,如李白的很多诗就是这样。如杜甫写贺知章喝酒:"知章骑马似乘船,眼花落井水底眠。"说贺知章喝醉了,骑在马上前俯后仰,头昏眼花,不小心掉到了井里,也没醒,竟在井底睡着了。这就写出了情、景,一幅生动的画面。以诗写出了酒味,酒味就成了诗味。这首诗以平易的语言写出了日常的生活,而你我对这种生活都不陌生,所以就从中找到了共鸣。这样的诗,就成了我们的生活,我们都常常在嘴边心里涌动的诗,只不过没能像诗人这样写出来。他现在替我们写出来了,说出了我们想说而没能写出来的日常生活。我们每个人好像都有这种经历，都有这种生活的酒味，身上都散发着这种酒气。这样的诗就融入了世世代代的生活。这首诗看起来很平易，但实际上让你回味无穷，就像喝醉了之后还会喝醉，永远不过时。以诗味写出酒味，以酒味融入诗味，这使诗语平意不平，每读每有新味，就成了经典。但就像每个人的酒量不同，我们要给留学生讲唐诗宋词，一开始最好不要选择那些太平实、太容易懂的诗歌，因为难讲出故事性，而人们都喜欢听故事。小孩子不识字也能听懂故事，中文能力暂时不太好的留学生就像不识字的小孩子，但他们比不识字的小孩子理解能力要强得多，只不过是中文能力暂时还不足以理解诗词的内涵，所以我们不要怕他们听不懂，直接讲，不要照顾他们的中文能力，尽可能讲出诗词中的故事。所以要选有意蕴的诗词，不要太浅白。要讲出诗词中的感情脉络，故事起伏，甚至情节。

要给留学生讲唐诗宋词里的中国故事，讲清唐诗宋词里具有世界性的中国性，首先应该讲其中的国家情怀、中国尊严以及中国人捍卫国家尊严的精神和决心。如杜甫的"国破山河在，城春草木深"，表达了对国家陷入战争的痛苦，表达了追求和平的愿望。现在的俄乌冲突，世界上一切的战争，都可以用同样的诗句来表达，因为这是人类的共性。"家书抵万金"更能打动人心，我们都经历过疫情，对此更有体会。这都是战争中、困窘中的人都会遇到的困难，对家乡的思念等等，全世界都相同。这样的诗可以讲。文天祥的《过零丁洋》，"人生自古谁无死，留取丹心照汗青"，这种对国家的忠诚，对个人尊严和国家尊严的舍命捍卫，是绝对的正义，是全世界都推崇的品格。文天祥对国家的这种无限的忠诚，是任何国家、任何民族对自己的人民的最基本的要求。在国家危难时刻，在自己为了国家而遭遇生命危险的时候，心中依然有自己的国家。这是最典型的具有世界性的中国故事。爱国故事具有世界性，因为爱国分国界，但本质不分国界。我们要给世界讲的唐诗宋词，应该是这样具有世界性的爱国故事。

报效国家的方式各种各样，包括以生命报国是极端例子。陆游的《示儿》，我永远不会忘记大学老师给我们朗诵这首诗时的悲痛，自此这首诗就给我一种特别的感受。我经常想：一个爱国的人，有一天突然发现自己所爱的国不存在了,自己生活过的家回不去了,自己以前可以随意游玩的地方不能去了,他会有什么样的感觉? 他会恨谁? 恨侵略者? 恨自己? 恨国家? 会恨到什么程度? 他心有余而力不足,又不知道寄希望于谁,但仍不放弃,死都不放弃,所以临死之前就专门写了这首诗,嘱咐儿子:父亲的夙愿就是收复中原,所以"王师北定中原日",一定到坟前烧烧纸钱,告诉我,我才瞑目。这首诗可以结合国家统一主题讲,例如,台湾问题啊,钓鱼岛问题等等。亡国之恨在唐诗宋词里很普遍,尤其是宋词。岳飞的《满江红》,恨到"怒发冲冠",一定要收拾旧山河,一定要雪靖康耻,这是"臣子恨"。辛弃疾"登建康赏心亭"时北望失地,"献愁供恨""把吴钩看了,栏杆拍遍",却"无人会,登临意","拔剑四顾心茫然",英雄无用武之地。自己一心复国,周围的人却沉寂无声,蝇营狗苟,不思进取。其中的恨不知向谁诉说,也没人懂,所以他因报国无门而恨,英雄泪无人懂而恨。对比一下,我们多幸福啊,大家多幸福啊。和平年代,我们每个人都尽心尽责为国家发展努力,留学生安安心心学好中文,就是报效国家了,还不珍惜吗? 唐代戴叔伦的《塞上曲》中说:"愿得此身长报国,何须生入玉门关。"意思是大丈夫可在任何地方建功立业。我虽是一介草民,但我也愿意把自己的一生献给自己的国家! 这首诗对我们从事国际中文教育的师生尤其有启发。我在和汉语国际教育专业的硕士交流时总要说八个字:身在兵位,胸有帅谋。什么叫身在兵位,就是说我们每个人都是普通人,但我作为国家的一个棋子,一块砖,又是国家所必不可少的,所以我无论在哪里,都牢记"国家兴亡,匹夫有责",只要能往前拱一步,就绝不停步不前,更不后退一步。这样做了,就是有"帅谋"了,有了国家观念了。我们培养的汉语国际教育硕士,包括未来的博士,都要掌握"兵"与"帅"的这种关系。以兵为帅,以普通一兵身份,彰显国家尊严,报效自己的国家。我们的毕业生要到海外教中文,但一到目的地,站在外国人中间,一下子有了孤独感:这所学校,甚至这个地区,只有我一个中文老师,我好孤独可怜啊。你孤独吗? 当然孤独。但孤独就是我们的使命,是我们的责任,我们就要带着孤独扩大学习中文的人群,扩大中文的影响,要像令狐楚的《少年行》中所说的那样:"未收天下河湟地,不拟回头望故乡。"我不把这里的外国学生都教会中文,我就不回中国。不要总觉得自己多可怜,多冤枉,多委屈,读读边塞诗。读读离别诗,你就会坚定自己的信念:恰是因为这里的人对中国的了解不够,所以我才来到这里,这就是我的使命。当有一天,你蓦然回首,发现周围的人都在和你用中文交流时,你还孤独吗? 你自己为自己创造了一个没有孤独的环境,你都不知道孤独何时离你而去了。克服孤独,就是你的成绩,你给自己,给国家交了一份答卷,你一开始都可能意识不到自己会交出这份答卷。此时的你,已不是兵,而是帅,因为你练出了自己的兵,你自然成了帅。

爱国诗具有普遍性,我们不但要讲唐诗宋词里的爱国精神,而且要告诉世界人,中国人的这种信仰和忠诚,全世界都通用! 每个人都应该忠于自己的国家。所以我们可以通过讲中国人的爱国精神影响留学生,激发留学生更爱自己的国家,忠于自己的国家,让他们立下学好中文报效祖国的信念,推动彼此之间相互理解,相互支持。谁都没理由因为别人爱国而批判别人,这样也可以在一定程度上化解世界上目前对中国的污名化,甚至抹黑。

所以说,爱国意识是国际中文教育师生的专业素质,这也是我们这个专业对学生素质的培养与其他专业区别最明显的一点。我们欣逢盛世,有报国之志,也报国有门,这是时代给我们带来的幸福,我们要努力让这个时代的更多的人和我们一样幸福。

其次,要给留学生讲唐诗宋词里的家庭故事。“家”具有世界性、普遍性,连一直批评我们的美国人,都时时自诩以家为中心,如好莱坞电影里的英雄,哪怕是胡编乱造的电影,都从来没敢亵渎过家。很多英雄都是为了挽救自己的家人,因为家园被毁,愤而成为了英雄。我们面对留学生,而且是离家来华的留学生,可以先谈谈唐诗宋词里的家,中国人的家庭观念、离家、回家、想家等等,“家”这个世界性的话题是跨国界的,所以讲的时候不必过多考虑国别文化差异,“家”没有差异。比如孟郊的《游子吟》:“慈母手中线,游子身上衣。临行密密缝,意恐迟迟归。谁言寸草心,报得三春晖。”这首诗能通心。在华留学生都属于游子,建议尤其要对首次来华的留学生讲,不要担心他们难过,就是要让他们难过,第一堂课就讲,就是把他们的眼泪勾出来。你告诉他们,你们现在就是游子,来中国前慈母可能不再给你缝衣服了,但肯定给你们准备行李,准备家乡的食品,让你想家时尝尝家乡的味道,给你带上纪念品等等,千叮咛万嘱咐,而且都会"意恐迟迟归"。乌鸦还知道反哺呢,何况人啊? 就讲这个人的共性,讲中国人和他们在这一点上没有区别。我建议在留学生来华的第一课就讲一讲《游子吟》,讲哭他们。不能让他们伤心流泪,你这首诗就没讲好。他一伤心就一下子会理解中国:原来中国人与自己一样有父母、有家庭! 这实际上是正确理解中国的第一步,先回到人都是人的角度看中国,除了肤色、语言、习惯等等不同,其他没什么大的区别。他们来中国之前可能知道中国人是龙的传人,但他到中国后没看到龙,只看到我们这样的中国人,他原来接受的偏见、误解,自然就消失了。他与龙可能无法交流,但与中国人可以交流。另外一个收获可能是:他对唐诗宋词产生崇拜,对中国文化产生崇拜,他觉得中国人那么早就预知并写出了他现在的思家之情,中国人真厉害,怪不得有《周易》《论语》、四大名著等等,他对中国的理解也慢慢打通了。让他痛哭一场之后他不会再哭,他知道他现在就是游子,游子就要"报得三春晖",就是要现在好好学中文,学成之后报答自己的父母,报效自己的祖国。但一定要等他哭过之后讲! 等他哭过之后直接对他说:人人都应该爱自己的家。你现在到了中国读书,就应该想念你的父母,想念你的兄弟姐妹,但家人都希望你学好之后回国! 这对稳定学生们的情绪也有用。这就是教育,人格教育,爱的教育,人的教育。

　　第二首建议讲与恭的《思母》,在《游子吟》的基础上"火上浇油",彻底激发起他们的思家之情,犹如水库放水,水空了之后就安静了,就有了填补其他东西的空间了,就有了中文教育的场子了。"霜殒芦花泪湿衣,白头无复倚柴扉。去年五月黄梅雨,曾典袈裟籴米归。"这是一首充满人之常情的思母诗。与恭是一位僧人啊,应该四大皆空的,但他出家却心不离家。出家和思母怎么能矛盾呢? 僧人也都是父母生啊! 他诵经时还想着母亲吃什么,总是买吃的给母亲送去,甚至当掉僧衣。可现在母亲已离世,即使买了米,又能给谁送呢? 母亲再也不会倚在柴门等他回来了。

　　人最珍惜的、最觉得可贵的,都是自己已失去的东西,时间越久越这样。这会成为他在人世间最难忘的。他会一遍又一遍地后悔自己以前没有珍惜。大家想想是不是这样？给留学生讲好这个故事，让他们爱家爱父母，无论身在何地都不能忘记自己的家。因为无论人生如何不易，如何坎坷多舛，无论我在外面受到多大的委屈，受到多少的折磨，家乡始终都会一如既往地等着我，只有家乡待我一如平常，只有家可以给我们永恒的安慰。我们回老家，有时候就是为了得到这种安慰。我们无论在外面混得怎么样，也只有回到家，才可以完全放松自己，才能够踏踏实实睡几个好觉。这就是家乡的意义，这也让我们任何时候心中都有个家。留学生懂了这一点，一般就会得到了催动力，也可让他们一偷懒就想起父母，就不好意思不好好学习中文了，因为他越早学成越好早点回去报恩、报国啊！

尽孝者才会尽忠。一个不孝的人，绝对不会爱国。一个不爱家的人，绝对不会爱国。孟郊和与恭的这两首诗一定要一起讲。讲好后马上讲白居易的一首诗《种桃杏》："无论海角与天涯，大抵心安即是家。路远谁能念乡曲，年深兼欲忘京华。忠州且作三年计，种杏栽桃拟待花。"人人都有心中的桃花源，我们一生都在追求这种美好的生活，但最终总是失望的，而且人生总是失意多于得意，所以才"人生得意须尽欢"。但白居易这首诗告诉我们，桃花源不受制于客观现实环境啊，因为人人都可创造自己的桃花源，心有桃花源，就处处皆是桃花源啊。白居易写了一系列的桃杏诗，"达哉达哉白乐天"，这些诗就是写照。他能写《长恨歌》，也能写这些快乐歌。他身处不快乐的环境，却感到快乐，就是因为他会创造桃花源。游子可以吟痛苦，也可以唱出欢乐。你不是想家吗？想堂前屋后的桃李杏吗？我无论身在海角还是天涯，我创造一个老家的模型出来就是，"大抵心安即是家"。这都是大白话，但有禅宗味，所以白居易是高手。你只要心里把你所处之地当家了，这里就是你的家。我们若总觉得自己是"独在异乡为异客"，那是因为我们自寻烦恼，没把这里当作自己的家。人在哪里，家就是在哪里了。告诉留学生这个道理，帮助他们"安居乐学"——到了上海，就把上海当家，到了中国，就把中国当家。把上海当家，上海就是你的家，把中国当家，中国就是你的家。这样想了，这样做了，你到哪里就都不是外地人,到哪儿都是自己人。一个你不当家的地方,永远成不了你的家。永远把自己当作外地人,你就永远是外地人。一个人天天带着外地人、异乡人的感觉去学习,去生活,怎么可能学好乐活? 所以,同学们,"京华"虽好不是家,在这儿安心学习,生活吧,"且作三年计"就可,三年桃杏就结果了,今年有果子吃了,就会等着明年的果子。"中州"有我种的已结果子的桃树和杏树,我还愿意离开"中州"吗? 可能就不愿意了,"有桃有杏就是家"了,可能就真不想走了呢。留学生三年可能就学成了,也结果了,就安安心心地读下去了,中国可能就成为他的第二个家了。我们今年初在学院周围开发了"留学生中国生态文明体验园"和"留学生中医文化体验园",让留学生认领校区的植物,还自己种植中草药,当时就是受了这首诗的启发。留学生在校园里领养了树,种了中草药,对这里就有了家的感觉,而事实上也真是这样。每当有客人来,他们就会激动地把客人领到自己认养的树,自己种植的中草药那里去,激动地说这是我的等等。他们还排了班,轮流浇水,除草,是真当家了。这个时候再问问他们:现在多长时间和家里联系一次啊,他们可能有点不好意思了。以前一天好几次视频,现在可能一周才一次了,而且时间也越来越短了。这不是说明他们不爱家了,而是因为他们又有一个家了,分心是正常的。这说明我们的留学生教育可能成功了,因为他们心里已把这里当成了家,已经融入了。这就是教育成果。

第三,要给留学生讲唐诗宋词里的友谊故事。中国人历来重视友情,甚至有"朋友如手足,女人如衣服"这种极端表述。这个不能给留学生讲,但我们要让留学生知道中国人重友情。我们的留学生教育受到过一些批评,出现过一些负面舆情,基本观点是:我们对留学生太好,搞特殊照顾。实际上这是中国重友谊的传统。中国人就是好客,即使家里穷,但有客人来,一定拿出最好的东西招待,哪怕自己平时都不舍得吃,不舍得用。如以前酒贵,都是有客人来再喝,而且敬客人喝,不是为了灌醉你,是因为酒贵,得先让客人喝好。这在中国人的生活中是司空见惯的,所以误解留学生教育的人实际上可能是忘记了这种文化传统。若说国际中文教育特殊,也真有其特殊性,因为国际中文教育不只是专业教育,实际上也是交友,是专业学习与培养友谊结合在一起的。正是因为中国人好客、重友谊,所以面对"独在异乡为异客"的留学生,很自然地就会加倍关心,疼爱他们,甚至采取一些在外人看来比较出格的措施,目的也是照顾好"客人"。这对学生培养是否有利姑且不论,但绝对不是出于崇洋媚外呀! 实际上这体现了中国文化传统。所以我们要告诉留学生,中国人重友情,包括师生情,你们从现在起既是我们的学生,也是我们的朋友。

王维的《九月九日忆山东兄弟》适合给留学生讲啊。每逢佳节,思念儿时的同伴,对不对? 所以我们在给留学生讲王维的这首诗时,不要在中国的节日前后讲,而是要选择一些不同国家的文化节日讲,因为这肯定是这个国家的在华留学生倍思亲的时候。中国的节日我们都放假了,留学生没有节日感,这不是他的节日,他会感到孤独,但不会像我们一样特别想家。我们有几个老师、几个辅导员能说清楚今天是哪个国家的什么样的节日? 这是留学生教育的入门知识,也是"催泪弹"。所以我们一定要在节日前后讲这些兄弟之情的诗。我们还要知道某个国家过某个节日是怎么过的,从而针对性地选择合适的唐诗宋词。留学生会懂得你的细心、用心,他会与你成为朋友,因为你心中以他为友,他才会以你为友。

王维写的就是重阳节时想起了家乡的兄弟。他在异乡,想念大家,也设想身上插着茱萸登山的家乡兄弟也会想念自己:我不在你们身边,你们是不是很寂寞呀? 是不是想我呀? 这诗就写活了、写通了,就不是"单相思",而是彼此思念,这就是心有灵犀:我想你的时候你也想起了我,就像双胞胎、多胞胎,有心灵感应,思念交织在一起了。都玩得无聊,因为对方不和自己在一起。实际上通过这种我想和他想交织在一起,表达相互的思念。这就是真挚的友谊。真正的友谊绝对不是单向的。我想你,你不想我,那还叫友谊吗? 这样一换位写,诗就化腐朽为神奇。这首诗实际上也表达了中国的友谊观:中国愿意和世界上一切愿意和我们做朋友的人做朋友,诗讲的就是这个道理呀! 我们在给留学生讲这首诗时,也要讲清楚这一点,友谊是清清白白的,是彼此相互的,你愿意跟我做朋友,我也愿意跟你做朋友,我们就可以做朋友。你天天羞辱我,甚至打我,骂我,还要我跟你做朋友,那不是欺负人吗? 或者说你脑子有病。

　　李白的《赠汪伦》是最经典的友情诗。这首诗我们都熟悉,背景故事也很感人。汪伦在安徽宣城的泾州做官,听说偶像李白要到宣城了,就写信相邀,投李白所好,说我这里好啊,有十里桃花、万家酒店。王伦为啥写信相邀,也是投李白所好,因为李白喜欢见人前先写信,比如他想见荆州长史韩朝宗,就写信去,说"生不用封万户侯,但愿一识韩荆州"。李白也是很会说话的人啊。他好这一口啊,所以接到汪伦的信就来了。王伦是发自内心崇拜李白,照顾得很周到。李白也问了:十里桃花呢? 万家酒店呢? 王伦早有准备,不慌不忙地说:只有桃花潭,没有十里桃花;只有一家名叫万家的酒店,没有一万酒店。李白哈哈大笑,可能他早就猜到了,将错就错,也是美事。这就是友谊,出于友谊的"欺骗",骗人的和被骗的都没觉得是"欺骗",这就成了佳话。现在要分手了,王伦赠送李白马匹啊,锦缎啊,他收入也不高,等于倾囊而出了,李白深受感动。而就在"乘舟将欲行"时,王伦又安排踏歌送行,"桃花潭水深千尺,不及汪伦送我情",这两句诗肯定是李白脱口而出的,因为情到深时自然流。俗人作诗,会说汪伦对我的爱如潭水深,李白用"不及",一下子就意味无穷了。一千尺深的潭水底估计没人去过,王伦之情比这还深,更使人不能及了。这首诗美就美在表达了两人之间友谊的真诚,汪伦真诚,李白也真诚! 唐诗里很少直接用人的名字做题目,比如王维就没说他的"山东兄弟"叫啥名字。李白这首诗直接就写了赠汪伦,就没把汪伦当外人,听起来就像对自己家里人说话一样,就像对自己的哥哥弟弟那样亲切!

　　"莫愁前路无知己,天下谁人不识君。"唐诗宋词里的爱国、爱家和重友谊精神本质上都是一致的,体现的都是一种真诚。你只要真诚待人,你只要一心为国,你只要一心为家,你只要心中有朋友,天下皆可为你友。

　　但事实上,世人不可能都做你的朋友,"生意好做,伙计难搁""人心隔肚皮"等等,就是说交友难,所以要慎交。你真心待人,别人未必真心待你。我们给留学生讲唐诗宋词,要讲哪些? 怎么讲? 实际上没有固定的内容和方法,但有一个基本原则,真诚为先。我们只要通过中国的诗词能让留学生感受并接受中国人的真诚,而且让留学生变得更加真诚,那我们所讲的内容和方法就都是对的。所以大家要给留学生讲讲孟郊的《择友》，诗里说"兽中有人性，形异遭人隔。人中有兽心，几人能真识"。就是告诉我们要提防人面兽心的人，他们表里不一，"虽笑未必和，虽哭未必戚"。"面结口头交，肚里生荆棘"。我们要学会判断，透过一些表象看透人的本质，辨别出谁是好人谁是恶人，只与"朝夕恒的的"的"君子大道人"交朋友。这首诗不是非常流行，这和中国人的善良有关，但善良不能不分是非，不讲原则。这首诗就是讲理性交友。我们不能只给留学生讲我们中国人多么重视友谊，如何重视友谊，怎么产生友谊等等，同时还要告诉留学生，我们中国人交朋友是有选择的，朋友只有好的，没有所谓的坏朋友，坏就不是朋友了。有化敌为友，没有化敌友为友之说。这才是中国人的友谊观，是交朋友的辩证法，否则就是糊涂虫。糊涂虫哪还有是非？哪还能辨别出真友假友？讲交友的辩证法也可帮助留学生更好地理解中外文化交往中的一些矛盾，让他们知道，之所以出现矛盾，是因为中国有自己的择友标准，其他国家也有自己的择友标准。标准不一样了，自然就会有矛盾。他们现在了解了中国的择友观，就知道怎么样避免自己的国家与中国发生误解了。这是有效的，虽然可能不会表现于外，但可能以后他的某个友好的选择、决定甚至举止，就是因为这堂课的影响。

第四，要给留学生讲唐诗宋词里的爱情故事。唐诗宋词里的爱，比当代人的爱纯真多了，痴情多了。我们可以从唐诗宋词里学着爱，也应该教育留学生从中学着去爱，学会爱。我们要让世界知道中国人是浪漫的，中国式的浪漫；我们不是只会工作，只会奋斗，还会轰轰烈烈地爱。这才是真正的中国人，有血有肉，有爱有恨，淋漓尽致。2022 年 2 月 22 日，我给美国 Villanova 大学亚洲研究中心的学生讲中美文化差异。在提问环节，有一位美国学生问我：中国人现在越来越有钱了，是不是就越来越不重视爱情了？这是美国式爱情观，好像物质与精神是不能协调的。但我后来想想，他的问题可能还包含另外一层含义，是潜台词，就是说当代的中国人不如古代中国人重视爱情，这说明他看过一些关于中国的书，多是关于古代的。世界对中国的认知的确很大程度上还停留在古代，因为他们觉得古代中国风花雪月，当然，相对于他们的生活，古代中国是落后的，落后的封建的风花雪月的古代中国，他们当然喜欢，因为能提升他们的文化自信啊。中国要永远是那样的,他们更觉得高兴。这是我的猜测啊。我所高兴的是,提问的学生可能受到过唐诗宋词里的爱情影响。"不知魂已断,空有梦相随。除却天边月,没人知"。韦庄的这首《女冠子·四月十七》把思念写到了天边月,谁能够到月亮啊,没人。那这是一种什么样的相思苦啊,没人安慰,也没人能安慰,唯有跟天边月说,又离得那么远,说什么月亮也听不到,月亮怎么安慰的他也听不到,苦到空,不知什么是苦了,却又什么都苦,实际上处处皆苦,寸寸皆苦,一切皆苦了。这是把爱写碎了的诗,是自己把自己的心——还是眼看着——一点点揉碎抛洒的诗。不知这是不是韦庄的真实感情经历,但即使是假的,我们也不相信是假的,因为我们希望这是真的。

再看李商隐的《锦瑟》,"锦瑟无端五十弦",一下子就把一个怨嗔无边的男人形象凸出来了,有点娘炮的感觉。看着锦瑟一弦一柱就感到心痛,弦在弹,却像在割他们的心,割一下就受不了了,还五十弦,凌迟啊!睹物伤己,以物自戕,还是一个男人,多凄美呀!还有苏轼的《江城子》,怀念亡妻的。"十年生死两茫茫""千里孤坟,无处话凄凉。"我想见你,只有在月明之夜,到长着松树的山岗上,到你坟前了。这时大家自然会想到梁祝故事,爱情的力量可以打通生死。中国早就有"人鬼情未了"故事了,而且还冲破生死界限,直接化蝶,成双成对不分开,比《人鬼情未了》电影故事完美多了,幸福多了。这样纯真的爱情在中国多得是,嫦娥奔月、牛郎织女、卓文君与司马相如、《白蛇传》《天仙配》、唐玄宗与杨贵妃、《西厢记》《红楼梦》等等,有多少惊心动魄、海枯石烂的爱情故事啊,这些都可以给留学生讲,给全部世界讲。元稹的《离思》表现的更是一个纯情男的爱情专一故事。"曾经沧海难为水"这句本源自《孟子·尽心篇》:"观于海者难为水,游于圣人之门者难为言",孟子以海之阔深比喻圣人之言之阔深;"除却巫山不是云"源于宋玉《高唐赋序》,以巫山之云比喻神女。两句连起来就是说:你就是我爱不尽的海,你就是我最爱的仙女,除了你,我谁都不爱了,看到谁都不会动心了,"取次花丛懒回顾",即使后来又遇到过很多"花儿",我也都"懒"得回头看一眼了,"半缘修道半缘君",而修道也是因为你不在了,我心灰意冷了。这是多好的情诗啊。忠贞不贰,一爱终生。还有唐明皇,为了杨贵妃,连国都不要了。吕本中的《采桑子》用浅显的语言,写出了一个"疯子"的爱情。"恨君不似江楼月,南北东西,南北东西,只有相随无别离。"恨你不如月,因为我无论到"南北东西",她都与我相随无别离,你没有;但随即又恨你"却似江楼月,"因为你总是"暂满还亏,"总是不和我在一起。这到底是恨,还是不恨?尤其是"南北东西""暂满还亏"叠用,恨到无话可说,爱到无话可说,往往就说重话了,就像流水,流过去的都是不一样的水,但看起来都是一样的水,表面仍一样,但已不知流过多少不同的水,这用来比喻人的情感流动真是太贴切了。人疯了也说重话,像祥林嫂,絮絮叨叨就一件事,因为她的存在就是为了这一件事。思念之深就成痴,痴到极限就像傻了。吕本中是语言天才,表达爱的形式也出神入化:爱到极致,只是简单的爱。

当然,讲完这些唐诗宋词后留学生们可能会产生一个误解,好像中国古代最痴情的是男人,你看都是男人写思念女人,咋不见女人写思念男人啊?这时候一定要做些解释,古代女人不能接受教育,"女子无才便是德"等等,这是中国文化的糟粕,但也不必回避,有时间都讲一讲,但不宜过细,否则讲不完。尤其是女老师,一讲可能会动情绪,收不住。

唐诗宋词是海,而我们能给留学生讲的只是沧海之一粟。每个人都可以根据具体情况选择最适合不同留学生群体的内容。除了国、家、友、爱等主题外,关于中国老百姓的安居乐业、保家卫国的战争故事等等,都可以讲。唐诗宋词里还有很多描写动物、植物的,"泥融飞燕子,沙暖睡鸳鸯。""宁可枝头抱香死,何曾吹落北风中。"这些具有世界性的中国故事,也都是我们中华文化经典表达的主题,都可以讲,但要讲好,讲清楚。

唐诗宋词还表现出中国的文化自信。我们要从唐诗宋词里汲取文化自信,也要向世界讲清楚这种自信。苏轼的《定风波》,可以让人读出仙境的感觉来。中华文化塑造的中国人的自信,在这首词里得到了充分体现。"莫听穿林打叶声,何妨吟啸且徐行"。"无论风吹浪打,我自岿然不动",都是一脉相承的。中国历史悠久,遇到的问题自然多,但都解决了,所以才有现在的繁荣。我们"曾经沧海",各种各样的打击见得多了,再多些压力也没关系啊。我最近刚写了一篇小文章——"孔子学院的'有名'和'无名'",就是表达这个意思。现在世界上对中国有各种各样的抹黑、攻击，我们都像暴雨冲打下的苏轼，雨水哗哗，林声沙沙，吓唬谁呢？"谁怕？"我该做什么照做什么，心静自然平，做好自己的事就好，所以我能做到不以风为风，不以雨为雨。任何干扰的嘈杂都不会干扰我前进的步伐，因为我知道自己在做什么，要做什么，我也知道你在做什么，想做什么。因为我自信，我知道自己在做人间正事，而"一切反动派都是纸老虎"，正永远压不了邪，所以你骂我，你抹黑我，你甚至围堵我等等都没关系，"人间正道是沧桑"，"也无风雨也无晴"，最后胜利一定属于我。所以大家看，这就是自信的来源，任何时候我们都能解决自己的问题、世界的问题。而一个自信的人，自信的国家，最终一定会得到尊重。越是艰难，越要自信。中国历史命运多舛，中国人四海飘零过，但中国人永远充满自信，无论遇到什么困难，无论遇到什么痛苦，不扩张不侵略，中国人永远乐观、永远不屈服、永远会胜利。

新时代中国现在还是发展中国家，就像杜荀鹤的《小松》，"自小刺头深草里，而今渐觉出蓬蒿。时人不识凌云木，直待凌云始道高。"中国现在才刚从深草里冒出头，最后要长成"凌云木"的，要穿越云层的。所以我们要讲好这首诗，让世界不但要接受中国的现在，还要慢慢习惯接受中国的未来。中国现在才是"小松"你们就炸锅了，打压了，以后还一定会长成参天大树。你们不要阻止中国发展，因为那是违背历史规律的，是注定要失败的，你们应该习惯中国的发展，还要习惯看着中国从小松长成"凌云木"，这才是顺应历史潮流，顺应自然规律。世界上有谁见过不生长的树？这就如同见到不吃饭的人一样，是不可能的。所以，接受中国的正常发展才是正确正常的选择。这一点可以给留学生讲，通过他们向世界讲好这个中国成长故事。由于留学生正在学中文，可以告诉他们：你们现在也是"小松"，但学好了中文，成为了中国的朋友，将来就可以与中国一起成长为"凌云木"，在中国的成长中获得自己的成长；让他们自己清楚地知道，中国的成长和他们个人的成长是相辅相成的，是一体并进的，通过他们学会正常接受中国的正常成长，进而影响到他们的家人、朋友、国家正常接受中国的正常成长。这是润物细无声的理解中国教育，一定是有效的。

　　归根结底,唐诗宋词所表达的核心是热爱,包括伤春呀,悲秋啊,家国情仇啊,表达的都是对世界的热爱。所以读过唐诗宋词的人,无不更加热爱这个世界。所以我的结论是:热爱诗歌的人,热爱唐诗宋词的人,一定是热爱这个世界的人,是自己热爱生活,也希望别人热爱生活,并愿意为别人创造热爱生活的理由的人。所以唐诗宋词让人奋进,让人自信,让人更加爱国、爱家,更加相信爱情,相信自己的未来和世界的未来。

附录:问与答

　　1. 问:讲诗歌时是不是也需要把诗歌的背景、寓意等也讲出来?

　　答:这是肯定的,但不要讲得复杂。也就说,现在我们对唐诗宋词的分析、赏鉴、阐释啊,已经超越了诗词本身! 什么意思呢? 就是诗词本身并没有承载那么多的信息量,都是一代代人,包括很多所谓的专家,人为赋予的信息,就像给人穿上一件件衣服,臃肿到不知真人如何了。所以讲前先把这些外衣脱掉,就是把诗人、词人先还原成人,然后再讲他写的诗、词,这就是背景,一定是正常人的背景,但一定不能过于复杂。换句话说,不要多讲所谓的寓意啊。实际上诗词表达的都是瞬间的感悟思想,没那么多晦涩的寓意的。对中外学生讲过多的诗词寓意,可以很生动,很热闹,就像最近爆火的《罗刹海市》,大家都仁者见仁,智者见智,乱者见乱,但刀郎到底有何深意啊? 他没说。主人没说,看客却都比刀郎还聪明,都比刀郎还刀郎。诗词中的所谓寓意,就和现在的《罗刹海市》现象的性质一样。结果时间一长,这些别人附加给《罗刹海市》的寓意就似乎真成了刀郎的本意了,或者说,各种人的言说重重叠加到原作上,让刚听到这首歌的人接着叠加上去,大家都不知道原作长什么样了。源头在哪? 先读读《聊斋志异》啊。唐诗宋词的寓意,与此类似。很多所谓寓意都是故作知音、故作高深。不是说不能解释,而是说不要讲别人的解释,而是直接讲自己的解释,这是你的权利,也是义务。既然我们都没与作者见过面,没问过他到底想表达什么,根本没得到任何实证,我们自然可以讲自己对诗词的理解,而且可以根据时代的变化、环境的变化、留学生的理解能力灵活地讲,但一定是基于"你",讲出"你",把自己带进去,进而把留学生们带进去,这才是理解诗词的正确方式。基于原作讲自己的阅读感受,就是这个意思。

2. 问:请问最快百分之百精确抓出古诗词作者原意的根本方法?

答:读古诗词,包括读所有文学作品,最关键的只有一个字,就是"你",就是你本人。作者写作前可能千思万想,千头万绪,但落到纸上的就这些字,也就说,诗词的文字都是固定的,作者只能表达这些文字承载的思想感情。要通过这些有限的文字去摸透作者的原意,既不可能,也没必要,所以你要找的诗词原意,就是你本人此时此刻此地对诗词本意的把握。我曾说诗词要慎读,更要慎讲,最好慎独,即只读别讲。诗词阅读是始终变化的,不是因为诗词本身在变,而是读者在变。你今天觉得读懂了,再过段时间读,可能觉得自己理解错了。这是正常的,也就是说读诗词不要轻易下结论,因为你自己无法给自己下结论。你爱着一个人的时候读是一回事,别人不爱你时读,则又是一回事。

但读诗词要始终保持真诚,保持敬畏之心,保持着爱。你不真诚就读不出诗词中的真诚。你没有爱就读不出诗词中的爱,这是常识。诗词都有韵律,实际上是情感的律动。你一定要把自己摆进去,走进诗词的世界里,看看其中哪个情感环节,哪一个人或物,哪一种声音或天气拨动了你的心率,与你的脉动节奏同一了。如果你在一首诗词中没读到这个地步,你可以讲,但不要说自己读懂了,因为你还不知道诗词的韵律是怎样表达情感的。你不知道诗歌的韵律就像水在流动,你不知道水里哪里有鱼。会钓鱼的人就知道哪里会有鱼,就在那儿下饵。读诗词,也要能钓到鱼。

——2023 年 7 月 31 日为复旦大学举办的"上海国际中文中华
经典教案大赛"的学员所讲,根据录音整理。

海外中文服务与讲好中国故事

语言是一种交流媒介，交流是语言的服务功能。随着中国政治影响力、经济贸易圈的不断扩大，中文的服务范围也就不断增加，对从事中文服务的专业人才的要求在量和质方面也就相应地有了更高要求。

党的十八大以来，党中央一再强调人才是实现民族振兴、赢得国际竞争主动的战略资源，从人才培养、引进、使用等方面做出科学部署。新时代人才工作发生历史性变革。习近平总书记在党的二十大报告中明确指出，要"深入实施人才强国战略"，强调"全方位培养、引进、用好人才，加快建设世界重要人才中心和创新高地"。

中文世界化作为中华文化走出去和铸造中华民族共同体的重要媒介，首先需要世界化的专业人才。目前国际中文教育已纳入专业类别博士生招生目录，政府和教育机构要以此为基础、为起点，统筹规划好更适应中文国际教育服务、中文国际商业服务、中文国际军事服务等需要的国际中文人才；以中国为龙头，协调世界各地有中文服务需求的部门，打造国际中文服务人才培养"高地连锁机制"。作为龙头，国内要高站位、高定位、细规划，围绕国际中文教育学科建设，打造本硕博一体化中文服务能力课程体系，在语言知识、文化素养、技术能力、教育与传播能力、职业素养等方面持续提升综合素质；在国外则要加强中文教育、中文服务和专业人才结构性数据的搜集整理，建立服务全球的国际中文服务人才信息库，分国别、分服务类型建分库，为各国各行各业中文服务提供订单式服务清单，以个性化服务实现中文落地的精准和实效。

目前，国外中文需求量最大的是走出去的中国企业，其次是与中国经贸合作比较密切的外国企业，所需要的主要是"中文＋"专业型复核中文人才。面向国际，需要采取"请进来""走出去"等多种形式，立足于为合作国家进行特定行业的中文培训、中文教师专项培训、中文翻译等类型的人才培养工作。为此,在国内,一方面,国际中文教育专业可以针对性地设立"中文＋专业"人才定制培养方案,与海内外企业合作,在培养过程中设立企业奖学金,邀请企业导师参与培养全过程,加强实践锻炼,其间可以到企业边实习边学习,实现校企融合一体培养;另一方面,可以与国内外企业合作开展以中文能力提升为目的的短期或中长期培训项目,"请进来",由企业选派,包括中高级管理人员、技术工人、营销人员,以及他们的家属,分批次到中国进行中文能力集中培训,用专门教材强化训练,辅以中国社会生活体验,直观了解中国国情和民情,理解中国式现代化的中国智慧,形成"专业＋中文"模式,有助于他们将来在从事中文服务时更具有专业性,也更能理解中文服务所依赖的中国历史、文化,从而提高中文服务的针对性、准确性和实效性。

中文服务就是价值服务。语言本身就具有政治、经济、文化价值。中文服务的目的,就是以语言自身的价值附加服务对象,使服务对象在自身价值的基础上,吸收中文在形式和内涵方面的价值塑造,从而更具有文化适应性和价值多元性,使中文服务对象更容易与客户分享、交流,更能满足客户的物质需要和精神需要。而中文在提供服务的过程中,也同样会获得类似的价值附加,使自身的使用范围、传播方式都得到进一步优化,更接人间烟火气,有人间烟火味,传人间烟火情,使"软实力"具有了"硬核",实现中文与服务对象的双向赋能,共同成长。

一种语言承载的是形成和使用这种语言的民族的文化,所以,语言服务就是文化服务、文化交流。需要中文服务的领域和地域,都是中外文化交流的重要场域,是以文会友、以文结缘的良机。中国要推动共建人类命运共同体,也需要中文服务营造世界范围内的"伙伴"关系,以中文讲好中国故事,讲好中国文化与其他文化的关系,以华侨华人故事讲好中国人走进世界的历史和未来的可能性,促进人类不同文明之间互鉴互通,实现世界不同文明"各美其美,美美与共"。

世界在变,而且变化的速度和角度都出人意料,突发矛盾和冲突往往在不经意间就打破了人们积累多年的友好合作关系,以一种完全扭曲、颠倒的方式,推翻既有平台,打碎已有成果,使文化交流迅疾步入举步维艰地步,使语言服务者束手无策。面对世界百年未有之大变局,中国文化的智性和智谋能够化解很多矛盾和冲突,能够把中国经验用于破解世界发展过程中的一些僵局和死局,推动世界沿着人类文明延续的正常轨道继续前行。从这个角度讲,中文服务大有可为,我们要做世界变局中的"石敢当",敢为人先,敢闯新路,敢为人之不敢为、不愿为,在提升中国国际地位的同时,提升中文服务的国际地位。

向世界讲好中国故事是中国责任

在世界百年未有之大变局和中华民族伟大复兴全局深刻交织的历史交汇期，随着国际地缘政治愈加复杂多变，国际舆论和科技、文化竞争日趋激烈，向世界讲好中国故事面临着巨大的挑战，需直面的风险也已逐渐从规模化、集团化转向具体化、散点化、日常化，更具随机性、不可预测性，对讲中国故事的意识、能力与技巧、化解风险的方法与思路等，都提出了更具时代性的新要求和新挑战。

新时代中国有能力、被需要向世界讲中国故事，这是中国实际上已经强大的一种标志。历史证明，文化传播需要势能，即一般从国力强的国家向国力弱的国家传播，这是文化传播的规律。所以中国文化能够走出去，是中国经济实力发展到一定程度的自然结果。到了这个阶段，就是该中国向世界讲讲自己为何能逐渐强大起来的故事了，这是世界对中国的需要，也是中国作为负责任的大国对世界应负的责任。有了这样的认识，我们向世界讲中国故事就会有充分的信心，就有责任讲好，也可以讲好。

但对中国有责任向世界讲好中国故事的认识，目前并非国内、国内外都一致，所以在我们向世界讲中国故事之前，首先要向世界讲好我们为什么要向世界讲中国故事，讲好中国向世界讲中国故事的历史逻辑和基本规律。只有先讲好了这个前提和基础，中国故事的世界化之路才会更平坦，舆论才会更平静，听故事的人才会越来越多。

"传无定法"。我们向世界传播中国文化、向世界讲中国故事，让世界听见中国声音，没有固定的传播方法。内容只要适合，只要有利于世界的和平发展，我们都可以讲。但要保证质量，实现以中国故事促世界文化和谐共生的目标，仍需遵循一些基本的原则，秉承一些基本理念，概括地说，就是五个字。

第一个字是"爱"。这是向世界讲中国故事的基本出发点。讲中国故事的人首先一定是爱这个世界、爱这个世界上的人、爱这个世界上的一切的人。有了"爱"，就可以跨越文化的障碍，消除文化的差异，让人从中国故事中感悟到人类共有的爱。

第二个是"诚"。"精诚所至，金石为开"，当我们诚心诚意向世界讲中国故事、诚心诚意地为世界贡献中国智慧的时候，中国故事就会成为世界故事，民心相通之门就会敞开，就会得到越来越多的支持。

第三个字是"动"。向世界讲中国故事目前遇到的一个困境，就是"言行不一"，即讲故事的人缺乏将故事落地生根的意识和实际能力，从事文化传播理论研究的人缺乏行动的能力，对于好的理论如何落地发挥实效，提不出具体的实施路径与办法；而很多在一线尤其是在海外从事文化传播、讲中国故事的人，又缺乏具有顶层设计色彩的理论的指导。鉴于此，我们不但要全面培养出既懂怎么讲好中国故事，还会将中国故事中的中国智慧与所在国生活结合起来的中外人才，更要"从娃娃抓起"，使得越来越多的中国人、外国人都自觉或不自觉地从价值观念、现代语境到国际表达等方面成为中国故事的代言人和传播者，中国形象的发言人，形成人人都是中国故事、人人都讲中国故事的生动局面。

第四个字是"友"。以中国故事交友、识友，可以营造有利于讲中国故事的场域，形成中国故事朋友圈，凝聚讲中国故事的人力资源。在这个中国故事场域里，世界上的一切人都可以成为中国的朋友，因为在始终秉承"天下为公"、人类命运共同体的中国人眼中，世界上没有真正的敌人，只有朋友和还没有成为朋友的朋友。

第五个字是"通"。即通过讲好中国故事推动实现民心相通。只有国内外各种各样的资源共同支持讲中国故事，最终才能真正实现民心相通。我们要在国内外搭建各种各样的舞台，让舞台上站满讲中国故事的人，其中有中国人，也有外国人。民心相通实际上就是民众之间的感情相通，是普通人之间的心心相通。我们要通过各种各样的方式，把各种各样的讲中国故事的通道打开，尤其是散见于民间的各种沟通交流的通道，这些通道就是中外文化交流的毛细血管。中国故事不能仅流淌在主动脉之中，更要贯通于每一根毛细血管,而这样的中国文化、中国故事才能充满新鲜的活力,才会朝气蓬勃,充满精气神。

　　6月2日,习近平总书记在北京出席文化传承发展座谈会时强调,中华文明具有突出的包容性,从根本上决定了中华民族交往交流交融的历史取向,决定了中国各宗教信仰多元并存的和谐格局,决定了中华文化对世界文明兼收并蓄的开放胸怀。面对世界听中国故事的美好愿景与不确定性,我们应以中国共产党第二十次全国代表大会胜利召开为新起点,聚焦关键问题、核心问题,培养未来能适应讲中国故事的新形态、新业态和新需求的传播人才;用中国实践升华中国理论,打造融通中外的新概念、新范畴、新表述,全面提升全民讲中国故事的意识和能力;加强顶层设计,全方位建构立体式、复合型、动态化的讲中国故事传播体系,打造多元途径交叉融合的讲中国故事矩阵,使新时代中国故事的世界化在实践中形成具有典型中国特色、世界影响的哲学社会科学理论体系,整体激发出中国故事自带的精神动力,真正发挥出活力,以中国智慧为世界的和平发展贡献中国力量。

——原载"文旅中国",2023 年 7 月 1 日;

"学习强国",2023 年 7 月 1 日

向世界讲好"新概念"中华优秀传统文化故事

　　2023年7月5日至7日，习近平总书记在江苏考察时强调："中华优秀传统文化代代相传，表现出的韧性、耐心、定力，是中华民族精神的一部分。"文化是一个国家、一个民族的灵魂所在。中华优秀传统文化"体现了中国人几千年来积累的知识智慧和理性思辨"，是中国人民在历史长河中的智慧结晶和璀璨成果，是"全党全国各族人民团结奋斗的共同思想基础"，是实现中国式现代化的精神保证和力量来源，是向世界讲中国故事的源文本。

　　中国故事是传承推广中华优秀传统文化的重要载体。目前，中华文化世界化已从概念到落地、生根，中外文化的交流和碰撞愈加深入、激烈，相互了解与理解的愿望也愈加迫切和强烈，"文化共同体"建设逐渐成为世界共识，中国价值观和世界观在世界范围内也得到了更多认同，中国故事作为中国自信、中国智慧的载体，成为构建人类命运共同体的梁椽卯榫，日益嵌入人类生活的各个环节。但与之相应的是，因为准备不及时、不充分，持续升温的世界"中文热""中国热"客观上放大、拉大了中国故事走向世界的语言障碍，导致中国故事走向海外的"供需"之间的矛盾，其中既有客观原因，也有主观原因，尤其是很多经典中国故事、当代中国故事，没有做到及时、精准、有效，这种供需落差，直接导致理解中国的落差，甚至反差，造成中国发展与世界对中国发展的认识之间的不同步，影响世界的中国形象塑造，延滞中国智慧、中国方案惠泽世界的速度和效度，出现了"有理说不出、说了传不开"的被动局面，出现中国认知的信息逆差，中国形象的反差。鉴于此，我们亟需编写出在内容和方式上更加精细化、精准化、生活化的"新概念"中国故事读物。

　　目前海内外的中国故事读本并不鲜见。根据图书性质可分为大众读物和教学补充读物；根据目标读者可以分为两大类：一类是适合中国人看的读本，其中包含一部分适合学龄儿童学习语文的读本；另一类是适合对中国文化感兴趣的外国人看的读本，其中也包含海外汉语学习者的补充读物。但总体而言，目前针对海内外中文非母语者编写的中国文化教材和故事读本，在编写体例和内容选择上不够系统，目标对象不够具体，故事的趣味性和可读性不够，直接影响到中国故事的故事性和影响的广泛性。

中华文化厚重丰富，但中华文化的内核始终是对美好生活的向往，中国故事始终都围绕着这一内核，浸濡着一代代中国人，也影响着一代代世界人。在中国日益走向世界中心的今天，世界日益需要中国故事中的中国智慧的今天，我们必须基于新时代的新要求，采取讲好中国故事的新形式、新方法、新媒介，讲好中国故事的新概念、新范畴、新变化、新高度。循序渐进讲中国故事已难以满足世界了解中国的迫切愿望，为此，可以基于对已有海外中国读者的数据搜集、整理与分析，基于我们向海外讲好中国故事的阶段性要求与目标，优选古今中外能够代表优秀中国文化的好故事，在保持中国故事精髓的基础上，用简洁平实、流畅生动的语言，根据海外受众的中文水平和阅读需要，分级设计故事，甚至同一个故事分级编写，逐级提升海外读者对"仁""德""礼""和""信"等关键元素的由浅入深的层次化认识和认知，强化中国故事的情感感化功能、智慧润泽功能。当然，任何读本都需要语言深入浅出，准确易懂，可以做成绘本，配生动的插图，进行必要的注释，设置有趣的问题等等，以有效辅助传播故事的要点和难点，帮助海外读者更充分领略和体悟中国故事的魅力，感同身受其中所包含的中华文化的持久生命力和生生不息的精神动力，充分感受并理解中国文化，理解中国共产党。只有这样，以中华优秀传统文化为基础的中国智慧、中国价值观，才能与世界各国人民创造的丰富多彩的文明一道，共同推动世界健康、和平发展。

孔子学院的"有名"与"无名"

《道德经》首章:"道可道,非常道;名可名,非常名。无名,天地之始,有名,万物之母。故常无欲,以观其妙,常有欲,以观其徼。"

老子以"道"之"有名"与"无名",实际上说明了:世界万物之虚实有无,皆出于人之"有欲"或"无欲";天地万物本身是客观自然的存在,只是因为人认识能力的有限,或欲望的无限,才总要千方百计以己之有限去认识自然之无限,这才有了种种人间烦恼。而人只有在抛却了各种欲望,清静"无名",潜心悟道时,才是真正的有道有为,然后才"有名"。

孔子学院的历史定位、现状与未来,也可从《道德经》中的这段话来理解。目前发展中遇到的一些阻力以及由此产生的各种质疑、困惑,实际上正是"有名"与"无名"的"人间烦恼结"。但只要读懂了《道德经》,以中国智慧理解世界之"孔子世界",我们就会豁然开朗,自然会放掉许多不必要的纠结,而把孔子学院正在从事和传播的"道"让更多的人悟到、用到,进而与我们一起传"道"。

孔子学院有"名",现在在世界文化品牌系列中也非常"有名"。

孔子学院与"名"相符之"实"是:"孔子学院是经中国国际中文教育基金会授权,中外合作方本着相互尊重、友好协商、平等互利原则设立的非营利教育机构,旨在促进中文国际传播,加深世界人民对中国语言文化的了解,增进中外教育人文交流。"

孔子学院的"业务范围"是:1.开展中文教学和相关研究;2.开展以中文为主要媒介的其他相关学科或领域的教学和研究;3.开展中文教师培养培训;4.开发中文教学资源;5.举办中外语言文化交流活动;6.开展与中国语言文化等相关的考试和认证;7.开展中国教育、文化、经济等领域研究和咨询服务;8.开展其他符合孔子学院宗旨的活动。(孔子学院官网

https://www.ci.cn/gywm/pp)

这些是孔子学院的工作范畴,属于孔子学院之可"道"可"名"者。"德不孤,必有邻。"创立18年来,孔子学院一直坚持在中外合作框架下进行中文和中华文化教育,已成为中国对外人文交流的窗口,广交世界朋友的会客厅。孔子学院切实有效地提升了世界对中国的了解和理解,推进了中外教育与人文合作,加深了中外文化互通互信,已逐步发展成为了国际中文教育和语言国际推广的品牌,成为世界大家庭中的好伙伴、好朋友。

这些成就,有目共睹,为孔子学院可"道"之"名"。而正是这些可"道"之"名",使孔子学院成为美西方为首的反华势力刻意"瞄准"的靶子,并对其进行各种丑化、抹黑、污名、诬陷……无所不用其极,所攻击的,就是孔子学院给世界带去的友谊和爱,给世界传递的新时代中国的善意和良念、真诚与坦诚。因为他们深知,孔子学院这些可"道"之"名"所代表的"不可名"之"道",乃是中华文明的博大、包容、文明、天下为公、人类命运共同体等等思想,是世界人民需要的,且中国愿意给予的人间正道,而美西方却唯恐因此而动摇自己的世界霸权地位和强权基础、意识形态。所以说,霸权势力以孔子学院之"名"为靶,攻击孔子学院"无名"之"道",才是目前孔子学院发展遇阻的真正原因。美西方对中国的全面围堵,所聚焦的中心,也就是越来越受到世界关注和喜爱的这种中华文明之"道",因为中国此"道"乃"天地之始""万物之母",符合人类发展的历史规律,立地接天,得万物之精华,顺宇宙之清气,是世界上一切热爱自然、热爱生活、相信未来的人都愿意接受也能从中获益的中国智慧。

"清者自清,浊者自浊",孔子学院的初心始终未变。明白了这一点,孔子学院尽可砍断目前"可道可名"的各种争议和羁绊的枷锁,继续秉承"相互尊重、友好协商、平等互利"原则,"遍插茱萸缘情深",不为"道"之"有名"或"无名"所累,老老实实做好自己的事。哪怕"孔子学院"作为一个具体的"名"以后可能不存在了,或更换成了其他名称,但孔子学院"无欲"的事业必将继续存续并将持续发展壮大。孔子学院过去、现在和未来遇到的一次次的挑战,就是孔子学院的一次次涅槃,一次次新生。新生,必须以舍弃为基础、为前提、为代价。孔子学院过去、现在和未来所遇到的一切困难,都只是为了新生。

"天下万物生于有,有生于无"。这是老子的智慧,也是老子教给我们的智慧,也是我们要教给世界的智慧。这种智慧,让我们对孔子学院的事业不能不永远乐观。

外国人看过李连杰主演的电影《太极张三丰》后,他们觉得中国人都是张三丰。但他们可能不知道张君宝经历了哪些过程才成为张三丰。我们要给他们讲其中的"蜕变"故事,其中的中国文化、中国智慧故事,这也是孔子学院的"有名"与"无名"之"道"。

"得鱼忘筌,得意忘言"!我们又何必在意孔子学院一时之得失成败呢?

——原载"文旅中国",2023 年 7 月 26 日

孔子学院未来发展的压力与对策

中国在推动孔子学院发展的同时，也使孔子学院成为国际反华势力的新靶标，对孔子学院千方百计进行打压、排挤，大动干戈、不择手段，不遗余力。对此我们要有清醒的认识，要看到其中的积极因素，无需悲观，而要乐观。在孔子学院转隶后，国际化、民间化、专业化的中国国际中文教育基金会支持运行孔子学院。在此背景下，我们一边要加强孔子学院能力建设，一边要科学分析当前遇到的压力和阻力，化危为机，砥砺前行，创新驱动，为孔子学院的品牌化、经典化，奠定更坚实的基础与可持续发展的科学规划。

压力

1. 反华势力将孔子学院政治化

美西方国家个别人和个别机构出于政治目的污名化孔子学院，将正常的教育交流项目意识形态化。对此我们在客观冷静面对分歧的同时，不必做过多的负面解读，也不应无限放大。而是要充分尊重各国国情和文化差异，持续推动孔子学院融入本土，实现特色发展，化解社会对中文的客观需求和个别政客诱导的主观误读之间的矛盾，获得所在国民间对孔子学院更多的理解和支持，并举一反三，全面提升全球孔子学院在当地的被接纳度。

2. "孔子学院只代表中国利益"的刻板印象仍普遍存在

孔子学院既属于中国，也属于世界，但在很多别有用心或不明真相者的"有色眼睛"里，孔子学院就是中国，只代表着中国的利益，而且具有一定的威胁性。对此我们不必大惊小怪，但也不能消极回避，而是要直接面对世界说清楚孔子学院的根本目的是推动中外文化和谐共存共兴。只有说清了这个问题，才能破解孔子学院谁为，为谁；何为，为何；独行，众行；短行，长行；暂行，久行等等核心问题。

3. 孔子学院资金来源是否可持续

资金来源问题将成为制约孔子学院未来发展的障碍之一，除了既有的支持外，孔子学院本身也需未雨绸缪、自我调整，逐渐从非盈利性文化传播、教育机构转变成自给自足的经营性机构，并建立相应的监督机构，保证资源的合理配置和分配，进一步发掘孔子学院自身的产业价值，形成以孔子学院为中心的教育市场，最终形成"市场人才需求—孔子学院人才培养—孔子学院自身发展"三位一体、相互依存的自给自足可持续发展模式。

4. 中文教育能否融入所在国的国民教育体系

虽然目前世界上已有很多国家将中文教育纳入国民教育体系，但总体来看，孔子学院进入所在国国民教育体系的成功案例仍是少数，孔子学院总体上与所在国国民教育体系更多处于隔离状态，这在一定程度上制约了孔子学院的物理发展空间和生理成长环境。孔子学院只有融入了所在国国民教育体系，才能成为所在国日用而不自觉的成分，大音希声，大隐无形，大动无踪，呈现出生机勃勃的生命形态。

事物都是辩证统一的，而任何发展都是在矛盾中发展。在未来，孔子学院仍要时刻准备好在风口浪尖站准站稳，细致推理与判断，准确把握众脉象下的问题实质，对症下"中国智慧"之良药；同时要不断提升孔子学院的质量标准，将不达标的孔子学院主动关闭，以共赢的工作实效消除遭遇的各种风险，以化解自身发展中的矛盾，优化文化融合的途径，推动孔子学院成为精品工程，文化品牌。

对策

1. 融入所在国国民教育体系

孔子学院既然已经走出去，就必须适应异域的土壤，要积极主动地与所在国沟通，对所在国的文化肌理和运行机制进行细致、客观的了解、分析和理解，实现与所在国文化的接触、适应、融合，争取所在国政策、法律上的支持，营造孔子学院海外生存、成长与发展的良性环境；细致体察不同国家的文化差异，采取差异性策略，在条件成熟的国家，推动孔子学院纳入国民教育体系；在其他国家，则因地制宜，创办汉语教学中心、汉语"国际社区"等。

中文教学、中华文化传播及中外文化交流是孔子学院存在的原理，也是始终不可改变的原点。其中最基本、最重要的功能，是中文教育。语言教育本身也是文化教育，孔子学院未来发展应坚定这一工作中心和重心。无论风吹浪打，这一根基决不能动摇，而且要进一步强化，而文化活动则应服务于中文教学，并且进一步减少重复性的文化活动，因为这类文化活动会在一定程度上造成中华文化肤浅的印象。

2. 创建差异化的"国别模式""地方模式""本土模式"

文化只有越开放才能越强大。优秀文化都具有无限开放的可阐释性、包容性，但文化分歧是文化传播中的常态。应具体分析孔子学院在不同国家文化生态链中的实际处境，协调好与其他语言文化的共生关系，消解孔子学院在本土化和地方化过程中的各种主观和客观障碍，最终形成中外文化的互利共生状态。孔子学院的生存环境决定了其必须采取差异化的运行方式和传播手段，因此要做到有的放矢，既不能意气风发，豪情万丈地追求大战略、大格局，也不能僵化固守"以不变应万变"的清高之态，更不能采取"桃李不言，下自成蹊"的被动策略，而是要在差异化中寻找孔子学院与所在国语言文化环境的结合点，形成基于国别文化特色的孔子学院"国别模式""地方模式""本土模式"。在这个过程中，还可以淡化中方的主导色彩，使孔子学院从中国主导变成与所在国共同主导。这在一定程度上有助于削弱目前对孔子学院的负面舆情，营造更适合孔子学院生存生长发展的本土人文环境，推动孔子学院在所在国全面融入，和谐融合。

3. 主动与国内教育体系结合，为孔子学院储备后备人才

孔子学院的发展使越来越多的中国人了解了一个客观事实：我们以

为中国已经走向世界,而在很多国家的人眼里,中国依然陌生。孔子学院的发展要坚持以中华优秀传统文化的丰富内涵应对世界各国文化的复杂形态,以传播方法的多元应对各国文化结构的多元,以不断创新的技术应对各国不断增加的新需求,以真诚的态度赢得各国的尊重,以良善之心应对万变之势,以自省的心胸容纳各色异见,以积极的行动应对消极的怀疑。这样才能在促进不同文化之间和谐共存共享的基础上,为推动中外文化友好交流合作做出贡献。

4. 建设"一带一路"孔子学院、推动构建人类命运共同体

"一带一路"倡议和构建人类命运共同体已为孔子学院创造出了适合的发展空间和成长环境,孔子学院也可借力在未来发展中进一步优化结构性布局,在服务于"一带一路"倡议和人类命运共同体构建总目标的基础上,重点在目前孔子学院力量较弱的中亚、西亚以及"海上丝绸之路"区域的国家和地区加强孔子学院建设,从而在更大范围内推动中国与"一带一路"共建国家地区平等相处,共同构建人类命运共同体。

孔子学院是中外"互看"之窗

  孔子学院发展至今,政府部门、教育机构、研究者、师资、国内外合作项目等,在使用孔子学院这个名称时,往往对孔子学院内涵的解释和认知存在不一致的情况,也就是说,迄今为止,我们作为孔子学院的主导方,对"孔子"这个概念的发掘和运用并不充分。比如,孔子学院的内涵与孔子思想的关系;孔子学院的教育理念与孔子教育理念的关系;孔子学院以中文教育和中外文化交流为主,与孔子周游列国传播的思想和传播本身的行为之间有哪些传承关系;孔子如何看人、看世界、看交流、看矛盾……这些对孔子学院海外生存发展有哪些借鉴价值;既然以孔子为名,世界自然首先视孔子学院与孔子有直接的精神传承关系,那么孔子的世界观如何指导孔子学院的工作;"孔子的世界"与"世界的孔子"之间存在着哪些落差;孔子所代表的中国传统文化在中国文化体系中的地位和价值究竟如何;如何使作为中华文化一部分的"孔子"在向世界传播中国文化的过程中不会被等同于中国文化的全部;对孔子思想中的消极部分如何客观向世界说明;等等。也就是说,必须将孔子或中国文化置于一个全球化的语境和环境中去向世界说明。

  从这些复杂的关系中,实际上可以概括出一个孔子学院的基本功能,即孔子学院是"从中国看世界,从世界看中国"的窗户,是中外"互看"之窗,世界"互看"之窗。每一所孔子学院都犹如一本书,这本书的每一页都由两部分构成。以德国的孔子学院为例,这本书可以采取双封面、双编排方式,封面分前后,共两个封面:一面是"中国看德国",一面是"德国看中国"。从一个封面翻开,看到的是一个角度,从另一个封面翻开,看到的是另一个角度。从两张封面和内容看是两本书,而两部分合起来实际上又是同一本书,这种书的结构和编排方式,对理解孔子学院的工作性质和工作方法,有一定的启发。

孔子学院足迹,应该在孔子学院这本大书中留下深深的印痕,也会随着孔子学院的发展壮大而不断加厚、加印、重印、重版。

孔子学院是中国珍贵的外交资源,中国海外形象大使,自带中国温度、中国情怀,所以也不能仅仅自限于海外中文教育与中国文化传播机构,更要注重介绍当代中国的科技、经济、文化、政治的发展现状,使孔子学院的发展与中国的发展保持同步,以此保持鲜活性。换句话说,孔子学院工作还属于民间外交范畴。

当然,视角使然,孔子学院的工作究竟属于官方还是民间? 这个问题敏锐,也敏感,更难回答。但通过孔子学院可以实现很多外交目的,这是实实在在的工作,也取得了实实在在的成绩。无论外交还是孔子学院,最终目的都是要塑造中国形象。孔子学院以中文与中国文化为媒,更柔和,更具亲和力,也更具灵活性,体现了"让事实说话"的民间外交效果。

中国的改革开放使中国与世界的交流空前密切,中国人民和世界各国人民的直接交往大增,每年出国的人数是改革开放前的 1 000 倍。换句话说,中国人与外国公众面对面交流的机会大大增多了。而在日常往来中,每个中国人的一言一行,无不表达了中国的文化、国情和政策。孔子学院作为中外合办的语言文化交流机构,实际上创造了中国人与外国人交往的机会,因此,其本身就是一面镜子、一个舞台、一个广场,在其中,每天都在发生着中外文化交流的真实故事。因此,可以说,孔子学院就是一个个民间大使。在向世界说明中国和在全世界塑造中国形象方面,一座座孔子学院,就是一台台播种机,将一颗颗中国形象的种子,播撒到全世界。哪怕是绝壁顽岩,只要有了孔子学院这块土壤,有了"中文热"这场春风,就一定能化雨浇灌出一棵棵幼苗,而如果苗已破土而出,并开始茁壮成长,也就有了欣欣向荣的希望。

但目前的国际中文教育与孔子学院工作还存在着很多"水土不服"的问题,如传播方法僵硬、教材更新不及时、教师对外交流经验不足、"主动输出"的色彩明显。在实际工作中,应逐步实现从"推"到"拉",从"外输"

到"内生",从"点"到"面",从"单一"到"多样"的方向转变。总之一句话，把我们要给别人的，变成别人自身的需要。其中涉及方方面面的问题，但只要朝着这个目标把工作做细，中文与中华文化终能走进世界。

孔子学院转隶与运行机制创新

2020年6月始,全球孔子学院进入转隶过渡期,在一年左右时间内完成转隶工作。在新的架构下,支持与服务孔子学院的职责将由原本的国家汉办/孔子学院总部转变为中国一些高校、企业和社会组织资源发起成立的"中国国际中文教育基金会";国家汉办开展的除孔子学院运营和管理之外的其他国际中文教育项目,将由"教育部中外语言交流合作中心"开展。

孔子学院转隶基金会名下后,基金会将从孔子学院的标准、质量监督、品牌管理等方面服务与支持孔子学院,中方合作院校从经费、人力、专业为孔子学院提供支持和保障。中方院校在孔子学院发展中的重要性、主导性都将更为显著。

孔子学院作为中国向世界开展中文教学、推广中国文化、促进民心相通的非营利性语言文化传播机构,不仅是中外人文交流的重要平台,更是世界各国人民了解中国的重要窗口。孔子学院开创了海外中外合作办学平等合作、互利共赢的办学模式,在促进中外人文交流、增进中外人民友谊和服务构建人类命运共同体方面发挥了独特的作用,作出了重要贡献。

孔子学院转隶后,对中方合作院校提出了更高的要求。按照孔子学院新的使命和愿景,中方合作高校迫切需要在学校"大外事"整体格局下,结合学校国际合作整体战略,进一步加强顶层设计,整合和汇集内部资源,提升对孔子学院工作的全面领导;从全局思考孔子学院的发展规划,不断创新工作思路,主动吸引多方资源,在人才培养、智库研究、产学研结合等方面坚持创新,与时俱进,搭建民心相通平台、校企合作平台,发挥自身学科优势,为孔子学院发展持续赋能。

要保障转隶后孔子学院发展承前启后,健康发展、可持续发展,中方合作院校必须敢于担当,主动发挥主导作用,协调校内校外积极力量,为孔子学院的发展提供稳定的保障,主要包括:稳定的院长与骨干教师队伍;可持续的项目经费及其预算、核拨、审计制度;组织、人事、纪检监察等学校多部门协同的工作机制;完善和强化孔子学院办服务和管理工作职能。具体来说,应在以下几方面发挥孔子学院建设主体责任功能:

重新定位孔子学院的主体功能。孔子学院转隶后,在中外合作办学、增进中外人民友谊方面,中方院校都将发挥更具主导性的作用。鉴于此,中方承办高校或机构应立足孔子学院发展新阶段,夯实中方院校的主体地位,重新定位孔子学院在学校综合发展中的多元功能,创造性开展孔子学院的新工作,形成更多资源支持、更多校内主体参与的新格局、新机制。功能定位主要包括:促进中外人文交流、服务构建人类命运共同体的平台;国际中文教学、当代中国研究的区域性中心;了解中国文化、当代中国与中国发展的窗口;中方承办高校或机构教学、科研国际合作的海外平台,校园文化"走出去"的交流展示平台;中方承办高校或机构海外招生、海外招聘、海外校友会、学生海外游学、实习服务的常设机构;中方承办高校或机构国际化干部培养、教师海外教学实践和培训基地。

更加明确孔子学院重点工作定位。国际合作是大学建设的重要内涵和抓手,而孔子学院工作则是学校全球化布局的重要环节。孔子学院中方承办高校应进一步完善孔子学院理事会议事制度,由学校主要领导或分管外事工作校领导担任孔子学院的理事长,并吸纳组织、外事、人事、财务、规划、纪检监察等相关职能部门领导进入理事会,履行中方理事基本职责的同时,参与学校孔子学院工作整体发展战略和规划的制定、孔子学院建设重大事项决策等工作,形成校内部门合力、协同、共建新机制,进而确保孔子学院可持续、高质量、有特色发展。

完善体制机制,加强管理机构。学校设立孔子学院工作常规管理机构外,还可成立校级层面的孔子学院工作领导小组,负责审定孔子学院工作章程,审议孔子学院的发展战略和规划,研究孔子学院建设的重大事项,同时与职能部门、院系建立联席会制度;以发掘与培养国际中文教师为目的的教师和志愿者招募与储备制度;以质量保障为目的的教师长期储备培训与集中临行培训制度；以扩大孔子学院工作影响力为目的的宣传奖励制度等。

进一步加强师资队伍建设，切实保障提升教师待遇。如何实现孔子学院干部和师资力量的可持续发展，是孔子学院进一步发展的重中之重。目前，海外孔子学院都普遍存在教师数量不足的问题。除教师数量问题外，孔子学院的院长、教师、志愿者等第一线工作者的政治站位、教学与专业能力、跨文化交际能力以及突发事件的应对能力，也尚需进一步提升。

教育部中外语言交流合作中心要求坚持优先选派优秀外事工作人员和教师担任孔子学院院长、院长助理和教师。中方主体应重视孔子学院师资队伍建设，保证孔子学院教师数量，同时进行等量的人员储备；重视孔子学院外派教师的待遇问题，不断提升外派教师的校内待遇，在保留基本工资、岗贴的基础上，提升考核奖励绩效；将孔子学院院长的选拔纳入学校干部培养体系，从组织上保障孔子学院的管理质量。

进一步拓展经费来源，助力孔子学院实现自我发展。孔子学院中方合作院校资金投入主要包括：孔子学院项目管理经费、孔子学院中方院长薪资待遇、孔子学院中方合作院校项目管理经费。合作高校要借助校友会、教育发展基金会，不断拓展经费来源，同时助力孔子学院不断扩大招生规模，增加学费收入，实现良性循环，自我发展。

进一步做好教学服务支撑，夯实特色发展之路。孔子学院合作双方始终秉承"和而不同"原则，彼此尊重文化差异，发挥各自优势，共同推动孔子学院发展。在此基础上，孔子学院应发挥中方主体责任，根据外方合作高校的学科优势和合作特色，区别布局，特色发展，形成孔子学院建设的特色和经验。

第三章

国际中文教育:理论与实践

国际中文教育：是什么

　　首先我们看看，国际中文教育不是什么？

　　不是中国语言文学：中国语言文学是文学门类下的一级学科，包括语言和文学两大专业，主要包括语言学及应用语言学、汉语言文字学、文艺学、中国古典文献学、中国古代文学、中国现当代文学、比较文学与世界文学、中国少数民族语言文学 8 个二级学科。

　　人才培养目标是：热爱祖国，拥护中国共产党。德、智、体、美全面发展，掌握较扎实的中国语言文学基础知识，具备较丰富的传统文化知识，具备一定的国际视野和国际交流与合作能力，具有较强实践能力、创新精神，能为经济建设和社会发展服务。

　　不是外国语言文学：外国语言文学也是文学门类下的一级学科，设有英语语言文学、俄语语言文学、法语语言文学、德语语言文学、日语语言文学、印度语言文学、西班牙语语言文学、阿拉伯语语言文学、欧洲语言文学、亚非语言文学、外国语言学及应用语言学二级学科。

　　人才培养目标是：热爱祖国，拥护中国共产党。德、智、体、美全面发展。具有扎实的外语能力（听说读写译）和文学、文化修养基础，能够适应国家现代化建设需求、具有国际视野和突出外语能力，能在教育、科研、外交、翻译等领域成为行业精英或领袖人物。

　　不是新闻传播学：新闻传播学是一级学科，下设广播电视学、广告学、传播学、编辑出版学二级学科。

　　人才培养目标是：热爱祖国，拥护中国共产党。德、智、体、美全面发展。具备在新闻与传播专业及相关领域内持续探索、研究与创新的能力，具有全球视野和中国立场，具有主流新闻媒体或传播等方面的国际胜任力。

不是国际关系学：国际关系学是政治学的分支，主要研究领域是战争与和平、合作、一体化、国际组织等国际体系层面的政治现象。国际关系研究外延较宽，凡涉及国与国关系的议题，都可包括在国际关系范畴，与哲学、经济学、历史学、法学、地理学、社会学、人类学、心理学都有紧密联系。

人才培养目标是：热爱祖国，拥护中国共产党。德、智、体、美全面发展。熟知现当代国际体系的发展演变规律，对国际关系的重大理论和现实问题有独立分析能力。对当代国际关系中大国关系的发展和影响因素有深入了解，熟悉影响大国关系发展的相关问题领域。

国际中文教育是教育学门类下的专业学位类别，与一级学科教育学、心理学等并列。也就是说，虽然同属教育学门类，但国际中文教育与教育学分属不同学科。一级学科教育学是研究人类教育现象和解决教育问题、揭示一般教育规律的社会科学。下设科学教育、人文教育、教育技术学、艺术教育、学前教育、小学教育、特殊教育二级学科，培养能在中小学、教育科学研究机构和各级教育行政部门等从事教学、研究、管理等工作的专门人才。

显然，国际中文教育与上述学科相比，最具差异性的识别特征，是"中文"。在世界多极化的今天和未来，"国际化"是每个学科都重视培养的学生的基本素养；"教育"，作为一种基本的交流方式，也是每个学科都要培养的学生的基本素质。而"中文"作为"国际"和"教育"的桥梁，实际上突出的是通过"教育"而实现"中文"的"国际化"，这也是本学科最核心、最突出的内容和目标。

国际中文教育重在培养学生的中文教学能力、综合文化素养、国际理解力和跨文化交流能力，通过海外中文教育实践促进中外人文交流。也就因此，国际中文教育专业"脚踏两只船"，就必须实现中文为媒介的中外文化双向"运输"功能，最终推动实现中文教育的本土化和中华文化日用而不觉的在地化、生活化。

国际中文教育本土化的过程，实际上也是中国外交、国际关系的温度计。从这个角度看，国际中文教育的人才培养尤其要重视国际视野和跨文化思维方式,在教材、教法等方面都要"特事特办",以如何通过中文教育本土化实现这些目标为前提,编写针对性的教材,采取更具有"他者"视角的教学方法,持之以恒地坚持下去,有条不紊地把中文和中华文化传递到真正需要的人和国家、地区。

国际中文教育要实现本土化,就要妥善处理好中文教育与当地教育体系之间的对应与协调,既做教育者,也做引导者,充分发掘、发挥当地中文教育资源的活力,推动制定国国不同、区区不同的中文教育标准和教学质量标准,厚植区域化的中文教育资源,全方位、有差别设计、实施中文教育全程,形成世界中文教育"百花齐放"、生机勃勃的局面。

国际中文教育理念的升级迫在眉睫。在人才培养方式方面,要根据教育对象的复杂性和多元性,培养出适合不同国家国情的国际中文教育人才,加快中文融进所在国国民教育体系的脚步。在中国自身教育体系中,则要培养各专业学生的中文交流能力及讲好中国故事的能力;在应对国际中文教育发展模式变化方面,要防止外国资本进入国际中文教育市场,甚至成为市场主流或控制性力量,同时要积极扶持中国民间国际中文教育力量;在国际中文教学生态变革方面,要积极探索校企合作模式,实现内外双循环,构建学术共同体,用融媒体讲好中国故事。

总之,国际中文教育作为一个独特的学科,对于人才培养要立足党和国家的战略需求,践行并传播社会主义核心价值观,具有家国情怀与国际视野,坚持文化自信;在中文世界化过程中,用心、精心、细心、暖心做好中文教育工作,就像一面面鲜艳的五星红旗,在世界各地飘扬;就像一颗颗螺丝钉,牢牢钉在国际中文教育事业所需要的每一个岗位上。

国际中文教育的目标在此,希望也在此。

国际中文教育：现状、问题与对策

国际中文教育兼具学科和国家战略意义，政府高度重视、高校发挥优势、社会寄予厚望、国际态度多元，目前正处于发展关键期、转折期、斗争期，亟需高位推动、统一思想、统一规划、统一部署、统一标准、区别发展、错位发展、精准对焦、内外协同，助推新时代中国式现代化成为世界典范。

政府主导有力

国际中文教育是一项政府工程，中文世界化和中华文化国际传播事关中国形象，各级政府作为重点工作抓手之一，与当地文化资源发掘和国际推广结合，单独列入工作计划，提供政策、资金支持。

2020年孔子学院转隶后，地方政府推动本地承办孔子学院的中方高校合作，形成合力。上海、浙江、江苏、河北、四川、湖北、黑龙江、陕西、粤港澳大湾区、江西、吉林等省市先后成立孔子学院工作联盟，定期举办会议，结合地方优势，强化国家一体化格局下的区域化发展特色，推动新时期孔子学院可持续高质量发展，培育具有内生动力的发展生态，形成了百花齐放新局面。在人员选派、经验、信息、资源共享，资源合作开发，协同研究等方面加强合作，进一步加强了孔子学院的运行能力、社会协作能力，为提升地方国际影响，避免资源浪费，提供了机制保障和服务保障。

着眼未来，中国高校要以孔子学院转隶和国际中文教育学科设立为契机，发挥地域和高校优势，以一国两校（中外合作高校）为旗舰，引领当地中文教育；基于数据分析将世界中文教育划分为若干强弱区域，集中发展重点区域；优化中外区域工作联盟，改变政府垂直管理模式，发挥区域主观能动性。

国内政府机构和高校要以孔子学院转隶和国际中文教育学科建设为契机，改变政府垂直管理模式，发挥区域主观能动性，精细调研，加强世界重点区域中文教育规划，推动中外合作高校发挥各自优势，形成区域性的海外中文教育合作优势；每个国家的中文教育可以某一对合作较好的中外高校为基础，以中外合作两高校为龙头，赋权赋能，加大投入，重点发展，打造成中文教育旗舰，在国家部门总体指导下，由这个龙头具体负责这个国家的中文教育规划、确立具体实施步骤、协调这个国家的中文教育资源，加强组织这个国家的中外区域工作联盟，带动一国一地中文教育发展，进而再推动旗舰之间的合作交流，建立跨国别工作联盟，连点成线，连线成面，全面推动世界中文教育发展。

学科设立奠定新起点

高等教育机构肩负培养国际中文教育人才的重要工作，加强、完善国际中文教育也是社会主义核心价值体系的重要内容，是中国式现代化建设和人类命运共同体建构、中华民族共同体意识铸造的关键途径，对此高校认识统一，高度重视，积极主动。

承办国际中文教育专业的学校以公立高校为主，政治站位高，国际视野宽，认识统一，高度重视，积极主动，以立德树人为根基，培养专业人才的国家意识、国际意识、人类命运共同体意识，有能力向世界讲好中国共产党故事、传播新时代中国式现代化理念。

《研究生教育学科专业目录（2022 年）》将"汉语国际教育"硕士和博士专业名称正式变更为"国际中文教育"，正式设立国际中文教育专业学位类别一级学科，体现出明确的专业导向性，满足了国际中文教育事业的人才需求，为推动中文世界化提供了制度保障和人才保障，也进一步提升了国际中文教育专业的学科地位，提升了本专业师生的获得感、幸福感，极大地调动了工作积极性。

　　该学科的设立符合国内外中文教育实际,基于科学,源于传统,融通中外,具有明确的中华民族共同体意识,更能体现中国推动中文世界化的平常心和真诚态度,为国际中文教育事业稳定高质量发展提供了制度保障和人才保障。

　　作为一个新兴学科,国际中文教育"百业待兴",国际中文教育学科理论体系、课程体系未独立,科研、教学、师资队伍未独立,与其他学科如中国语言文学、外国语言文学、传播学的理论界限、课程体系界限不明晰,师资、教学方法、理论研究体系仍依赖这些已有学科,惯性大,改变意识弱。而国际中文教育的海外服务特性,决定了对该学科的定位不能只取一端,自说自话,而是必须充分尊重海外相关机构的合理需要、具体需要、多元需要,但目前对该学科的认识国内外定位不统一,甚至名称都还没统一使用,仍叫对外汉语、汉语国际教育、国际汉语教育。而鉴于国际中文教育充分体现中外合作机构的自主性,在教学内容、文化活动组织形式、合作研究、资源共建等方面方向多维,整体、凌乱,很多合作模式只是停留在口头上,尝试一次就放弃,甚至只停留在纸上,协议很好,只是没有做,导致对一些国际中文教育的关键问题、重点问题、卡脖子问题,如教材的独立性,师资的跨本土流动交流、中国资源与当地资源的融合共享,专业师资的精准培训等等,都没有形成固定的、可推广且真正推广的机制和模式。

人才培养专业特色

　　国际中文教育学科独立设置,进一步基于未来国际中文教育专业人才需求,明确了专业人才培养特色:培养全过程贯通价值观育人链、文化传承与传播链、课程育人链和实践育人链四个环节;专业人才必须具备系统思维(具有宏观视野和大局观,基于一点着眼全面,提高工作的政治站位)、工程思维(重视工作的连续性,夯实每一个工作,科学设计每一个教学、工作环节)、辩证思维(养成换位思考习惯,善于化解矛盾冲突,辩证思考问题的方方面面,既做教育者,也做外交家,既教字词句篇,也讲中国故事,始终保持看过硬币两面再做判断、决定的习惯)、创新思维(国际中文教育环境千差万别，不可能一本教材打遍天下，一种教法万国通吃，教学对象多元，教学条件好坏不均，必须始终保持创新意识，不断根据实际情况随时进行改善、改革，才能做到因材施教，确保教育效果）；专业人才海外工作环境常常是"单兵作战"，必须一专多能、多才多艺，甚至一人承担不同年级的教学和管理，必须独立贯通教学资源链（独立获得各种教学资源，包括他人的、自筹的等等）、教学链（没有教研室，没有教学合作小组，一个人可能就是一所学校所有中文课程的总教习）、传播链（海外中文教育不是单纯的语言教育，教师本身、教学内容、日常工作交流等等，都代表中国形象，都是在向世界传播中国形象）、技术链（必须掌握必要的教学技术，做出好的 PPT，熟练使用线上教育平台等）。

国际中文教育专业人才必须具有深厚的中文和中华文化知识，了解中国历史和当代中国文化，具有宽广的国际视野、卓越的综合素养和组织协调能力，能在中文教学、人文交流、增进国际理解方面热情奉献，无私工作。海外国际中文教育工作者每一个人都是链接中外的点，是星星之火，这个点是中外感情互通的点，是爱的聚焦点，也是友谊的结合点，也是世界看中国、中国看世界的窗户，单独看普通、微小，但点点连起来看，每一个点都必不可少，一点一世界，又是伟大不平凡的。这决定了国际中文教育人才培养与其他相关专业——如中国语言文学、外国语言文学等——相比，专业性之上，更多了一种综合性、国际性，更重视整体素质。

中文方言、民族语言需求出现

随着全球化深入发展，世界中文学习需求持续旺盛，至 2022 年 12 月，全球 180 多个国家和地区在开展中文教学，81 个国家将中文纳入国民教育体系，8 万多所各类学校及培训机构开了设中文课程，正在学习中文的人数超过 3 000 万。

百年大变局下世界中文需求更加精细化、碎片化、差异化、个性化、年轻化，但仍以工具动机为主，中文学习将随着世界与中国交流目的的碎片化而碎片化，现在世界与中国的经贸交流体现出越来越明显的区域性，而中国各地也都把国际经贸合作作为拉动当地经济发展的重要杠杆，比如一家法国公司在镇江建厂，那么法国工作人员对镇江方言就有了解、学习的需求，进而带动法国当地相关人员产生同样的需求，目前这种需求是普遍存在的。只要与中国合作的需求在，这种对某一地区方言学习的需求就在，只是现在国内国外条件不具备，大家都还没做好准备，以后拟与中国某一地区合作的商业团体、文化团体或个人，随时可能提出专门学习某一地区方言的要求，比如上海话、天津话、广东话……

国际中文教育的目的是为世界提供中文服务，其宗旨是：凡是有学习中文的需要，我们都应想方设法满足。面对未来可能的这种中文学习需求的转变，我们现在就要未雨绸缪，精准研究和准备，将方言和区域文化纳入国际中文教育人才培养体系，保证更准确地让我们的中文服务精准落地，提供精准语言服务。

世界中文需求振荡中升级转型

语言文化事关国家安全，客观上决定了国际中文教育必定会遭遇所在国从政府到民间的猜忌与抵触。由于百年未有之大变局下西方国家主导的对中国的意识形态偏见和霸权心态强势走高，国际中文教育在世界上遭遇到新挑战甚至攻击，其生存与发展面临着重大考验。

经过近 20 年的快速发展期，以新冠疫情始终为标志性阶段，国际中文教育作为中国软实力的代表性符号，遭受污名化程度加剧，发展阻力加剧，阻力范围加大，多米诺骨牌效应明显，国国不同，但中文刚需仍普遍存在且局部强劲。中国台湾、新加坡、海外中文教育机构在抢占世界中文教育市场份额，世界中文教育在动荡中调整结构和格局，不进则退，不动即退，中国应对面广，问题复杂，内外协同压力增大，世界各国中文教育进入升级转型关键期。

面对生存与发展重大考验，国际中文教育发展模式应及时调整，从"平原大作战"转为重点发展，错位发展，按需供给，有偿发展，和谐发展。秉持文化平等原则，科学布局海外中文教育机构，投放中文教育资源；推动形成世界中文教育联盟，实现教师、教材的跨本土协同、合作，解决区域不平衡难题；国内外整体规划，区别化施策，差别化评估。持续提高国家安全意识、市场意识，增强应对风险的法律意识、抗压能力。

数字技术重塑国际中文教育新业态

中文学习者的结构已经发生变化："Z 世代"成为学习中文的主体。"Z 世代"也称"网生代""互联网世代""二次元世代""数媒土著"，他们出生在网络信息时代，与数字信息技术，即时通信设备、智能手机产品无缝衔接，接受新事物的特点是兴趣优先，注重体验，理性消费，与时代发展、社会进步、生活变革、潮流演进和谐一致，个性鲜明，思想活跃，创造力强。他们选择学习中文更加自主化、即时化，VR、AR、人工智能等新技术赋能、教学资源智能化已成必需。他们需要对自己的中文学习情况即时进行"教、学、评、测、研、改"一体化评价，随时改进学习方法，调整学习内容，满足自我期待。"Z 世代"中文学习智慧化已成常态。

数据分析看出，在世界上，中文的影响力仍远远落后于英语、日语、德语、法语，与英语的差距更大，短期内难以比肩。中文的国际地位跟中国的政治经济地位十分不匹配，面对如此残酷的现实，"俟河之清"，时不我待，奋起直追仍靠传统方式难以奏效，必须借助不同于英语、法语、德语等的国际传播手段，借助中国的数字技术优势，如 AI 语伴、App 移动课堂等，借力发力，针对不同学习基础，不同年龄段，不同文化宗教和方言的人群，以中文为载体，以科技为手段，以服务为宗旨，凝聚国内外各界力量，依托信息技术，赋能中文教育，开发设计不同的中文教育技术系统，在教材、教法方面创新突破，加强与人工智能等数字化技术交叉融合，形成"中文＋技术"复合型人才培养机制。提高实效，持之以恒，就能事半功倍，加快发展速度，在新百年世界语言国际传播竞争中脱颖而出，实现超越。

国际中文教育"专业"与"事业"的关系

国际中文教育学科建设和人才培养与国家战略结合度高，实用性强。

但专业类别一级学科设立后,管理部门和高校自然将国际中文教育学科建设纳入学校常规学科体系,也就是说,与土木工程、交通工程、管理科学与工程、中国语言文学、外国语言文学、教育学等同一管理体系和评估标准。从有利的一面讲,只要将国际中文教育与这些传统学科结合好,可以借助这些学科的资源,培养国际中文教育专业人才跨学科知识素养,更能应对国外学习者全面了解中国的需求,也能提高环境适应能力。从不利的一面讲,国际中文教育学科建设会逐步趋同化,而逐渐弱化国际中文教育的战略性、实用性、国际性,尤其是国际中文教育事关中国国际形象,是一项伟大的事业,但按传统的学科建设思路发展,则可能将这一伟大事业局限于以课堂教学为主的"专业"视野,久而久之,就会重新混淆国际中文教育与其他相似学科的关系,难以形成完整的、独立的、系统的学科发展思路。

国际中文教育工作具有鲜明的"实战"色彩,专业人才培养应以"实战能力"为基本评价标准,但目前设立了国际中文教育专业的高校,一些是为增加招生人数而设立的,带有地方保护色彩,带有一定的盲目性,甚至缺乏必要的学生面向留学生的教学实习条件,无法提供实战模拟条件;高端定位,低端运行,仓促办专业,办成任生死,只能"王婆卖家,有啥卖啥",食之无味,弃之可惜,成了鸡肋专业。更严重的是将学生培养成了万金油,职业导向不明,学习目标混乱。"下笔千言,胸无一策",即使将来有机会从事国际中文教育,教学理论也缺乏国际视野,教学内容局限于语言文化,缺乏国家形象意识。而实际情况是:大多数这类学校的毕业生根本没机会从事国际中文教育工作,而合格的国际中文师资依然紧缺。

中国外语教育正在挫弱海外中文教育

英语是所谓时代人文的"标志性语言",目前仍最能体现人类文明发展的新成果、新动态、新需求,在现代科技领域和国际事务中的应用率都高于其他语言。在英语之前,国际语言曾是拉丁语、法语。自文艺复兴开始,英国的文学、艺术开始影响世界,而英国海外殖民地的扩张,则是英语快速成为世界语言的快速通道。当今世界，英语的世界化则主要依托于英语国家的经济发展、科技文明，尤其是互联网技术。不懂英语，就无法获得世界上最先进的科学、信息，就意味着落伍。对国家和个人来说，学习英语都有助于赢得全球发展的机会，在经济、文化和国际交流方面受益。

客观事实是：在语言国际教育领域，外语学习者人群相对稳定的前提下，语言之间的竞争肯定是此消彼长，东风西风的关系，若处理不好学习英语与民族语言国际传播的关系，英语的强势压制就会对民族语言国际教育市场构成消极影响，减少民族语言的学习人数，减弱学习效果。

近年来，有关"义务教育阶段是否应该取消英语作为主修课的地位""高考是否应该取消英语作为必考科目的地位"等等，成为中国社会关注的热点问题之一。进而又衍生出中国人是不是要学英语，大有"我是中国人，何必学外文；不会 ABC，照样做接班人"卷土重来之势。这是一种狭隘的语言观，蒙眼不看真实的世界。世界经济一体化决定了英语的全球地位，回避和拒绝都不会成功。各国必须在英语和本民族语言之间找到一个平衡点，将本民族语言的学习、使用与英语学习和使用并重，形成相互补充、优势互补的语言生态，而不要人为制造障碍，甚至限制。虽然中国现在已经逐渐崛起，中文的世界地位在逐步增强，但放眼全世界，很多最新的科研成果，依然是用英语写成的。不懂英语，就获取不了最新信息，就会故步自封，裹足不前。而如此，也就无法客观真实地向世界介绍中国，也无法与其他国家的民众进行沟通，更客观、理性、全面地看待其他国家。中国人学好英语，仍是中国崛起的必要手段。

但英语在中国国民教育体系内过于强势，这也是不争的事实。英语在中国社会生活中的影响已常态化、普及化，日用而不觉，在一定程度上消解了中国人的母语意识和语言价值观，学习时间毕竟有限，学习者精力毕竟有限，加上中国的开放进一步加强，使用英语的机会也大大增加，使中国年轻人自觉学习英语，从胎教就开始学英文，现在中国人的英语交流能力普遍提高，在对外交流中可以非常自如且习以为常地以英语进行交流，而交流对象也基本上能用英语回应，这则又进一步强化了中国人英语的世界性认知。而对世界范围内的交流对象而言，久而久之也就形成了

"与中国人用英语就能交流"的普遍认知。相对于中文使用范围的相对有限性和语言体系的特殊性,既然学习英文可以代替中文的功能,而学习中文却取代不了英文的功能,从经济成本和时间成本以及价值产出角度比较,海外外语学习者选择首学英语,于情于理,都中规中矩。疫情暴发前,这种因素已对海外中文学习者产生了负面影响,而疫情后影响更大,韩国、日本一些大学的中文系招生数量锐减,一些名牌中文系 2023 年仅仅招收到七八个人,老师多于学生,中文专业已有停办风险。而目前在海外从事中文教育的教师、志愿者,他们的专业学习主要依托的是语言学理论、翻译理论、传播理论、科技创新成果,其中大多是来自英语材料,润物无声,也会影响他们的语言认知,缺乏民族语言自豪感,"口教中文心在英文",进而影响教学对象的语言取向,甚至习惯性地用英文解释中文学习问题。

有鉴于此,中国教育机构要加强组织领导,确立国际中文教育政治观;加强整体规划,提升高校国家战略意识和国际传播能力,加强思想政治教育,强化师生政治意识、国家意识;加强融会贯通,以中外语言文字交流促中外民心相通。在国际中文教育人才培养过程中,以语言搭桥,以故事为媒,将讲中国故事能力培养纳入专业课程体系、培养方案,内化为国际中文教育的发展逻辑之一,进而以中国经验推动海外合作高校重视培养本国学生讲故事能力,以中国故事的思维逻辑潜移默化地扩大世界讲中国故事的人群和影响力,吸引更多的中文学习者。

在社会层面,要全民同心,融于日常,从娃娃抓起,全面提高国民民族语言能力和国际传播能力,使人人成为中文传播者,实现全民传播;要加强国民的语言安全意识,使人人形成语言战略认识,内外同防外来语言文化的腐蚀,强化中文尊严感,直面语言国际竞争,敢于竞争,善于竞争,在公平竞争中获取生源,提高未来国际中文教育实效。

外国资本注入增加国家安全风险

海外中文需求不一且始终处于动态变化之中,国国不同,时时不同,而中文教育资源的投放标准却相对统一,导致出现了"贫富不均""饱饿不均"现象:有些国家或地区吃不饱,有些国家或地区吃不完。在推动中文教育本土化过程中,对所在国或地区的中文资源的开发利用有的不充分,如埃及、以色列等;有的过度开发,拔苗助长,导致本土中文资源青黄不接,如乌克兰、突尼斯、科特迪瓦等,客观上造成中文教育资源的产出率低且未持续。

目前,海外国际中文教育机构或合作项目多被明确定位为非营利性,尚未实现从非营利性向以市场为主导的营利性机构转变,教育资源主要依靠中国,基本处于"嗷嗷待哺"状态,没有形成自给自足的生存意识和能力,一旦缺乏中国支持就难以为继,不但不能从所在国汲取发展能量,而且难以全面融入、和谐融合,"外来"形象突出,增加融入国民教育体系的难度。

正是看到了国际中文市场的巨大经济价值和当前非营利定位导致的进退两难,一些海外中文教育公司(如新加坡和新西兰)已获得美元融资,基本来自国际大型的私募基金如红杉,而国内中文教育公司则难以得到国内的 PE/VC 投资,规模弱小,导致外资中文教育机构大,内资机构弱的状态。外资控制的中文教育机构如鱼得水,内资发展的中文教育机构则处于资金饥渴状态。数据安全就是国家安全。未来一旦外资垄断海外中文教育市场,必将垄断海外中文数据,掌握市场分配权、标准主动权、走向主导权,反制中国决策和实施,甚至窃取中国机密,影响中国国家安全。

为了防范世界中文教育市场被外资垄断,导致出现中文教育由外国人控制的不利局面,中国教育机构要加强国家安全意识,认识到国际中文教育数据的特殊性,想方设法堵漏洞、清死角,其中比较有效的一个办法,是加强组织国内外民间教育力量深度参与,对已有的中资国际中文教育机构经审核后发执照,给番号,纳入国家整体规划,广泛发动,打"群众战",集中力量打"持久战"。另外,随着海外中资企业越来越能在当地发挥影响力,教育机构应该与企业管理机构加强合作,把中文教育引入企业运行体制,推动海外中资企业以经济为引擎,自主创办中文培训班、中文学校甚至以中文为教学语言的大专、大学,把中文教育与所在地民众的生存需要融为一体,把中资企业办成所在地民众日常生活中的常态化存在,成为就业的理想首选,成为职业的骄傲,就如中国大学生毕业首选一些外资企业、公司一样。

构造多语共生生态，加厚规避风险屏障

目前，海外中文教育机构如孔子学院仍以中文为单一教学品种，未扩展成为多语种、全市场表象下的精品国际中文教育运行平台，未突出中文教育产品的多语言共生特性，客观上强化了中方主导色彩，成为外国人眼中"自我孤立"的教育机构，"自我异类"，增加融入困难，弱化了规避风险屏障。

为了增加海外中文教育机构的生态安全性，加厚加宽安全屏障，未来应推动国内国外进一步加强协调协同，强化国家通用语言文字和民族语言国际教育合作力度，依托海外华校，更加合理规划海外中文教育布局；政府部门强化领导责任，在条件允许的条件下，加强统筹统管，天下中文教育一盘棋，利益共享，中外共建中文为主、兼顾外语的语言教育资源数据库，打造数字化、智能化"空中课堂"，共享精品中文教育资源。考虑到未来海外中文方言教学的需要和国内外条件的差异，立即着手组织力量，在国内统编中文教材中增加方言类别、职业中文类别。因海外中文教育差别大，以前那种以国内教材统领国外中文教学，以国内学者编写国外教师所用中文教材的局面应该彻底改变，可提供支持，由国外一线教师根据具体教学情况编写自用教材，只要教学效果好，就鼓励使用，并帮助推广。

选贤用能　终生发展

海外中文教育师资和志愿者队伍目前采取任期制，轮流转，二年或四年，特殊情况再延期；后来中外语言交流合作中心实施的专职教师制度在一定程度上维持了海外中文教师队伍的稳定性，但全国总人数仅限300人，加上最初实施时不够规范，以及后来孔子学院数减少导致的接受专职教师的高校用不完，而后来申请的学校所获得的专职教师只能等以前的高校空出名额后才能有机会，所以并没有做到科学分配。另外，因为

待遇问题，很多专业国际中文教师并不愿意出国任教，而是由相关机构在全校范围内招聘，但这样招聘的老师专业就不对口，而且其中很多是因为想增加出国经历，甚至是为了孩子到海外读书，才选择到海外孔子学院任教，虽然工作认真，但因为专业非国际中文教育，教学质量肯定是受到影响的。孔子学院中方院长的派出现在相对好一些，一些高校将孔子学院中方院长纳入干部序列后，院长由组织部选任，保证了院长队伍的相对稳定。

真正是海外中文教育主力军、生力军的是大批志愿者，他们学有所长，年轻有热情，对国外任教充满向往，教学软件使用、语言交流能力也优秀，而且出国任教也是顺利毕业、将来就业的重要条件，所以他们很好地承担了大量国际中文教育工作和管理，任劳任怨，甚至不惧风险，为中国国际地位的提升作出了突出贡献。但现在的问题是，这些志愿者（包括外派教师）回国之后、毕业之后，如果没再被录取为专职中文教师，或自己主动选择到海外私立中文机构教中文，他们可能再也没机会从事自己的专业教育了，一是他的学弟学妹接连不断，他之前的海外工作岗位要由这些学弟学妹接手，二是他毕业后就是校友，与就读学校没有合作关系了，他们是否还能继续承担国际中文教育工作，不属于曾就读学校的工作范畴，也就没责任给他们介绍、安排相应的工作了。这样一来，他们的专业素养，他们海外锻炼获得的经验，就随着时间逐渐淡化，这是巨大的智力资源浪费，也是国际中文教育事业的巨大损失。

为了保证国际中文教育师资队伍的延续性，尽量保证一代代师资积累的理论、经验传承发展下去，除了及时搜集整理出版发行这些资料外，还要全社会努力，尽可能让其中的优秀者留在国际中文教育岗位上。为此可以成立国际中文教育师资回国人员安置办，完善数据，与他们保持常态联系，及时指导、安排他们在相应的岗位工作，这样既有正在一线的国际中文教育"正规军"，也有他们这些曾在一线工作过的退役师资作为预备队，根据需要，随时可以再上前线。这样既保证了队伍稳定，更是确保了国际中文教育事业始终有专业队伍在维系，在发展，在壮大。

——原载"文旅中国"，2024 年 1 月 10 日

国际中文教育学科内涵：外延视角

从"对外汉语"（本科）到"汉语国际教育"（本科）再到"国际中文教育"（硕、博），体现了我们对中文世界化的不同阶段的思考，也是不同历史时期世界对中文的阶段性需要在留学生教育方面的反映。

对外汉语专业（本科）：注重汉英双语教学，培养具有较扎实的汉语和英语基础，对中国文学、中国文化及中外文化交往有较全面了解，具有能在国内外有关部门、各类学校、新闻出版、文化管理和事业单位从事对外汉语教学（或另一种外语或少数民族语言）及中外文化交流相关工作的实践型语言教学高级人才。

2012年，教育部颁布《普通高等学校本科专业目录和专业介绍》，对外汉语专业（本科）更名为汉语国际教育（本科），不再属于控制设点专业；在《普通高等学校本科专业目录新旧专业对照表》中，汉语国际教育专业由对外汉语、中国语言文化和中国学合并而成。

汉语国际教育专业（本科）：培养掌握扎实的汉语基础知识，具有较高的人文素养，具备中国文学、中国文化、跨文化交际等方面的专业知识与能力，能在国内外各类学校从事汉语教学，在各职能部门、外贸机构、新闻出版单位及企事业单位从事与语言文化传播交流相关工作的中国语言文学学科应用型专门人才。

2022年9月13日，国务院学位委员会、教育部印发《研究生教育学科专业目录（2022年）》，"汉语国际教育"硕士和博士专业名称正式变更为"国际中文教育"。

专业更名，内在的逻辑是越来越明确这一专业设置的目的，即推动中文的国际化，从"对外汉语"方向性明确、主观能动性彰显，强调汉语学习是为了"对外"，即培养的是能从事留学生汉语教学的专业人才，但又鉴于该专业的现实局限性,所以人才培养目标是服务于国内外的汉语教学等等,体现出内在的不平衡、概念模糊、目标摇摆;"汉语国际教育"强调专业学习的目的是从事国际性的汉语教育,淡化了国内国外的界限,强化了汉语自身的国际性;"国际中文教育"与之前两个名称的最大区别在"中文",更符合国内外中华民族语言教育的实际情况,具有明确的中华民族共同体意识和华夏一家亲的情感意识,也体现了未来中文世界化的实施路径多元化,这是在对世界中文教育现状的客观真实把握基础上的科学定义,更能体现中国推动中文世界化的平常心和真诚态度。

目前,世界范围内的中文教育发展不均衡,有的起步早,但后劲不足;有的起步晚,后劲足,但均衡性不足;有的一直稳步发展,但创新性不足;有的国家从政策层面明确支持中文教育;有的国家从政策层面明确反对中文教育;有的国家从政策层面限制中文教育;有的国家官方不明确表态,中文和其他外语一起竞争发展……随着中文教育世界化步伐的加快,世界各国的中文教育政策也在不断调整、变化,总体呈优化趋势,但局部矛盾和争议仍客观存在,有时还很激烈。国际中文教育作为学科名称统一发布实施,实际上客观消除了各种围绕海外中文教育的名称之争,使世界范围内的中文教育具有了共同的内涵、外延,发展路径与目标,也使各国有关中文教育的政策制定和实施更明确对象,更便于国内其他语言与中文和谐发展。

国际中文教育既是一个学科名称,也是一个岗位名称。作为一个学科,国际中文教育必须立足国内,着眼国外,培养既具有坚定的政治立场、深厚的知识素养、务实的跨文化交流能力,又具有宽广的国际视野、熟练的教学能力和踏实的工作作风的专业人才;而作为一个工作,则毕业生无论之前什么专业学科出身,以前从事什么工作,现在都必须以中文为媒介,在区域不同但责任和目标相同的岗位上,严格按照国际中文教育的整体要求和具体岗位需求,完成教学任务,担当文化传播使命,像一粒种子一样适应不同的文化土壤,然后繁衍生息,成园成林。

总之,国际中文教育学科的设立是世界中文教育的一个划时代的里程碑。从此以后,这项事业有了自己的番号,也必将形成自己的队伍,从而保证这一跨时代、跨国别的事业融入世界语言文化交流的洪流,冲积形成一块块新的中文沃土。

国际中文教育学科研究:问题、现状与对策

国际中文教育专业类别学科刚刚设立,相关研究团队和人员目前尚无围绕该学科建设形成独立的研究队伍,已有的相关团队组织意识弱,无法满足做大做强国际中文教育研究课题,更好服务中华文化国际传播人才需求和中国特色哲学社会科学体系建设需要。

国际中文教育学科理论体系建构涉及问题多、国别多,既有复杂的历史原因,也有未来的迫切需求。只有聚焦学科建设,才能迅速凝聚起一支专门的专业研究队伍,有组织地解决关键问题、重点问题、卡脖子问题,才能克服科研难关,形成独立学科理论和实践体系,支撑学科发展,培养既符合中国需要、也符合世界需要的向世界传播中文、讲好中国故事的中外专门人才。

1. 科研群体对学科研究的认识不清醒,单打独斗意识仍然很强且引以为傲

高校教师本来以独立科研为主,尤其是文科教师,而国际中文教育作为新建学科,目前所能依赖的科研队伍来源于教育学、中国语言文学、外国语言文学、新闻学、传播学等学科领域,人员构成多元,研究思路多元,融入动机多元,比传统学科科研队伍更呈现出松散性且研究者乐于单打独斗。

目前,研究者一般是基于自身的学科背景,侧重于某一学科背景进行相关研究,而未能将国际中文教育作为一个统一的整体进行系统研究。围绕国际中文教育的研究较少,还没有形成一个完整独立的研究体系。目前和未来迫切需要整合马克思主义、政治学、计算机科学与技术、传播学、中国语言文学、外国语言文学、译介学、社会学、教育学、经济学、生物学等学科的力量,基于已有相关研究,发掘学科内涵,创新研究方法,探索

创建独立的国际中文教育学科体系,全方位、多维度地倾力培养能向世界讲好中国故事的复合型国际化专业人才,将国际中文教育学科建设成为基础厚实、特色鲜明、理论引领、人才卓越的世界一流学科。

2. 科研人员传统科研意识强,顶层设计能力弱,服务意识弱

国际中文教育学科建设和人才培养与国家战略结合度高,实用性强,对科研的要求具有特殊性。国际中文教育服务于中文和中华文化的世界化,与"一带一路""人类命运共同体"建设密切相关,需要研究者立足中国,放眼世界,在实践的基础上产生新知,在教学的基础上提升经验,形成基于本土的跨本土教学理论、话语体系,并向世界提供中国智慧。

目前的实际情况是:从事研究的人缺乏将理论落地生根的意识和实际能力,"下笔千言,胸无一策",对于好的理论如何落地发挥实效,提不出具体的实施路径与办法;而很多在一线尤其是在海外从事国际中文教育工作的人,又缺乏带有顶层设计色彩的理论的指导。目前和未来应进一步加强有组织科研,充分整合国内国外、理论与实践的力量,根据向世界展示真实、可敬、可爱的中国的需要、培养具有国际传播能力的中外专门人才的需要和学科需要设计研究议题,并在此基础上形成独具特色的国际中文教育学科理论体系、人才培养模式和课程模式,为中华文化走出去和人类命运共同体建设,贡献有组织科研的创新成果。

为此,应坚守"坚定文化自信,推进文化传播"的初心与使命,致力于国际中文教育学科理论体系创建与创新,取得富有前瞻性、科学性的成果,形成国际中文教育的特色发展模式。

3. 目前科研人员仍以"象牙塔式研究"为主;缺乏校企合作平台,学生实践机会少,实战能力弱

国际中文教育人才培养具有明确的职业导向,科研应基于"产学研"一体化整体观,校企联合,"技理并重",务实创新人才培养体系。国际中文教育研究要致力于服务国家战略需求,聚焦交叉融合创新,强化理论实践结合,探索、培养能有效及高效传播中文与中华文化的复合型人才。由于国际中文教育领域急需高层次复合型人才,这就需要该领域的专业人才具有专业领域和交叉学科的双重知识储备,专业素养、数字素养、人文素养兼备，具有家国情怀、人文情怀、国际视野，有能力向世界讲好中国故事。

目前和未来应进一步聚焦交叉融合创新，强化理论实践结合，打通第一、二课堂和课外活动与实践，打造招生、培养、深造、就业"四位一体"的培养链条；聚焦"一带一路"，持续开展"一带一路"专业人才中文能力建设；依托校内外高端平台，携手国内多行业优质企业、机构等单位，共同培养适合"一带一路"建设实践的专门化人才。

聘请国际中文教育领域具有影响力的专家担任学术导师，参与课程建设；聘请海内外实践基地、校企联盟内相关人员担任实践导师。通过课程共建、品牌讲座、实践指导等途径参与学生培养。

国际中文教育要结合各校学科优势，与优势学科交叉融合，打通资源链、教学链、传播链、技术链，对现有资源进行模块化分解与创新性整合，培养具备系统思维、工程思维、辩证思维、创新思维的高阶型人才。

作为一个新兴学科，国际中文教育"百业待兴"，主干和枝蔓都需要逐一加以梳理、完善、深化，而有组织研究则是健全学科的基础性工作，也是必要性工作。目前和未来应进一步加强国内外合作，围绕国际中文教育学科建设的基础性、主干性、实用性问题，逐步建构起具有鲜明特色的国际中文教育学科体系，为中国特色的哲学社会科学建构提供案例。

万丈高楼平地起，勿在浮沙筑高台。国际中文教育学科建设是与中国国事、国势密切相关的特殊学科，是立足中国、着眼世界、服务全球的事业，必须自始至终，善始善终；战战兢兢，如履薄冰，老老实实从头做起，围绕国际中文教育学科建设目前存在的问题，通过国内外、校内外广泛调研，围绕国际中文教育学科体系建构问题，中外合作，内外联通，通过有组织研究，形成具有学科特色的国际中文教育学科体系，为中国特色的哲学社会科学建构提供案例。

国际中文教育人才的"第二个百年意识"

　　党的二十大明确提出,中国共产党的中心任务就是团结带领全国各族人民全面建成社会主义现代化强国、实现第二个百年奋斗目标,以中国式现代化全面推进中华民族伟大复兴。第二个百年奋斗目标明确,前景广阔,激动人心,也给国际中文教育学科建设和人才培养指明了方向。

　　青年强,则国家强。国家强,则学科强。国际中文教育人才作为具有鲜明国家战略需求的专业人才,在满足一般意义的专业人才标准外,还应具备一些特殊素质,从而凸显出国际中文教育人才培养的特殊性。

国际中文教育专业学生"四品质"

　　国际中文教育专业人才直面海外中文和中华文化需求,每一个人都背负着中国的期望和希望,是时代前沿、文化交流前线的战士和桥梁,因此必须具有"四品质":

　　1. 政治品质。始终自觉坚持政治理论学习,深刻领会习近平新时代中国特色社会主义思想,严格遵守党的纪律和政治规矩,增强"四个意识",坚定"四个自信",做到"两个维护",坚定信仰、信念、信心,心怀中国梦的实现,致力于人类命运共同体的构建。

　　2. 思想品质。思想品质是指一个人的意识形态、思维活动、行为和作风所显示的思想、道德修养、品性、认识等实质。而对国际中文教育专业人才而言,思想品质的核心是思维方式,是如何以中国式思维从事中文与中华文化教学与传播,并影响受众的思维方式,趋近或接受中国的思维方式,从而更容易听懂中国故事。

　　3. 道德品质。道德可追溯到老子所著《道德经》。老子说:"道生之,德畜之，物形之，势成之。是以万物莫不尊道而贵德。道之尊，德之贵，夫莫之命而常自然。"这里所谓的"道"，是指自然运行与人世共通的真理；所谓"德"，是指人世的德性、品行、王道，人顺应道的运行规律来行事。道与德是两个概念。"道德"连用始于荀子《劝学》篇："故学至乎礼而止矣，夫是之谓道德之极。"在西方，道德（Morality）一词起源于拉丁语的"Mores"，意为风俗和习惯。总而言之，道德品质包括道德认识、道德情感、道德信念、道德意志和道德行为等因素。道德属于上层建筑的范畴，是一种特殊的社会意识形态，是衡量人行为正当的观念标准。国际中文教育人才必须坚持新时代社会主义道德观，公德私德兼备。与此同时，尊重不同国家的道德习俗，在传播中文和中华文化时，注重发掘中国道德观的世界性元素，以道德观的世界性、融通性，打通不同国家的社会认知，以人类道德的互通共通，打通不同文化之间的隔阂。

4. 学习品质。国际中文教育专业人才必须"学贯中西"，尤其是在异域语言文化环境下工作时，对知识丰富性的要求就更高，因此，在读书期间，必须具备良好的学习品质：勤奋、爱思考、专注、虚心，有铁杵磨成针的钻研精神。"业精于勤荒于嬉，行成于思毁于随。"认真对待专业知识的学习、教学技能的训练、国际视野的拓展，胸怀天下的志向。"学而不思则罔，思而不学则殆。"勤思考，求真求实，学会思考，善于思考，将自己的大脑建成一座博物馆、数据库，"草木竹石皆可为剑"，将来走到世界上任何一个地方，都能从善如流，应对自如，教好中文，传播好中国文化。

习近平总书记指出："要更好推动中华文化走出去，以文载道、以文传声、以文化人，向世界阐释推介更多具有中国特色、体现中国精神、蕴藏中国智慧的优秀文化。"过去一百年，中国共产党向人民、向历史交出了一份优异的答卷。现在，党团结带领中国人民又踏上了实现第二个百年奋斗目标的新的赶考之路。在中华民族开启向第二个百年奋斗目标进军的新征程之际，国际中文教育发展也必将进入一个新阶段，而人才培养的内容和方法必然要与时俱进，与时代同变化。

除了专业知识和技能培养外，从国家战略和人才综合能力角度，第二个百年的国际中文教育人才必须具备的"第二个百年意识"主要包括以下几个方面：

1. 国家意识。生活在同一国家的人在长期共同的生活中，逐渐形成国民身份认同，对国家的认同、认知意识，对国家的历史、文化、国情的认识和理解，具体表现出一种国家主人翁的责任感、自豪感和归属感。国家意识是一种政治意识，同时也是一种文化意识，既体现为作为国家公民的责任心和义务感，也能激发公民的凝聚力和向心力，共同推动国家的繁荣昌盛和发展强大，并在国际风云变幻中团结一心，共同维护祖国尊严，捍卫国家主权，甚至为国献身。

国家意识包括国家意识形态安全意识。2013 年 9 月 10 日，习近平总书记在全国宣传思想工作会议上一再强调，意识形态工作是"党的一项极端重要的工作""事关党的前途命运，事关国家长治久安，事关民族凝聚力和向心力"。国际中文教育人才身处国外复杂政治、文化环境，身系国家安全、国家形象、国家尊严、国家话语权，这都和意识形态工作相关，因此必须加强宣传能力培养，提高政治站位，时刻保持意识形态敏感性和警觉性，始终记住并让周围的外国人记住：我是中国共产党领导下的新时代中国的中文老师。

2. 国际意识。当今时代，任何国家都是他人视域下的国家，没有任何国家可以孤立存在，孤立发展，"夜郎自大"。在全球化的今天，国际意识也可称为全球意识。国际意识是一种向上意识、趋强意识，"见贤思齐"意识。国际意识也是一种客观意识、务实意识，即敢于面对自己的不足，在与其他国家的对比中找差距，促动力，东西南北中，求贤若渴，求知若渴，"拿来主义"，为我所用，集百家之长，成自己之长，从而不断进步。国际意识是建立在国家意识、民族意识基础上的，是各国协同发展基础上的相互学习，美美与共，而绝不是哪一国一支独大。这就要求各国在保持本民族优良传统与先进价值的基础上，相互贡献本国智慧，在相互学习、相互激励中各自发展、共同发展。

国际中文教育专业人才是跨文化工作人才，国际意识是其基本素质。身处其他国家政治、经济和文化环境，客观上需要处理好与其他国家民众、社会团体、教育机构的关系，对中国与自己所在国的关系和动态发展保持敏锐的观察力和思考习惯,审时度势,能够及时地在中文和中华文化教学中融入两国文化热点问题,对一些可能会导致负面认知的话题,能做到及时设置议题,通过针对性的教学和交流活动化解可能的认知风险,发挥"民间外交官"的作用,加深所在国和世界对中国的客观理解和支持,推动世界在开放、平等、公正、理性、宽容的氛围中相互融入,相互促进。

3. 生态意识。2023 年 8 月 15 日,在首个全国生态日到来之际,习近平总书记再次强调,全社会行动起来,做绿水青山就是金山银山理念的积极传播者和模范践行者。中国生态文明建设模式和经验同样适应于国际文化建设。国际文化交流犹如一片树林,树种不同,生长所需条件不同,但每一种树都有成长的自然需要,因此都具有扩张性生存本能,都希望占据越来越大的生存空间,获取越来越多的资源,以实现自身的进一步繁衍发展。所以说,各树之间不存在谦让、平衡之说。尤其是当新种子在众树荫蔽下要成长时,所遇到的压力更大,甚至是永无出头之日,甚至连芽都发不出来。

中国作为负责任的大国,在推动中文和中华文化世界化的过程中,可以发挥大国影响力,做好国际文化林的"守林员""护林员",借鉴中国生态文明建设的成功经验,以中国智慧维持文化生态林的平衡,构建和谐共生的文化合作关系。

国际中文教育专业人才是世界文化生态林的一线"护林员",应深入了解和理解中国生态文明建设的历史渊源、文化渊源和世界推广价值,在中文教学和中华文化国际传播实践中坚持和平、共存、共赢原则,"和而不同"理念,积极打造多元文化和谐共生的语言文化交流环境,推动世界文化多样化生存、多样化发展,最终实现中华文化与其他文化和谐共生的文化生态系统。

4. 共同体意识。世界一体化使人类生活的空间距离渐渐消失,但一些国家出于冷战思维和零和博弈思维,却一再逆势逆时而动,不断人为拉大人与人之间的心理距离、精神距离。习近平总书记总揽大局,中国人民胸怀世界,提出共建人类命运共同体,就是要让万人同心同力,天堑变通途,建成休戚与共、民心相通的世界命运共同体。

中国文化历来以天下为己任。作为多民族国家，中国自古就懂得和睦相处、共生共荣的道理，所以非常重视不同民族之间的和谐，才形成了如今多民族如一家的局面，形成了不同民族共同认同中华文明的共识。人类命运共同体观实际上深深根植于中华文明的天下观，并借鉴了中华民族处理不同民族如何面对文化差异的经验。

中华文化对天下大同的认知，也并非以挤占其他文化的生存之地为前提，而是要以中华文化为引水，促使文化之间互动交流，百川汇合，五湖四海，相通无碍。只有文化相互认同，不同文化的基本精神一致，道德追求一致，人类精神才能超越地域局限而汇为一体，大同理想也就能成为现实。张骞出使西域，郑和下西洋，都是为了推行这种天下观，而非抢占地理空间。这种文化传统迄今影响着中国的世界观，潜移默化地引导着中国的和平外交政策和向世界无私贡献中国智慧的责任感。这种智慧，使中华文明历经五千年仍生机勃勃，也必能为当前多极化的世界带来团结和谐的新局面。

国际中文教育专业人才是推动实现人类命运共同体的生力军，是推动人类命运共同体扎根生长的种植者、浇灌者，而且要秉承人类命运共同体的建设理念，在中文教学与中华文化国际传播过程中有机融入中国建设人类命运共同体的智慧、经验，通过一字一句、一言一行，实现世界不同国家文化包容互惠，共同发展。"相通则共进，相闭则各退。"人类命运共同体理想不独乐乐，而崇尚众乐乐，符合世界发展大势，顺应世界人民精神需要。融入了世界大地的人类命运共同体理念，必将如春风化雨，为人类哺育出集萃人类文化的新的世界、新的人。这和国际中文教育的目标和理想是一致的，也可相互支撑。

国际中文教育应内外异称

目前,国际中文教育在世界上的生存状态大致可分为三种类别:

1. 所在国有内需,亦需要中国提供全方位支持。

2. 所在国有内需,需要中国提供部分支持,自己提供部分支持。

3. 所在国有内需,既需要中国提供支持,又戴着有色眼镜,猜忌防备中方意图,千方百计阻碍国际中文教育。

不同语言文化之间的交流合作本是正常的,但在一些国家的有色眼镜里,国际中文教育事业却成了"中国威胁论"的新证,被人为政治化。"我本将心向明月。"荆棘不可能除尽,但不是不可能劈径而过。国际环境越复杂多变,我们越应秉承初心,示人以诚,在客观冷静面对分歧的同时,直面负面舆情。只有我们充分尊重各国国情和文化差异,对世界说清楚国际中文教育的根本目的是推动中外文化和谐共存共兴,才能破解国际中文教育谁为,为谁;何为,为何;独行,众行;短行,长行;暂行,久行等等核心问题,化解国际社会对中文的客观需求和个别政客诱导的主观误读之间的矛盾,持续推动中文教育融入本土,实现国别化差异性特色发展。

国际中文教育的生存环境决定了其必须适应异域的土壤,必须积极主动地与所在国沟通,对所在国的语言文化政策、教育机制进行细致、客观的了解、分析和理解,实现与所在国教育体系和文化运行机制的接触、适应、融合,争取所在国政策、法律上的支持,营造海外生存、成长与发展的良性环境,同时细致体察不同国家的语言文化环境的差异,采取差异性策略,在条件成熟的国家,推动中文教育进入所在国国民教育体系,同时要把工作做细做足,化整为零,深入民间的角角落落,使海外民间也能从中文教育的本土发展中有获得感,使中文教育持续获得源于本土内需的理解和支持,中外形成合力,全面提升中文教育的国际接受度和融入度。只有这样,才能实现中文教育的本土化、生活化,在所在国全面融入,和谐融合,如盐入水,日用而不觉。

国际中文教育作为一个学科名称已经确定,但作为一个事业的名称,却需要综合考虑国内外的适应性,就像中国人和外国人的名字结构不同一样。中国人名是姓在前、名在后,而英美人的名字很多则是名在前,姓在后。不同的姓名结构,实际上代表了文化差异,是思维方式的差异。一种姓名结构的人看另一种姓名结构的人,就是一种差异性的眼光,所代表的,实际上就是深层的文化差异,是世界观、人生观的差异。

就中国人的名字而言,名字就是内涵。中国人起名字往往希望又响亮又有文化,甚至相信名字能决定未来。而外国人起名字并不在乎寓意,主要考虑发音响亮,朗朗上口。但中国文化走出去后,外国人才发现中国文字之意味深长,中国名字之庄重,中国人对名字的重视犹如对自己名声的重视,所以,在翻译中国文化的过程中,书名、人名的翻译往往成为海外翻译家的难题,也是成就点,如葛浩文对莫言作品的翻译。还有一个大家都熟悉的例子,就是汉字"龙"的翻译,这是典型的因名而起文化冲突的案例。2008 年 11 月 21 日,我和美国卡尔顿商学院的赵启光教授在同济大学谈"龙",很是热烈。赵启光教授致力于推动中美文化交流,尤其努力将中国文化介绍到美国,成为沟通中美文化的民间大使。他一落座,就滔滔不绝地介绍他的"龙"缘。他每年都组织美国卡尔顿学院的一批学生到中国来游学,先到北京,然后到内蒙古、天津、南京、云南等地,从北到南,一路让这些美国学生看到鲜活的中国,看到活生生的中国社会,品尝到特色各异的中国饮食,感受到中国文化的博大与丰富。他每年都给来华的美国学生印制一批白色文化衫,中间就是一条龙的图案,两边分别写着"四海求真知,五湖交朋友",所以,每次这批美国学生走在中国的大街上,都会迎来中国人友好的目光。他兴奋地说:这些学生离开中国时,没有不爱上中国的。我深以为然:"中国的龙曾在西方被视为恶魔形象,但通过这次交流活动,美国留学生就会真正理解'龙'在中国文化中的价值了。"我当时真没想到,他这样人高马大的一个男人,在向美国说明中国文化时,却会细腻到让"龙"潜在美国学生的文化衫上。这也说明,做比较文学出身的他,深切地感受到以中美对"龙"的不同认识来打开中美文化交流的结,是找到了一个关键点、敏感点,也是长期以来中美文化差异的一个死结。而一旦解开了这个结,很多问题就通了,就不是问题了。

"龙"之争所代表的文化差异性,也可称为名实之争,这是中国文化的传统,也是中国传统与外国传统的交叉点、冲突点,也是破发点、破局点。实际上,每个国家都有自己的文化阐释传统,只是近年来随着国际交流的丰富,各自传统日益得到海外的关注和重视了。所以,海外中文教育作为一个敏感的特殊教育领域,在名称的使用上也要尽量避免"龙"之误,可以采取国内国外异名的方式,既保证内涵的一致,又能有效减少国内外阻力。

对内,可称国际中文教育,强化学科特殊的"国际性",突出中方主导色彩、专业特色和目标导向,即以对外中文教学为主,中文和中华文化国际传播为主,这样可以与国内已有的相关学科,尤其是中国语言文学、外国语言文学、教育学等相区别,有利于逐渐形成学科特色,建立专业理论体系,保证资源、人力投放的精准,提高工作积极性和教育效果。

对外,称中文教育,一是符合国际语言教育惯例,尤其是国际影响力大的语言,如英语、法语、西班牙语;二是符合中国国际地位的提升和未来中文教育国际化程度的提升,为成为可与英语比肩的国际语言做准备,也从定名之初就包含了成为真正的国际语言的预示和暗示,这既符合中国文化含而不露、意味深长的特点,又浅显直露,易译易懂,便于对外沟通说明,从而优化中文教育生存发展环境,减少不必要的概念之误造成的阻力。

作为中国的学科概念,中国享有名称的解释权,要及时从国际视角,明确表面上作为学科概念的国际中文教育和表面上作为一项工作的中文教育的内涵与外延,做到内外有别,有交叉有融合,但保证目的的一致性,进而统一口径对外介绍、推广,必要的时候国内国外分别举行发布会,正式发布外语译名,主动解释,避免各种猜测性的舆情和西方惯用的污名化,这对形成国际中文教育的中国特色话语体系,保证中文教育的中国主导主权,也都是必要的基础性工作。

　　当然,我们也可以不过多为名字之事担忧、焦虑,只要我们秉承国际中文教育自带的"初心",即以中文教育和中华文化国际化助推世界更加相互理解、相互帮助,我们就可以一往无前,以浩然正气,冲决一切不怀好意的歪风邪气,使中文国际化过程本身,形成一种中国特色的国际交流文化,以中文自带的睦邻友好、天下一家的中华文化传统,推动世界更真实客观地认识中文,学习中文,了解中国,理解中国。

　　　　　　　　　　　　——原载"文旅中国",2023 年 10 月 12 日

国际中文教育与文化传播要相辅相成

国际中文教育是新时代的"对外中文加强版",也是中国世界影响力的"晴雨表""温度计",与中国发展息息相关,风雨同舟。历史上,世界上曾几度出现过"中文热",但中国的封建集权制和中华文化的保守性遏制了中文的国际化。随着新时代中国在世界上的影响力逐步扩大,世界上再次形成了"中文热",这是中华文化走向世界的一个良机。国际中文教育的教学与学科建设与其他学科的最明显的区别,就是国际中文教育具有明显且强烈的文化传播目的。因此,必须从国家战略层面重视国际中文教育,并将之纳入中华文化国际化整体工作进行规划和实施。

目前,如何处理好中文教学与中华文化国际传播的关系,需要解决一些思想上的困惑和技术上的难题:

1. 国际中文教育与中华文化国际传播的理论研究和学科建设落后

语言是国家资源,中文教育与中华文化国际传播事关国力国势,这是政府和社会的共识。但快速发展的留学生教育与中华文化国际传播事业必然需要学科支撑,以保持长期稳定发展。但国际中文教育学科理论与聚焦留学生教育的中华文化国际传播理论体系、教学理念相对缺乏,即使有,也比较零散,不成体系,难有影响,与中文和中华文化国际传播的目标存在着很大差距。

2. 国际中文教学和中华文化国际传播需坚定斗争精神,勇于面对困难

面对蓬勃发展的中文和中华文化热以及日益复杂的国际环境,我们在硬件和软件方面都明显准备不足。我们一方面为中文与中华文化的快速世界化而欢欣鼓舞,一方面不得不承认,国际中文教学与中华文化国际

传播战略要实现可持续发展,还有许多迫切需要解决的问题,如中华文化国际传播战略的政策性问题,国际中文教学与文化传播的关系问题,"三教(教师、教材、教法)"问题,文化传播机制问题,财政支撑体系问题、质量评估标准等,都需要因地制宜、因时制宜,甚至因人制宜,但目前显然是挂一漏万,缺乏统一规划和系统谋划。

3. 理清国际中文教育和中华文化国际传播领域的一些最基本的问题

中文与中华文化国际传播应从战略层面加强研究,应重点关注以下基本问题:

(1)推动全社会达成共识,认识到中文与中华文化国际传播是一项国策;

(2)科学界定国际中文教育与中华文化国际传播的内涵、本质,确立学科特殊性;

(3)发掘中文与中华文化国际传播的经济价值,加强本领域经济投入与收益研究;

(4)细致区分中文与中华文化国际传播的地域性和时限性,采取差异化对策;

(5)加大国际中文教育师资的培训力度和水平以及相关中文教材编写的投入;

(6)建立国际中文教育与中华文化国际传播质量评估体系,实施动态监测,即时反馈调整。

4. 换位思考,调研分析留学生中文学习和接受中华文化面临的最基础、最关键的问题

留学生中文学习中有哪些语言诉求、文化诉求,学习习惯、学习基础的差异性及应对策略有没有,国际中文教材如何有效融入中华文化因素,语言文字教学如何融入文化因素,现代文化传播技术如何促进留学生中文学习等等,这些问题目前迫切需要完整、系统、深入地进行针对性研究,摸清留学生的中文学习与了解、理解中华文化会遇到哪些普遍性问题和特殊性问题,进而建构规范的国际中文教学与研究体系,为中文与中华文化国际传播,奠定一个新的更高的平台。

5. 虚心学习他国语言学习与文化传播的经验和教训,处理好教中文与传播中华文化的关系

从语言文化的国际传播效果角度看,中国还属于发展中国家。面对世界中文需求的多样化,我们首先要放下身段,先做学生,再做先生,首先要虚心学习发达国家推广其语言和文化的经验和成功的方法,以制定出适合中国国情的语言学习和文化传播的方针和政策。

语言文字教育本身就是文化传播,而且是最直接、最便利、最有效的途径,但需要找到合适的切入点和具体可行的举措。语言要传播的文化大致可分四种:一是语言文字本身所蕴含的文化,二是语言交际中所产生的文化,三是教材和教学中需要有意识地传播给学生的文化,四是生活文化。只有让留学生不但学会中文,而且还能理解中文所蕴含的中华文化意蕴,才能使他们真正理解中文、真正会用中文、从感情上理解和亲近中华文化,这也是中文将来成为世界通用语言的前提条件。

政府机构、教育、文化部门及社会各界应紧紧抓住全球中华文化热这一机遇,充分运用当前国内外有利的中文与中华文化国际传播环境,在国家语言政策法规指导下,以语言建设为基础,以文化建设为目标,着眼长远,加强引导,有序推动,形成共识,齐心协力,提高全社会的中文与中华文化国际传播的意识和能力,营造出既能"引进来",也能"留得住"留学生的文化大环境,创新中文与中华文化国际传播的路径与形式,形成具有中国特色的留学生语言文化传播模式。

1. 千方百计使留学生在重视中文学习的同时,重视语言文字的文化意义,提高文化学习的自觉性和积极性

留学生学习中文的动机可分为:工具动机,以中文作为求职谋生的工具;融入动机,以中文作为认识中国、了解中国的媒介,并希望从情感上融入中华文化;成就动机,以学习中文挑战自我,获得自我价值。这三种动机的实现,都需要通过学习中文,理解中华文化。然而,事实上,留学生在学习中文时的文化学习意识普遍迟钝,中文学习与文化知识严重脱节,甚至有的参加"汉语桥"大赛的选手在比赛前都不知道孔子。这就使得我国留学生培养的实际成果与培养目标之间存在较大落差。

　　目前,在华留学生学习中文的功利性很强,主要目的仍是"语言(文化)搭台,经济唱戏",因此重中文的实用性而轻文化,重中文的短期工具性而缺乏持续学习中华文化的热情,对语言所包含的文化因素了解不够,融入文化的积极性不高。即使在中国留学多年的学生,对中国的印象也只是"中国高楼很多,地铁很多,车很多;中国人非常多,很多城市很漂亮;中国菜很好吃"等等,而对现实中的中华文化问题却极少关注,他们也因此对很多中华文化问题不理解,甚至误读,造成中文与中华文化国际传播的迟滞。但只要科学引导,措施得当,就完全可以将留学生学习中文与中华文化的障碍,变成留学生融入中国的良机,并促使留学生在理解中华文化丰富性的同时,加深对中华文化的理解。

　　留学生通过学习中文,在中国可获得更多的就业机会,而且因为外国人在中国仍具有身份优势和文化优越感,在很多方面仍具有选择优先权,所以,他们很多只满足于把中文作为日常交流的工具,而并不觉得有必要深入理解和认同中国的价值观和道德观。这就使得很多留学生更多关注语言本身的学习,缺乏对中华文化探究的热情,更缺乏融入中华文化的兴趣和积极性。如何解决这一问题,是能否培养出真正带有中华文化烙印的留学生的一大关键。

　　教育机构、中文教育企业等应重视了解分析留学生的学习动机和目的,做到因材施教,强化语言学习的针对性。同时可根据留学生的不同学习需求,建立留学生语言文化实习基地,使留学生的自我需求与发展诉求和中国丰富多彩的文化大环境密切相连,从而提高留学生学习中文和中华文化的积极性;同时要逐步建立毕业留学生跟踪机制,通过建立留学生校友会、院友会的方式,及时掌握中文对其工作与生活的影响,以及其毕业后的中文运用情况及对中文和中华文化的感情变化,并据此及时调整留学生的培养计划,使留学生的中文学习更高效。

2. 千方百计营造可提升留学生文化融入积极性的文化与社会环境,提供留学生了解和理解中华文化的渠道

　　因为重视或者说是担心在华留学生的安全问题,所以留学生在中国的学习和生活环境都相对独立:由专门的学院或机构单独为留学生组织教学,并住在学校专设的留学生公寓,各种校园文化活动,也无意中将留学生排除在外,这就将留学生人为隔绝于最适宜其学习中文和了解中华文化的语言文化环境之外,缺乏交流的渠道,缺少融入校园文化和中国当代社会文化生活的途径。久居"象牙塔",语言的不自信,陌生文化环境下自我价值及情感的认同需求及缺失,最终导致很多留学生甘居象牙塔一隅,更习惯与同胞或留学生朋友相处,而故意回避或忽视与中国人的交流,忽视对中华文化与生活的主动体验。因此,目前急需通过科学的调查研究,分析留学生学习中文和中华文化过程中存在着哪些障碍,并研究如何将这些障碍转变成留学生"知华、友华"的通道。同时积极拓展留学生融入中华文化的渠道,逐渐使留学生这一特殊群体不再被视为特殊群体。我们首先不把留学生当成外人,慢慢让他们自觉不是外人,不再自视为特殊群体,且感觉不到自身在中国的特殊性,这是他们从认识、心理及情感上融入中华文化的标志,也是当前中国留学生教育亟须解决的核心问题之一。

留学生培养学校和机构应千方百计突破现有留学生培养模式和管理模式,充分运用各校特有的校园文化环境和文化资源优势,同时加强校一校合作,信息互通,资源共享,良性互动,共同创新留学生培养的途径与方法,如建立留学生培养与地方文化的共建模式,让留学生的语言与文化学习接地气,饮活水。这对保持留学生学习中文的兴趣,提高留学生的语言交流能力,都具有重要意义。如结合社会文化资源,建立"中文国际社区"就是一种有益有效的尝试。

中国一贯重视社区文化、乡贤文化建设,很多地方已形成颇具特色、较为成熟的社区文化建设模式,社区文化活动丰富多彩。鉴于此,近年来,作为一种留学生语言实践活动,已有高校组织留学生进社区,参加并共同举办社区文化活动,社会影响和教学效果都得到了肯定。但由于缺乏制度支持,目前这种高校一社区的合作还不系统,多是零散的、随机的。政府和教育机构之间应加强研究和探索,以期形成一种可持续的留学生教育与社区文化良性互动的合作模式;双方共建"中文国际社区",作为留学生感悟和体验中华文化魅力的基地和窗口,孕育具有中华文化身份认同感的"外国新人"。在条件成熟的社区,也可让留学生走进中国的家庭,与市民共同生活一段时间。这样就可使留学生走出狭隘封闭的"象牙塔",走进大千世界,亲身感受特色中华文化,从而极大地调动他们的学习积极性,加深对中华文化的理解,增强融入中国社会生活的主动性。利用社区文化办留学生教育,将会成为传播中华文化的一种生动活泼的创新模式。

继续创新留学生"中华文化经典诵读"等文化传播形式,通过深厚的中国诗词文化浸濡,推动留学生从"诗词中国"理解"历史中国""当代中国"。调研发现,很多留学生就是通过中华文化经典开始对中国产生兴趣,因此,目前在留学生中开展的"中华诵""中华经典诗文诵读""中华经典诗词诵读"都很受欢迎。中华文化经典博大精深,让留学生不但会读,而且能懂,才应是诵读的最终目标。要实现这一目标,需要相关机构和部门认真研究,创新形式,综合开发,深入挖掘,注重实效,让留学生知言明义,一次诵读,留芳终生,这样才能将这一文化品牌工程经典化,成为留学生与中华文化之间的桥梁。

3. 千方百计增强和提高国际中文教师的文化传播意识

国际中文教师的文化传播意识普遍较弱。目前从事留学生中文教育的教师普遍学历较高,专业知识丰富,但因为目前培养国际中文教师的学科,如中国语言文学、外国语言文学等,在课程设置和培养目标上更侧重学生语言素质和教学技能的培养,而忽视文化知识教育,使得一部分老师自身的文化知识就很欠缺,他(她)们即使意识到在语言教学的同时传播中华文化的必要性,面对文化问题也只能避重就轻,一次次错失让留学生了解中华文化的良机。重语言(文字)轻文化,是当今我国国际中文教学的普遍现象。

学校绩效考评标准影响了老师文化传播的积极性。目前学校对教师的考核重绩效,重量化指标,而语言文字教学周期短,见效快,文化传播周期长,见效慢,导致老师更关心如何更快、更有效地完成语言文字教学任务,而有意无意地忽视对文化知识的传播。即使有留学生提出文化方面的问题,老师一般也不会"自找麻烦",而多采取"回避"的态度,无形中影响了留学生学习中华文化的积极性。

国际中文教师的跨文化交流意识和能力亟须提高。文化交流是相互的。教师与留学生的每一次交流和互动,都是一次跨文化的双向交流。因此,要让留学生学好中文,了解中华文化,教师首先要了解世界,了解世界如何看中国,这样才能在教学与日常生活中,如春雨润物,一言一行,一字一句,在了解和尊重各国文化差异的前提下,有针对性地介绍中华文化,同时也能了解和吸收世界先进文化与理念。而留学生在借此切实感受到本国文化受到尊重的同时,也能亲身感受到中华文化的独特魅力,并会更加尊重中华文化,从而潜移默化地在心中孕育出热爱中华文化的种子。留学生语言与文化学习过程中的这种"教学相长",是跨文化交流最有效的方式之一,可惜至今未受到充分重视。

借助中文教学传播中华文化是一种能力,也是一种艺术。国际中文教学更讲究艺术性和技巧,在留学生眼中,优秀的国际中文教师既是魔术师、演员,同时也是导演、指挥家。他不但能因材施教,使不同文化背景和资质的留学生都学好中文,而且能以中华文化作为中文教学的基础统筹全局。而中国目前的国际中文教学仍基本延续传统的课堂教学方式,偏理论轻实践,重实用轻艺术,教师也缺乏文化施教方面的训练,文化施教能力和意识都明显不足。

国际中文教师知识更新意识和力度不够。世界范围内的"中文热""中国热",一方面是基于中国悠久的历史与文化的魅力,更主要的是因为当代中国综合国力的增强和国际地位的提高,才使中文的话语权逐渐强大。国际中文教师是沟通留学生与中华文化的最直接、最有效的桥梁,有责任及时更新"中国学"知识,主动研究中国当代社会与文化,向世界展示当代中国理念和风貌,引导和激发留学生理解中华文化的历史价值和当代发展,丰富和扩大中文教学与文化传播的内涵。而目前的国际中文教师在这方面存在明显差距。

着眼未来标准化国际中文教育师资建设,各方力量应合力,进一步优化国际中文教育师资结构,加强语言与文化知识的培训,提升跨文化交流意识和能力,加深对国际中文教学的感情,采取有效方式,调动其工作积极性,使其兼有语言与文化传播的动力和能力;另外还要着力构建教师之间、师生之间课外交流的平台,加深教师之间、师生之间的情感交流,并创造条件,让教师有时间、有空间、有能力与学生进行课内外的语言文化交流,让学生有更多的机会亲身感受中国优秀文化的魅力,加深对中华文化的感情。

4. 千方百计编写出具有明确留学生针对性和鲜明中国当代文化特色的专业教材

推广中文和中华文化的关键是教材。教材的文化元素对语言教学中的文化传播质量至关重要,而目前的很多国际中文教材因编写和出版年代久远,内容陈旧,普遍与现实脱节,无法真实反映出当代中国的真实面貌,也就无法使留学生通过教材了解到真实的中国。另外,由于这些教材更关注语言知识,相对忽略文化知识,所以教材中的文化成分多作为理解语言文字的辅助材料,缺乏逻辑性和系统性,也缺乏文化应有的时代敏感度。

目前,中国的留学生群体较以前已经发生很大变化;留学生教育已经从以前的精英教育转变为目前的大众教育,从"象牙塔"转向了大市场。而国际中文教材对此变化却应对乏力,手段单一,观念陈旧。因此,各相关教育机构及部门应科学研究,通力合作,基于中文与中华文化国际传播的现实和长远需要,加强调研,组织专业研发团队,编写出既能包孕中国传统文化的精髓,同时又能反映出当代中国社会风貌和鲜活的中华文化元素的国际中文教材;同时利用现代的科技优势和教育技术手段,开发针对不同层次留学生的多媒体课件和辅助教材,研发网络交流平台和远程教育系统,多层面、多角度开发教材的中华文化价值;同时利用逐渐成熟的文化产业市场,向世界推广,在推动中文和中华文化国际传播的同时,也让世界了解了中国。

教育机构应继续创新留学生"中华文化经典诵读"等文化传播形式,探索多种形式的中文与中华文化国际传播的途径和方法。很多留学生就是通过中华文化经典开始对中国产生兴趣,因此,目前在留学生中开展的"中华诵""中华经典诗文诵读""中华经典诗词诵读"都很受欢迎。中华文化经典博大精深,让留学生不但会读,而且能懂,才应是诵读的最终目标。要实现这一目标,需要相关机构和部门认真研究,创新形式,综合开发,深入挖掘,注重实效,让留学生知言明义,一次诵读,留芳终生。这样才能将这一文化品牌工程经典化,成为留学生与中华文化之间的桥梁。

世界中文教育未来发展的四种趋势

    世界中文教育在世界语言国际化的整体发展谱系中属于后起之秀，进入晚，但后发优势明显，发展潜力强劲。但鉴于目前中文海外发展环境的多变，尤其被人为附加很多非中文教育本身的元素，一时间使中文教育笼罩上很多不确定性。但只要回归中文教育本身，拨开雾霭见青云，仍能对未来的世界中文教育进行一些相对清晰的判断。

海外中小学是重点

    俗话说，"三岁看老"。语言学习的规律，是越早对语言习得的越敏感，掌握得越快。这一点不论哪国儿童都一样。随着中国国际影响力的提升，中文的世界版图也在不断扩大，海外中文教育也出现了新变化、新发展，目前已有 76 个国家通过颁布法令政令等方式将中文列入国民教育体系，4 000 多所大学设立了中文院系、专业、课程。如意大利教育部 2016 年将中文正式纳入国民教育体系，幼儿园、学前班、小学、初中、高中都有中文课程；俄罗斯开设中文课程的大、中、小学有 100 多所，有近万人通过各种方式学习汉语；美国从幼儿园（2 岁—4 岁）到小学、中学，也都有普通话（辅以英语）的课程，大学开设中文课程的也很多。在亚洲一些国家，如韩国、越南等，教授和辅导中文的私立学校和机构在街头常见。

    但总体而言，除了已将中文纳入国民教育体系的国家外，其他国家的中小学学习中文的情况并不乐观。美国一所高中，高一学生总数是 230 人，高一学习中文的人数 123 人，高二 67 人，高三 32 人，最终参加 AP 中文考试的只有 6 人，其中 3 人还是华裔（2015 年调研数据），这说明，至少在美国，学习中文的人数是逐级递减的。也可以说，学习中文的初级基数越大,高级阶段选学中文的人数才能按一定的比例得到保证。若中小学阶段学习中文的人数少,到高级阶段可能就没有继续学习中文的学生了。虽然这不能一概而论,但按照惯例会是这样一种结果。因为,未来海外中文教育要实现可持续增长和发展,必须先筑牢地盘、基座,把主要精力、教育资源重点投放在海外中小学,通过推动中国基础教育与海外基础教育的合作,拓展中文融入海外基础教育的途径和实效。目前最直接有效的做法,是进一步强化中外基础教育合作,加大力度建设幼儿园孔子学院、小学孔子学院、华校孔子学院等等,在世界范围内种下更多的中文种子,开出五彩缤纷的中文小花,形成海外中文教育星星之火之势,按照自然规律,接受自然淘汰,融入适者生存的语言竞争生态。只有这样,中文学习的根基才会深,才会牢,脱颖而出者必是已适应海外语言文化生态者,成长过程就会越来越顺利,应对各种压力才会越来越游刃有余,整个中文发展过程也就自然而然地与当地社会文化生活无缝衔接,无缝互融,中文就不仅是中国的,而是他们所需要的。而一旦这些具有中文"童子功"的学生将来读了大学,对中文的兴趣仍会保持,甚至以中国研究作为专业,就会培养出越来越多本土的能讲、愿讲也会讲中国故事的"洋嘴",他们以本土化的方式,推动本国的中文教育更深入地融入本国教育体系,在一定程度上就会出现中国的外语教育这样的中文教育局面。只有这样,中文才是真正实现了落地无声、育人无声。这也是海外中文教育的最佳状态,最终目标。

中国文化教育的重要性超越中文教育

海外中文教育,甚至是纳入所在国国民教育体系的中文教育,和国内所理解的国民教育体系内的语文教育都有很大不同,参照一下国内的英文教育就能明白这一点。中国国民教育体系内的语文课是母语教育。都德说:"母语是民族的标志和象征,一个民族的语言是一个民族的灵魂。"语文教育是在引导学生理解国家通用语言文字的同时,接受民族文化的教育,感受民族精神的熏陶,铸造中华民族的魂。而国外中文教育更多是从异域视角了解中国文化。在学习者眼中,中文只是媒介,中国文化才是目的,甚至有的只是短期的目的,比如出于亲情需要、生意需要,甚至只是觉得好奇,所以,根据教学对象的不同需求,有时先以中国文化课(辅以所在国语言)开始引导学习者兴趣,效果可能更好。一开始可以以他们的语言讲中国的历史故事、神话故事、绿水青山故事、脱贫攻坚故事等等,有条件的学校以"中国故事"为核心,开设系列中国文化课程,如中国文学、历史、哲学、宗教、政治、经济、艺术、音乐、电影等等,全方位展示中华文化的丰富与深厚;学生在这个过程中会出现一些分化,有的更热爱中国文化进而努力学习中文,有的可能满足了自己的好奇心因而放弃学习中文,也有的可能会觉得中国文化过于博大精深而有了望而却步之感等等。中文教育者则要在这个过程中因材施教,及时掌握在听中国故事的过程中学生对学习中文的态度的变化,及时因人而异,采取针对性的措施,让放弃者回转,让犹豫不决者坚定,让兴趣浓厚者更上一层楼,从而不知不觉把中国文化课与中文学习课结合在一起,并且使学习者对中文和中华文化的兴趣更持久、更恒定。

本土中文师资专业化程度将提升

国际中文教育学科的设立,意味着国内的专业人才培养和世界范围内的中文教育都将日趋正规化发展、标准化发展,这对海外中文教育运行机制和师资结构,都将带来新的挑战。

一是国际中文教育专业人才培养的就业范围和期待目标已经超越了以前的对外汉语教学,课程体系也得超越以往的汉语范畴,民族语言、方言、海外华文教育等将进入课程体系,而这种培养模式的变化,目前还没影响到海外中文教育。当国际中文教育学科的推动力与海外中文教育的惯性有一天发生接触时,必将在教学内容、教学方法、师资等方面产生冲突。如何迎接、面对并解决这些冲突,需未雨绸缪,做好预案。

二是当国际中文教育专业毕业的硕博士走上海外中文教育岗位后,他们所接受的新的专业训练,将对现有中文教育师资造成巨大压力和冲击,而他们入读国际中文教育专业和走上工作岗位之间的这段缓冲期也即告结束。目前海外中文教育师资专业结构杂乱,来源多,素质差异大,像日本、韩国的很多非常勤中文老师,多出于稻粱谋,有的根本没受过专门的中文教学训练,专业师资的出现必将使他们产生危机感。

三是这些产生危机感的海外非专业中文师资"再就业"的选择过程和困难对海外中文教育会产生冲击,甚至会局部造成中文教育的动荡,甚至瘫痪。他们或者重新进行专业训练,而这只适合年轻的中文教师,但此时年轻中文教师的专业素养已经有了新的变化,即使其中不太优秀的老师,获取新知的能力也比较强,而事实上,目前海外本土中文教师,国民教育体系内的师资素养比较好,年龄结构也比较合理,但更多的本土师资是在私立学校或教育机构,包括海外华校,他们平均年龄偏大,接受新知识、培养新技能的意识和能力都不足。虽然新培养出的专业中文师资一时也补充不到这个层面的中文教学岗位,但总有一天会的。一旦如此,这些师资就将面临失业和再就业的选择,而他们因为长期执教,尤其是在华校,在当地社会具有一定的影响力,一旦产生矛盾,对所在地的中文教育就会产生巨大的负面影响。目前对此也必须做好预案,有序提前消解可能的矛盾,尽早提供再培训机会,增加这部分本土中文师资的再就业竞争力,实现良性过渡。

四是尽快建立本土中文师资跨本土流通机制。目前,世界范围内的中文师资分布不平衡:有的国家相对饱和,如越南、新加坡、马来西亚;有的国家严重不足,如柬埔寨、菲律宾、老挝、缅甸等。海外中文教育虽然会受到不同国家语言文化环境的影响,但天下中文毕竟是一家,所以,通过政府间的合作,合作建立本土中文教师资源库,实现教育状态和人才信息共享,打通不同国家本土中文师资之间的流通渠道,合作编写教材,开发跨本土的中文教程,推动各自已有优质中文课程共享,推动世界中文均衡发展。

海外中文教材将更加本土化

目前海外中文教材本土化程度不足的原因如下:一是传统中文教材

已在海外中文教育中成为主流,且代代相传,形成了较为成熟的教学法、教案和教学理论,已经有了"圈"有了"群";二是部分本土中文教师不具备编写教材的专业知识和能力;三是国际中文教育学科设立后的新生力量尚未参与到本土教材使用和改革过程中;四是不同国家之间缺乏协同协作,彼此信息共享度不高,自我革新的意识和决心不足。但无论如何,从教学规律角度,"自己的孩子自己最清楚",目前在海外中文教学第一线的中文教师最清楚自己教的学生需要什么样的教材,所以只要编出来,他们的教材就应该更受学生的欢迎,教学效果也应该最好。在条件允许的国家和地区,可以有意识地组织教材编写小组,共同编写、共同使用、共同评估,甚至建立区域性的评价标准,这样不但有助于实现教学相长,不断完善本土教材,而且有利于集中推动区域中文教学质量,进而推动一个国家、一个大洲的中文教育共同发展。

——原载"文旅中国",2024 年 1 月 24 日

同济大学国际中文教育：目标、基础与规划

同济大学国际中文教育工作始终以习近平新时代中国特色社会主义思想为指引，本着"发挥传统优势、服务社会需求、集聚学科资源、拓展合作交流、推动中文与中华文化海外传播、实现命运与共"的建设理念，从思想引领（价值观育人链）、学科理论（文化传承与传播链）、人才培养（课程育人链）和社会服务（实践育人链）四个角度，夯实基础、形成特色、创新理论，全方位、多维度地致力于中文与中华文化的国内外传承传播，倾力培养能向世界讲好中国故事的复合型国际化卓越人才。

坚持价值观引领，立德树人

同济大学国际中文教育始终紧紧围绕习近平总书记关于"立德树人"、留学生教育、"加强和改进国际传播工作，展示真实立体全面的中国"的重要指示精神，坚持"知华、友华、爱华"国际教育理念，以社会主义核心价值观统领教育过程，以培养学生向世界讲好中国故事能力为目标，以高水平党建工作加强对学生的思想引领，通过理论创新、课程建设、活动建设、案例建设等内容，推动学生育人工作健康发展、科学发展，探索形成留学生"立德树人"教育创新理论，为"立德树人"中外学生融合教育提供了可推广的创新理论和实践经验；推动建立"理解中国"和"当代中国"中外学生融合课程思政体系，形成国际中文教育系列品牌项目；推动形成基于国际中文教育学科特色的国际传播能力人才培养与理论体系；遵循多元文化和谐共生原则，推动建立中外学生融合培养体系，推动各国文化互鉴、互通、互融，致力于培养未来能共同建设人类命运共同体的中外青年人才。

持续理论创新，厚植学科基础

同济大学始终坚守"坚定文化自信、推进文化传播"的初心与使命，依托中国国际化优势和各校学科优势，组织队伍，有组织地开展国际中文教育理论体系的创建与创新，聚焦向世界讲好中国故事、中华文化走出去、共建人类命运共同体、"一带一路"，跨国别、跨专业建设国际中文教育智库，共同开展人才培养与创新模式构建，依托校内外高端平台，携手国内多行业优质企业、机构等单位，建立校企联盟，积极整合优化高校和企业资源，搭建合作共赢平台，共同培养适合世界中文教育需要的专门化人才。

加强国际中文教育与各校优势学科的交叉融合，精准服务于中文在海外不同国家、地区落地生根，突破性、创新性形成"中文＋"中外学生融合培养体系，打造"中文＋"专业人才培养模式和创新课程体系，突出国际中文教育的实战特色，精准培养差别化的国际中文教育专门人才。

"技理并重"，务实创新人才培养体系

同济大学国际中文教育学科建设与发展始终致力于服务国家战略需求，聚焦交叉融合创新，强化理论实践结合，探索，培养国际中文教育领域急需高层次复合型人才。要紧紧依托自身特色与优势，联动横向纵向各级各类基地，打通第一、二课堂和课外活动与实践，打造招生、培养、深造、就业"四位一体"的培养链条，着力培育"知华、友华、爱华"的国际学生和具有家国情怀、人文情怀、国际视野的复合型国际化专业人才，使他们关心中国发展，能将个人奋斗与中华民族的伟大复兴梦有机结合，堪当向世界讲好中国故事之责。

具体做法：

内育外引，"高端双师"领航。一是聘请国际中文教育领域具有影响力的专家担任学术导师，参与课程建设；二是聘请海内外实践基地、校企

联盟内相关人员担任实践导师；通过课程共建、品牌讲座、实践指导等途径参与学生培养。

"三岗联动"，质保机制完善。建立"学科、专业、课程"三岗联动的教学管理体系，对学生实施全过程、全方位、信息化督学机制。使学生从入学到毕业各个培养环节规章制度健全完善。

聚焦需求，培养方案个性化。强化立德树人，增加职业素养模块，科教产教融合。课程分三个板块：引领与通识类课程，厚植学生爱国主义情怀与职业操守；专业素养与技能类课程，筑牢专业素养，夯实职业根基，拓宽学生视野；创新实践融合类课程，紧跟国际中文教育发展前沿，开设系列实务课程，提升学生创新与实践能力。

产教结合，精耕实践育人

同济大学精心设计和实施专业实践课程，按"教学实践＋学科竞赛＋文化体验"板块建设。建立"师生教研共同体"，通过设立实践基地、推进学业竞赛、优化品牌学生活动，将国际中文教育与理解中国相结合，融合创新，产教协同育人。所有实践基地皆配备实践导师，指导实践各个环节，建立实践基地与就业市场双向反馈机制，将实践成果、市场反馈纳入学生考核评价体系。

同济大学特色与优势

国际中文教育学科体系完备。同济大学国际中文教育学科建设借力高端引智与内育双轨并进机制，立足优势工科基础，服务精品文科建设，以完备的国际中文教育学历教育为主体，打造从预科、本科、硕士到博士的一体化人才培育链，以国内国际中文教育专业建设和海外中文教育为两翼，"一体两翼"形成"雁行型"发展模式，培养具有全球视野，富有创新精神与实践能力的创新型、应用型、复合型、国际化的中文教育专门人才。依托"'一带一路'汉语与中华文化国际传播战略研究智库"、国家语言文字推广基地、上海语言文字推广基地、国际传播研究院、非洲语言资源研究中心等研究机构，与江浙皖等省多所大学合作设立人才孵化基地，打造环上海"同济大学国际中文教育人才培育圈"，创建"中外双师团队"；举办系列国际中文教育品牌讲座、高端研讨会与论坛、案例大赛等，推动学科创新，形成了国际中文教育的同济模式，在国内外具有一定的影响力。

国内外国际中文教育人才培养平台完备。同济大学秉持"开办一所、办好一所"的工作原则，将孔子学院建设成为"促进国际交流与合作的重点建设项目""学校国际化发展的重要抓手、对外交流的重要平台以及展示中华文化与同济文化的重要窗口"，以严谨的态度、扎实的工作增进了世界人民对中国语言和文化的了解，并在服务本校的教学、科研国际合作、海外招生招聘、学生海外游学实习、海外校友联络、干部海外培养、中国文化"走出去"等工作中发挥了不可替代的作用。

作为教育部国家语言文字推广基地，同济大学已成功完成两期国家乡村振兴重点帮扶县教师国家通用语言文字能力提升在线示范培训，主办了"第二届'一带一路'行业汉语人才培养高峰论坛"，创立国家语言文字推广基地（同济大学）"双强项目"，研发"工种汉语"系列教材，聚焦"一带一路"人才培养需求，紧紧围绕国家语言文字的推广与普及、中华传统文化的传承与推广以及中文与中华文化的海外传播展开工作，探究与实践新思路、新举措、新模式、新赛道。

2023年，依托上海市华文教育基地，国际文化交流学院获批新时代上海统一战线研究基地（同济大学）海外统战中心，为海外华人华侨的中文学习和中华民族共同体建构，提供决策咨询，培养专业人才。

国际中文教育人才培养创新理论和实践模式成熟。整合中外高校、媒体、文化机构、教育团体、跨国企业等社会资源，共建国内外实践基地，从教学组织模式、课程体系和培养路径等方面探索国际中文教育人才培养"大团队协同"创新理论。聚焦"讲中国故事能力＋"，从"他者"视角多元立体传播中国故事，在构建有故事价值、跨文化传播价值的传播内容中赋能情感价值，增强中华文化柔性表达的国际传播力和影响力，增进世界对中国特色社会主义和中国式现代化的认知认同，培养具有跨文化沟通和传播能力的"Z 世代中华文化传播者"。

基于同济大学工科优势，在交叉学科背景下建构科学的国际中文教育人才培养体系。与土木工程学院、交通运输工程学院联合打造的"'一带一路'土木、交通专业复合型人才培养与创新模式构建"项目获批教育部首批新文科研究与改革实践项目；与研究生院共同发起的"'携手同行、重点突破'——主动服务'一带一路'的创新人才培养模式"项目获得2019 年同济大学教学成果奖二等奖。聚焦"一带一路""人工智能"等国家战略需求，将语言文字传承推广工作纳入贯通本科、研究生、继续教育的终身教育课程体系中，探索构建"'一带一路'汉语（文化）＋专业"人才培养模式，致力于培养具有汉语与中华文化传播意识和能力的工程类高端复合型人才。

形成了国际学生讲中国故事文化品牌。创新留学生理解中国教育新途径，着力中外学生讲好中国故事能力培养理论和实践探索，打造了"熊猫叨叨（Panda Talk）——国际学生讲中国故事""留学生行走看中国"故事班等知名文化传播品牌，探索新时代留学生成长特点和话语体系，引领留学生与时俱进地认知中国，研究中国，读懂中国，表达中国，形成完整的中国观，提高认识中国与传播中国声音的能力，在"理解中国"教育领域已形成同济特色的标志性成果。

国际中文教育大数据搜集与研究奠定坚实基础。习近平总书记指出：调查研究是谋事之基、成事之道。开展调查研究，重在调查，贵在研究。同济大学在长期的国际中文教育实践与研究中，积累了丰富的一手数据、案例；作为上海国际中文教育工作联盟秘书处单位，2021 年，同济大学成立了"国际中文教育大数据研究中心"，通过搜集、整理、分析、研究世界范围内的国际中文教育大数据，为国际中文教育的协调发展、错位发展、精准发展提供专业性建议，为教育部中外语言交流合作中心和世界范围内的国际中文教育机构提供数据参考。2022 年，同济大学联合上海国际中文教育工作联盟高校申报的《上海市国际中文教育基本情况调查研究》获教育部中外语言交流合作中心立项，以此项目为契机，将更深入地调研国内外的国际中文教育工作，透过现象抓住本质，发现真问题，寻找新机遇，为中外语言交流合作中心科学决策、精准施策提供咨询服务，推进国际中文教育事业蓬勃发展、健康发展、可持续发展。

人工智能赋能国际中文教育。目前，国际中文教育研究主要集中在对现状的梳理、方法的选择，或零散的宏观对策建议，缺乏系统性、全局性。在当下的信息时代，大数据、云计算、人工智能等彻底改变了信息传播的模态，国际中文教育路径和手段也从单一趋向多元，而现有相关研究虽涉及国际中文教育效果分析，但往往局限于某一具体课程、具体机构等等，整体性分析较少且零散。要保证国际中文教育理论和教学研究的质量和效果，首先就要制定具有中国特色、国别差异性、同时具有国际学术竞争力和影响力的质量标准体系、效果评估体系；其次通过对世界范围内国际中文教育历史与现状的梳理和分析，针对性发现国际中文教育的经验和教训，用于指导制定新时代国际中文教育质量评估体系，并综合运用大数据挖掘和人工智能技术，综合分析不同国家的国情、舆情以及国际中文教育相关数据，对整个国家或地区的国际中文教育进行效果评估，为动态调整、制定针对性的质量保障体系和效果评估体系提供真实有效的参考数据。

依托同济大学建设的上海自主智能无人系统科学中心、同济大学电子与信息工程学院、图书馆的学术力量，结合多学科优势，同济大学可以集聚上海甚至全球的高科技力量，根据研究需要，运用大数据挖掘新方法、自主智能相关理论与技术方法，提高数据库的数据管理、数据分析、数据挖掘和智能服务的能力，并实现科技与人文学科的深度交叉融合。

同济大学国际中文教育发展规划

同济大学将国际中文教育一级学科建设纳入学校整体学科建设，将国际中文教育卓越人才培养纳入学校主体工作，从战略层面一体规划，集中校内外优势学术力量，依托人工智能、土木工程、建筑设计等学科优势与特色，以国际化复合型国际中文教育专业人才培养为目标，凝练具有深远发展前途的学科研究方向，进一步提高教师队伍站位意识、时代意识、应变意识，强化教师教学与科研能力向人才培养需求转化，深入开展更具针对性的教学改革和科学研究，加强技术赋能，形成以国际中文教育专业知识为基础的复合型人才培养课程体系，推动国际中文教育人才培养工作更好更快发展，助力中国故事、中国共产党的故事在世界上"日用而不觉"。

推出系列理论创新成果，持续提供决策咨询报告。同济大学持续加强国际中文教育学科理论研究与教学组织形式创新研究，发表和出版创新性学术成果，按年度完成决策咨询专报和调研分析报告，并通过举办高层次系列学术讲座、国际高峰论坛、开设媒体专栏、加强国际合作等，为国际中文教育学科建设、教学资源开发、专业人才培养、创新实践研究，提供真实可信、具体可行、行之有效的分析研究报告和针对性的对策设计。

支撑国际中文教育学科布局。围绕国际中文教育专业学位博士点布局与建设，提供精准数据，定位区域需求，为学科点的布局提供参考数据；并基于国内高校现有国际中文教育学科建设质量评估分析，为学科试点建设提供参考数据分析，动态分析建设进程和成效，构建出符合国际中文教育世界需求与国内学科点布局相一致、相对应的人才培养与应用体系。

构建"国际中文教育元宇宙学习平台"。依托同济大学自主智能无人系统科学中心及工科优势，采用人工智能、大数据、5G＋等技术，为中外学生提供线上线下、课内课外、虚拟现实等互相融合的情景化学习体验，同时增强课堂交互功能，进一步提高中文学习者的自主学习能力和学习效率，提升其在工作中运用中文的能力，培养语言互通人才。

组织编写"一带一路"工种汉语教材。发挥工程类学科优势，科学规划"'一带一路'汉语（文化）＋专业人才"培养创新模式，推动具有鲜明"一带一路"特色、掌握关键技能的"'汉语＋'专业人才"的培养，并根据"一带一路"建设所需不同工种的汉语需求，基于沿线各国的具体需要，组织编写跨国别的工种汉语统一教材，并依托教材建设智慧课堂，构建工种汉语在线学习平台。

建构国际中文教育多媒体宣传矩阵。同济大学及时转化相关研究成果，推进网络舆论引导，进驻青年大学生聚集的网络空间，融合网络新媒体,开创国际中文教育宣传新模式,形成以微信公众平台、微信视频号、抖音、B站等为主要载体的新媒体矩阵,将同济大学打造成有意向学习中文及拟到中国求学的境外年轻人了解中国的窗口。

持续性调查研究,从区域到整体,形成国际中文教育全息信息链。 与国内外高校、科研机构协作,根据教育部中外语言交流合作中心的工作要求,区域性进行国际中文教育现状调研,分析形成区域性国际中文教育发展报告,基于调查所得数据、案例,完成高水准咨政报告,最终形成世界范围内国际中文教育整体性调研分析报告,建构数据谱系树,既有助于顶层设计,也有助于精准施策。

建设国际学生专业中文智能学习系统。 依托同济大学自主智能无人系统科学中心,整合高等教育研究所、外国语学院、人文学院、艺术与传媒学院以及土木工程学院、交通运输工程学院、环境科学与工程学院、设计创意学院等学科资源,面向"一带一路"建设急需专业人才,建立国际学生专业汉语常用词汇资源库和学习平台,实现语音校正、汉字纠偏、单句测评、语篇修改等自主学习功能,提高国际中文教育复合型人才培养效率。

建立国际中文教育质量评价标准体系。国际中文教育涉及国外多方力量,是一项复杂、繁重的事业,必须精准施策,科学推动,才能中外协力,有序推动,保证质量。为此就需基于对国际中文教育在所在国的隐形和隐性数据搜集、分析并论证,有效确定和精准把握国际中文教育的发展阶段,明确实现或未能实现预期目标的促成因素或阻碍,做出合理的推理和判断,确立具体参考指标,建立质量评价标准体系。

精品课程建设。基于调研数据和研究成果,线上、线下结合,文、理、工相融合,以第一手的材料、最前沿的理论,培养卓越的国际中文教育专业人才,筹建国际中文教育省部级(含)以上精品专业课程。

创建和打造品牌杂志。2023年,同济大学创办了《中华文化国际传播》(辑刊),作为信息发布和研究成果发表平台,通过开设专栏、专辑方式,聚焦国际中文教育学科理论建设和人才培养理论创新,逐渐打造成为"两个面向"(国际和国内)刊发的、推动国际中文教育与中华文化国际传播的品牌。

国际中文教育民间企业发展的"敏感点"

　　随着国际中文教育的市场价值逐渐凸显,越来越多的民间企业开始参与到国际中文教育市场中来,发展模式也各有特点,呈快速增长趋势。疫情结束后,因为疫情期间线下中文教育的困境,很多企业通过自身技术优势,逐渐在疫情期间的国际中文教育工作中崭露头角,与高校的合作也越来越密切,逐渐成为国际中文教育的一支生力军,也需要得到越来越多的关注与支持。

　　如何避免国际中文教育市场失衡。国际中文教育中国企业发展中遇到一个很尴尬的问题,就是资金问题。因为国际中文教育市场化,所以目前也有很多外国资本进入市场,而且融资方式灵活,一些海外中文教育公司目前已获得了大量融资,基本都来自国际大型的私募基金如红杉,但国内的民企却很难得到国内资本的关注和投入。因为国际中文教育与国家安全有关,长此以往,国际中文教育数据和发展走向就有可能受到外资控制的外国公司主导。

　　如何建立国际中文教育数据分析中心。兵马未动,数据先行。数据就是说服力,也就是生产力。有了数据分析为依托,就会实现资源投放的精准,减少浪费,就是提升了生产力。因为数据与国家安全有关,所以要由政府主导建立国际中文大数据分析中心。数据来源一是国家相关部门、教育机构等,一是中文教育企业,尤其是海外企业,国家可以采取政府采购方式,公开购买相关数据,由国家数据分析中心统一进行分析研究,酌情再把分析成果反馈给企业和大学中文教育机构,从而建成一个适合各国中文教育需要的数据支撑系统,使学习中文变得更加高效,大家支持中文教育的积极性也更高。

　　国际中文教育走入市场,在商言商,无可厚非。但一旦出现外资与中资发展的不平衡,就会对国际中文教育的发展方向产生影响,就会失衡,就会失去中方主权,对此我们不能熟视无睹,而是要积极扶持中国民营公司,与外资产生抗衡,以保证国际中文教育平衡发展。中文是我们的母语,决不能出现"妈妈"被别人控制的局面。为了避免出现这种情况,政府要明确中文企业的合法身份和地位问题,因为有了身份,民企才方便去融资,资本也才敢于投资,而有了资本支持,中国民企就有力量与外国资本支持的中文教育企业进行抗衡,以民间应对民间,也能更便于化解对海外中文教育的各种主管故意攻击,营造更有利的中文国际化环境。

技术如何赋能国际中文教育。目前世界上 70 多个国家已把中文纳入国民教育体系,但数字背后的现实仍然是:中文的国际地位目前与英语、德语、法语和日语的国际地位不可比肩,甚至可以说差距很大。这说明,中文的国际地位与中国的政治、经济地位十分不匹配,这是一个残酷的现实。为了尽快提升中文的国际地位,靠常规手段显然很难实现快速超越。

技术就是生产力。中国在人工智能、大数据分析等方面的技术引领世界潮流,一些中文公司已经以 AI 技术进行中文教学,有对中国人的,也有对外国人的。AI 技术对搜集整理国际中文教育数据也很有价值,我们未来要充分运用技术赋能优势,在提升教学效果的同时,掌握国内外的国际中文教育大数据,通过数据分析进行定量定点研究和推动,掌握国际中文教育的发展主动权和先发优势。

国际中文教育教材要真正落地。从教材使用情况看,目前国际中文教育普遍存在一本或一套或几套教材包打天下现象,而且国内国外同步用,其中主要是获赠的教材,而海外一些中文教育机构师资专业化程度低,也就图省事选择已有教材。首先,国内外中文学习者的环境差异大,同一本教材虽然定了教学对象,但国内外实际情况却是千差万别,学习对象的学习能力自然有落差,同一本教材国内外适应性不一致;而即使在海外,各国学习者所处环境和语言能力国国不同。要真正实现教学目标,就必须根据数据分析,据实选择或编写教材,不能拍脑袋,一时冲动或应付了事。

　　目前的教材,编写者对学习对象和学习效果的设计多臆想,想当然,编写者甚至都没给外国学生上过课。这样的专家编出来的教材高不成低不就,送给别人用确是出于好意,但教材水土不服,还占用了别人的时间和空间,别人扔吧,又承你一番好意,成了夹生饭、出气包。着眼实用,我们要面对不同基础、不同年龄段、不同文化宗教和方言的人群,不断根据数据进行筛选分析,在用中改,在改中用,最终由从教者自己编写自己要用的教材,并逐渐形成一种习惯、一种传统,最终实现谁用谁编,谁编谁用,当然可以共享,但不搞统一化、标准化、模式化。

国际中文教育与海外中国企业应互动互助

随着中国企业在世界上不断扩大布局，企业所需要的语言服务也越来越多样化，英语服务已经无法满足中国企业的需求，而且作为中国海外形象代表，非英语国家的中国企业内部以英语作为中国和所在国员工的交流语言，不但对企业文化造成消极影响，而且有损双方民族尊严。更重要的是，以第三方语言进行沟通，难免产生歧义与误解，日常交流尚可弥补，但若是技术问题，就会直接影响企业发展大局。因此，海外中国企业以中文作为交流和工作语言，已是中国企业发展的内需，也是中国企业所应承担的使命。因为语言是文化的载体，每一个海外中国企业都应成为一所中华文化的大学校，以经贸合作推动中文落地，是中国企业当仁不让的使命，也是应有的责任担当。

问题很清楚，答案也很清楚，但如何做？做什么？谁来做？对于这些问题企业和相关机构却依然模糊不明。企业在中国国内时，不存在语言问题，很多企业走出去后才意识到语言问题，才认识到从英文服务改为中文服务的必要性。

近年来，随着国际中文教育的发展，海外中文服务已有一定的基础，但中文教育仍基本局限于教育体系之内，而且海外中文教育主要是人文教育，甚至只是兴趣课程。因为中国企业海外发展远远落后于西方发达国家，所以不像这些发达国家的海外企业根基深厚，所在国针对这些企业的人才需要已经形成了相对稳定的人才培养体系，在中国就是这样。而中国企业属于后发企业，所在国、所在地还没形成针对性的专门技术人才培养体系，尤其是在新兴市场国家和发展中国家，特别是在"一带一路"国家，在道路建设、市政工程、农业产业园领域，更是如此。而中国国内相关专业人才培养又远水不解近渴，且成本高，稳定性差，数量不足。所以，海外中国企业"就地取才""就地育才",对企业内的外籍员工进行"技术＋中文"培训,就成为维持企业生存和发展的基本保证。

目前中国企业在海外承建的项目主要集中在交通、农业、医疗等领域,对本土化技术与管理人员的需求持续增加。企业可与国内或所在地的中文教育机构合作,根据企业实际需要,针对性设计"技术/管理中文"课程,如"焊接中文""打针中文""打印中文"等等,甚至可以进行"一对一订单式"培养,即学即用,学中用,用中学,成本低,效率高。

如果企业所需"技术/管理中文"人才多,且希望外籍人员能在企业承担一定级别的管理工作,除了中文能力培养外,企业应该加强对这些后备技术/管理人员的文化浸濡,从企业文化到中国文化,从企业精神到中国精神,从企业自信到中国自信,从企业智慧到中国智慧……都需要在相对长的时间内进行系统培训,而且对培养环境也有特殊的要求,最好能回到企业的母体中国总部所在地实地感受,感动,身心逐渐与企业命运连在一起。企业可分批优选这些优秀海外籍员工,与企业总部所在地的高校、职校或培训机构合作,以"课程＋实践"的方式,为企业海外发展提供中外兼通、能胜任技术和管理需要的跨文化本土人才。

但培训毕竟是短暂的、临时的、救急性的,若企业要在所在国根深叶茂,就必须与当地的人才培养体系融为一体,以发达国家海外企业人才获得之道为参照。当企业成为所在地经济、社会生活中的有机成分,也就是说,成为当地人生活中的日常存在、日常谈资、日常所需时,企业文化实际上与当地文化已经在一定程度上融合了,成为当地人所向往的就职选择了,中国企业就可以通过提供奖学金,通过当地政府与高校,将企业的人才要求纳入所在国的教育体系,作为一种文化符号,引导当地教育人才培养的方向。

当然,融入当地国民教育体系要面对很多政治制度、教育政策、文化习俗方面的障碍,包括一些人为的阻力。企业应在充分创造条件基础上,逐步实现融入当地国民教育体系的目标。其第一步,是在条件允许的情况下,与中国高校或教育机构合作,按需引入中国中文师资、志愿者,在企业内创办外籍员工"中文＋技术"培训班、培训学校甚至大学,根据企业需要,健全学习专业设置,最终形成以中文为教学语言、专业基于企业需求的教育体系。其第二步是,在形成一定的规模和社会效益后,与当地政府合作,逐步将企业员工培训机构扩展为所在国国民教育体系内的教育机构,教育对象从企业员工扩展为员工＋国际教育系列学生,成为所在国国民教育体系的一部分,从而依托所在地教育体系储备企业人才,为企业可持续发展、在地化发展提供更深广的人才支撑,企业文化也就实现了在地化、日常化。企业所代表的中国形象也就真正的日用而不觉了。

5W＋1H：留学生如何学好中文

中文到底难不难学？中国人说不难，外国学生说难，但外国汉语教育者有的却说不难，如白乐桑，还建议中国老师也不要对外国学生说中文难，或同意外国学生关于中文难的说法。这个问题实际上就是"小马过河"的问题，也是"盲人摸象"的问题，仁者见仁，智者见智，不能一把尺子量天下。但作为语言学习的一种，中文学习也具有语言学习的普遍规律。对中文新生而言，要学好中文，首先要了解并掌握"5W＋1H"原则。

Why：为什么学习中文？学习者一定要首先明确自己学习中文的动机。是对"中国"好奇，还是渴望了解中国？是对中文好奇，还是对中文所承载的中国文化好奇？是想通过中文获得职业，还是想通过中文成就研究中国文化的事业？将来是要以中文为工具找到其他工作，还是想以中文为职业，如教中文，从事翻译等等？或者只是偶尔吃过一次中国食物，例如螺蛳粉、过桥米线、麻婆豆腐等等，从而对中国饮食文化产生了兴趣？弄明白这个"为什么"，在中国学习中文时就可在常规学习之外，根据自己的兴趣学习一些相关中文知识，培养某一方面的兴趣，说不定哪一天就会成为自己的专业，成为职业选择。

Who：这是一个看似不是问题的问题。事实上，很多留学生学习中文并非本意，尤其是一些华裔子弟，多是出于实现父母对自己的期许，父母希望子女不忘母语，不忘祖籍国，所以不但在国外想方设法让子女勿忘中文，如在家里坚持讲中文，而且还将子女送到中国，在更好的中文环境里学好中文，爱上祖籍国。所以说，作为留学生，你本人要明确这一点。如果是你自己选择学习中文的，这个问题就容易；如果是家长、周围环境让你不得不学的，现在你既然开始学习中文了，就不要左顾右盼了，而是要调整心态，从被动学习慢慢习惯主动学习。这个时候你要一次次地告诉自己：不管你学习中文的最初原因是什么，现在真实的情况是：是你在学中文。另外，虽然你学习中文是被动的，但你现在不是在为那些让你学中文的人而学，你学的东西进到你自己的脑子里，你将来就要用中文，甚至靠中文获得物质和精神的价值，所以，你还要一次次地告诉自己：我在为自己学，或者说首先是为你自己，当然客观上也是为你的家庭、你的民族、你的国家，也是为中国、为世界。

What：学习什么？汉语，方言，民族语言？只学语言，还是以语言为基础，了解中国文化、中国历史？来中国读书，无论是学习什么专业，无论合作项目、所学专业是否需要以中文授课，既然到了中国，或者将中文作为专业，如国际中文教育专业，中国语言文学专业等等，或者作为融入中国生活的需要，或者只是出于对中文的兴趣，留学生的第一需要，就是学习、了解中文。但对来华留学生来说，只学语言显然是不够的。一来就结缘，来中国读书的留学生，无论将来从事什么职业，都不会再和中国脱离，都需要更深入了解中国，理解中国，才能获得个人更好的发展。学在中国，成于中国，先学中文，进而了解和理解中国文化，再通过中国形成跨文化理解世界的习惯和视角。

Where：美国教育家杜威曾在美国倡导"生活即教育"，并曾通过胡适及其本人在华演讲，影响中国的教育理念。留学生学习中文、学习专业知识、形成能力的最终目的，还是提升社会生活的质量，增强本人、家庭和社会大众的获得感、幸福感。因此，留学生在华期间，除了认真完成课堂学习、培养计划外，还要注重从生活中学：学中国人的生活语言，生活中的中国智慧，中国思路，将课堂知识与生活知识结合，学在课堂，用在生活。因此，对在华留学生来说，中国的每一个地方，每一个中国人，都是学习中文和了解中国文化的课堂，都是传道授业解惑的老师。

When：时不待我，我不待时。学习是没有时限，没有周期的，若说有，那就是从生到死，一生都在学习。但将中文作为一门外语来说，实际上你从一开始动了学习中文的念头，你就已经在学习中文了。因此，在系统学习中文的同时，也要养成时时学、无间断学的习惯，最好是无意识学，如痴如癫，甚至在梦中都在学中文，讲中文。也就是说，上课是有时间限制的，但学习中文是无固定时间的，只要想学，任何时候都是学习时间，而且要学会从学习中文到不自觉用中文思考，自然用中文回答问题。这个过程，就从现在开始。如果之前已经开始，那就更好了。

How：如何才能学习中文？不知多少人问过这个问题，也不知多少人问答过这个问题，但基本原则是：学无定法，人各有法，法法不同，法可不同。每个留学生都可以根据自己的中文基础、学习习惯、学习环境和条件、对中文的应用范畴、专业的区别等等，选择不同的学习内容、学习方法、学习手段。但综而观之，任何语言体系都是一种科学体系，应该遵循科学的方法，遵守一些基本原则，如养成良好习惯，不怕困难，找到最适合自己的学习方式等；多与老师、同学交流；走出教室、宿舍，到中国生活中去学，学习鲜活的中文，随时随地运用中文，向每一个遇到的人学习等等。学习中文，就要把自己变成一个行走的中文人，这是最有效、最基本的原则。

总之，对留学生而言，中文，就是一种外语，与英语、法语、德语等一样。学习中文难不难，与问学习英语难不难，在性质上是一样的。但婴儿跟着父母学语言时，从来没先问父母难不难，就是那样开始学了。所以说，我们要学好中文，就要把自己变成嗷嗷待哺中文的"婴儿"。

同济大学来华留学预科教育的思考

2009 年,同济大学被列入留学生预科教育基地,作为新生事物,受到学校高度重视和社会各界的密切关注和积极支持。从国际文化交流学院角度,预科作为一个新的留学生教育的有力抓手,对全面推进学院工作,提供了一个良机。

压力即动力。要做好同济留学生预科教育,应该遵循一些基本工作原则和具体做法。

基本原则:在学院全局工作中,应优先发展预科,夯实第一步基础工作,最终形成同济预科模式,为预科教育提供同济智慧。

具体做法:制订预科教育制度。兵马未动,制度先行。应集全院、全校智慧,初步制订关于预科教育的一系列规章制度,以保证预科教育质量为前提,合理兼顾各方要求,且具体,可行。

教学凸显同济特色:课程设置以教育部的相关标准为标准,同时结合同济学科特点和留学生教育及管理经验,形成一套具有科学性、实用性的教学管理模式,并在教学实践中不断摸索,完善,使同济毕业的预科生都留下鲜明的同济烙印。

教材建设:争取在三年内,编写并出版一套相对成熟的预科教材,突出"强化"色彩,重视实用性。

理论研究:加强预科教学与管理方面的研究。目前国内的预科教育研究还比较薄弱,要鼓励老师将预科教学与研究结合起来,以教学中的第一手问题及应对策略为基本材料;整理提升为预科教育经验与理论,多发论文,在预科教育领域发出同济声音。这样同时也可激发老师们的教学热情和理论研究兴趣。作为新的理论增长点,只要有心,肯努力,每个预科老师,都可成为预科教育专家。

分班制度科学化:学生教学的分班,一如初高中生的分班,对教学质量和学生学习,会潜移默化地产生很大影响,甚至会影响学生一生的发展,所以不可不重视。分班必须基于学生的学业成绩和心理,加强前期考核,实事求是,科学合理,并进行动态监控和及时调整。合适的就是最好的。让每个学生都找到自己的学习定位,并指导他们确立追求目标,根据学习的动态发展及时进行动态调整。把分班变成一种促进学生学习的手段,而非目的。

师资队伍建设:师资队伍从组建到发展,都要相对稳定,结合大学教育的特点,辅以职业化的素养和技能,使预科教师都成为能教、能写、能管理的全能型人才。

"软件"建设:形成预科教育的良性工作氛围,互信互动,开放自信,人人为我,我为人人。预防并最终杜绝各种狭隘的派性思想、争权夺利思想,把预科教师队伍变成一个"虽清苦,但快乐"的大家庭。

"硬件"建设:教学设施必须一流。争取学校支持,完善学院多媒体教学条件。一流的师资、一流的设备、一流的学生,三个"一流"齐下,必成"滚滚来"之势。

预科师生关系要和谐:学院要搭建师生交流平台,除了课堂教学,还要让师生常有机会接触,让学生随时可以找到老师,让老师随时可以找到学生,课堂内外有别又无别。同时鼓励学生之间多合作交流,可以采取中国大学班级管理模式,建立留学生班级自治管理体系,让学生发挥自我管理的主观能动性,这也是增强学生之间互相了解的机会。学院要做的,就是把握方向,提供条件,并能及时指导和引导。

课堂教学形式要改革:改变传统的"传教式"的单一教学模式,创造机会,让学生参与到课堂教学活动之中,在"听、说、读、写"课都要注意调动学生积极性。由教到学,变成学生要学,主动向老师请教。由教师为主体,逐步过渡到以学生为主体。这个改变很难,也会给老师造成很多新压力,但对学生的学习和老师的教学,都是一种促进。谁先调整谁就先占主动。预科教学名师,必来自积极做出这种调整的老师之中。

HSK 辅导:预科教育的成果,以教育部的 HSK 考试成绩为标准。所以,应在预科生学习过程中适时增加 HSK 辅导课程,并以模拟考试的成绩指导课堂教学。

加强跟踪调研:预科教学时间短,要求高,实践性强。应根据学生的学业要求,有计划地将学生的学习时间科学分成若干阶段,在每一阶段确立对应的教学目标,并逐段追踪、分析、反馈,层级式推动各阶段目标的实现,最终完成预科阶段的教学任务。

适当增加专业适应课程:因预科生将来都要到中国的大学继续学习,且与中国学生共同上课,所以,对他们而言,语言只是第一关,他们将来必然还要面对专业学习上的困难。因此,对学有余力的预科生,可针对他们的专业方向,与同济大学的相关专业合作,提前让他们走进专业课堂,去感受并受到震撼,去与中国学生交流,以此让他们"预适应"专业学习,使他们在同济不但学好汉语,还能为未来的专业学习打下坚实的基础。

建立助教制度:预科教育除了精心进行课程设计外,还需全方位营造一个汉语和专业学习的氛围,尤其是将课堂外的时间充分利用好。一是为了巩固课堂学习效果;二是让学生课余也能有事做,这对学生的课余安全也是一种保障;三是有助于中外学生加强了解和交流,这对培养中外学生的国际视野十分有益,尤其能推动留学生加快了解中国文化;四是有助于留学生通过与中国学生的接触,可以对将来所学专业有一些基本的了解,有助于以后顺利进入本科阶段后的专业学习。

预科教育是一项新生事物,在摸索中前进,就得多做预案,未雨绸缪,立体筹备。任何一件事,要做,就得做好;要做好,必须周密计划,综合考虑。

方言进留学生课堂：可行性与必要性

　　国际化办学水平是衡量一个城市国际化发展水平的重要指标，而城市，尤其是上海、北京、广州这样的国际化都市，也一直将跻身世界国际教育交流中心城市作为自身发展目标。随着各地教育国际化水平的进一步提升，距离这一目标的实现越来越近，而要实现这一宏伟蓝图，仍需全社会形成共识，尤其是各高校等教育机构，精诚合作，共同研究，资源共享，优化结构，充分发挥高校集群作用，在服务于国家整体留学生教育战略的同时，创造出留学生教育的地方特色模式。在充分发挥地方高校集群优势的同时，实现各高校自身的发展机遇，在资源共享的基础上实现利益共享，有效扩大当地留学生的整体招生规模和留学生教育特色。

　　留学生教育作为实现国际化建设目标的一个重要环节和主要内容，是各地政府和高校都非常重视的工作。作为最集中、管理最规范的外国人群体，如何将他们培养成推动地方文化国际化的"联合国团队"？随着中国地方经济的主动性越来越大，这个问题也越来越得到各地政府和教育界的关注。但因为留学生管理体制的特殊性，留学生融入当地文化的渠道逼窄，参与度低，尚未发挥出明显作用。鉴于留学生，尤其是国际中文教育专业的学生以学中文为主，可以尝试从语言教学入手，通过推动方言进入留学生教学体系，打通留学生融入当地的入口。这样不但可助推各地的留学生教育更加健康、有序融合，而且可以使各地方言作为中文的有机组成成分，成为留学生理解地方文化、将来助力地方经济文化走向世界的重要手段。

　　随着越来越多的外国企业、机构进驻中国，对懂中文包括方言的所属国人才的需求也越来越大，尤其是在当地生活过一段时间、熟悉中国国情、地方情况的外国人才的需求很大，这就客观上使地域文化成为吸引外国留学生的重要元素,也提醒各地注意发掘地域文化中的国际元素,推进与世界的接轨。地方文化为高校拓展留学生生源,以及国际人才培养的社会化提供了土壤和机遇,尤其是培养基于地方文化特色并适应地方文化的外国从业者,提供了进行语言教学和实践培养的机遇,也使当地高校的留学生教育因此获得了新的发展机遇。

一个简单的逻辑是:来华留学生到中国后最先接触的是其就读学校所在地的文化和语言(普通话、方言),进而了解和理解中国文化;而要实现各地国际化建设目标,也需要各地不但要培养"知华、友华"的留学生,也同时要注重培养留学生的"土色",即地方特色、地方味道,为各地的未来发展积蓄国际人才。

来华留学生总是以学习中文开始中国文化之旅的。语言环境是语言学习的决定性因素之一,如在国外大学学习中文的学生,由于缺少相应的中文语言环境,学习效果都大打折扣。显然,语言学习的实效与语言环境密切相关。留学生学习中文,即使同在中国,也受不同地区语言环境的影响。

以汉语为例。汉语大致有七大方言,即北方方言、吴方言、湘方言、赣方言、客家方言、闽方言、粤方言。汉语的方言是汉民族共同语的地域分支,也是汉民族各类型的文学艺术和民俗化形成和发展的基础,与地方文学艺术的多样化发展有着密切的联系。方言词汇的差异往往能反映出不同地方的民俗文化特征。

留学生在中国要学的首先是普通话,是国家通用语言文字,所以,方言教学并不是留学生教学计划的必要成分,如同全国所有的课堂都要求普通话授课一样。但众所周知,方言本身也是一种文化,中国共有130多种语言,而每一种语言都是一种文化的体现,而每一种方言文化也都是中华文化的一部分,尤其是在经济发达地区学习的留学生,方言学习的需求会比较强。教育机构应顺势而为,在条件允许的情况下,适当开设方言课程,让有意向学习当地方言的中外学生都能找到学习的课堂。这样不但可以丰富留学生在中国的学习体验,感受到中国语言与文化的丰富性,而且可以更加直接地推动留学生们通过学习所在地的方言,尽快融入当地的生活文化，消除异国学习的陌生感，加深对中国语言文化环境的认同感，这对稳定他们的学习情绪，提高学习效率，促进中外学生的交流，显然都具有积极作用。

方言教学是一种多元文化的传播方式和手段，是提高中文教学和中国文化课程教学质量的新途径。留学生从了解一种地方文化的角度来学习方言，与学习普通话并不矛盾。在对留学生的汉语教学中，应在避免方言的不利影响的前提下，积极主动地发挥方言对传播中华文化的有利影响，并借此提高留学生融入中国社会与文化的积极主动性，在生动的语言和文化交际活动中进一步提高学习中文的成就感，消除心理障碍，推动他们更深入地理解中文、理解中华文化的丰富内涵。

学习方言，首先是留学生生活的需要。在当地的大学学习期间，留学生们每天早晨在路上买早点，和宿舍楼的阿姨、清洁工师傅打交道，到超市、商场购物，耳边一直听到方言。久而久之，他们就对这种比普通话还普通的方言产生了兴趣。生活在这种城市语言环境中的洋学生越来越觉得不懂这种语言，会给日常生活带来很多不方便。

学习方言，是为了更好地与当地的中国朋友交流。留学生在学习期间都会交一些当地中国朋友，他们会发现，这些中国朋友其实生活在方言环境里，和家人在一起，和朋友在一起，常常说方言，让不懂方言的外地人或外国人一头雾水，如同陌路。这些经历让他们觉得，要在当地学习、生活甚至工作，会说方言是必要的，否则就找不到"当地人"的感觉，更不可能融入学习所在的城市。

学习方言，是未来进一步发展的需要。一些留学生读书期间可能会渐渐感觉到当地文化的吸引力，希望毕业后能在当地找到发展的机会，如继续留在当地读研深造，或到跨国企业等外国驻当地机构工作。

学习方言，是为了进一步学习和研究地方文化的需要。有的留学生选择在某地读书，就是因为事先通过某种途径对当地已有所了解，或是地理位置，或是地方特色小吃，或是地方风俗，或是当地有自己的朋友等等。学习方言，有助于他们今后更好地研究自己已经喜欢上的当地文化。

当然，留学生学习方言的原因和动机各自不同，有的留学生是希望通过学习方言掌握更多的语言学习技巧,提高自己的中文水平;也有的留学生本来就对中国的语言文字和地方方言有浓厚兴趣;也有的留学生只是为了给自己的留学生活增添更多的乐趣。

方言教学需要方言教材,在留学生教育领域,方言教材几乎还是空白。有条件的高校应组织专业研发团队,编写出能真实反映地方文化特色、简便易学、口径适度的应用型方言教材,并从方法和观念上带动留学生教材的改革;与此同时,基于当地高校留学生培养的基本要求和留学生学习中文的规律和语言教学规律,立足于当地独特的语言文化环境,开发设计具有当地留学生教育鲜明特色的考试体系,在题型、内容、考试环节、质量评估等方面突出地方特色,既适应考查留学生中文交际能力的实际水平,也可作为当地高校留学生培养质量的综合评定标准之一。

加快推动中文成为国际共同语

中文的世界里，生活着中国的世界观和人生观，表达着中国的辩证法与方法论，跳动着中国人的爱恨情仇，流淌着中国的过去、现在与未来，包含了中国人的传统价值观和社会主义核心价值观，催生出了人类命运共同体理念，孕育着中国式现代化，预示着中华民族伟大复兴梦的实现。

这样的一种文字——每一个文字，都是一段历史，是一个深深的脚印，甚至还有一个中国人鲜活的生命——代表的就是中国，是中国人的根与魂。要让这样的一种文字走向世界，就是中国走向世界，中国人走向世界。

中文的智性和人性：“国际共同语”的基础

“人类语言生活的发展路线是创造文字、创造传声技术、创造电脑技术，普及国家共同语和国际共同语。”（周有光）中文，尤其是汉字，是中国人发明创造的，实际上代表的是人类的智慧和文化的结晶，理应成为人类共用的语言之一，成为“国际共同语”，作为中国智慧的载体服务国际生活。虽然历史上世界语的理想逐渐式微，但“世界语”的需求却是客观存在的。各种翻译软件的出现，实际上暴露出了人类缺乏“国际共同语”的现状和对“国际共同语”的渴求。随着人际交往国际化的到来，以及愈来愈高效便捷即时的交流工具和手段的出现，人们在不同国家间行走，就需要一种具有高度国际性的交际语言。目前英语在一定程度上就是这种国际性语言。

一种语言的国际影响力和辐射面与以这种语言为母语的国家的经济实力成正比，随着中国国际影响力的提升和综合实力的提升，中文就逐渐有可能成为世界更需要的国际共同语,在国际交往中发挥媒介和桥梁作用,不但官方需要,而且民间更需要。

中文是世界上使用人口最多的语种,使用人口约占全世界四分之一。改革开放以来,随着中国持续发展,世界对中文的需求持续升温,中文热在世界各地已成常态。中文自身的智性和人性,成为世界上一切文明哺育的人群和族群接受和喜爱的基础,也使其天然具有国际性;中文自身的开放性和包容性,使其在不断输出与输入的过程中日益丰富,也使其在与各国语言文化交汇融通的过程中日益发展;中文自身的世界性和普及性,成为世界上一切风土人情土壤上都能落地生根的易生性语言,使其在世界各地形成了以华语学校为星星之火的区域发展态势,一旦时机成熟,就会连点成片,成区块链,通过"中文割据"(区域化发展),推动区域之间联动联合,实现跨本土、跨国别合作,形成国际性影响力,成为国际性语言。

马克·吐温在《可怕的德语》中表示:"如果一个人有语言天赋,那么他可以三天学会英语,三十天学会法语,三十年学会德语。"但实际上,中文的书写和朗读要比拼音文字用时短,所占空间小,造词、组词、语法相比于英语、俄语、法语等语言都相对简单,如英语动词有 16 种时态变化;俄文名词就有阳、阴、中三性,形容词也有性、数、格的变化;法语的名词有阴、阳性和单、复数之分;德语名词有阳、阴、中性,且基本无规律,名词的复数形式则有五种变化……汉字的发展历史则是不断简化的历史,是以实用和普及为基本原则不断精致,精细,精确,就像中国古老的木质结构建筑,都以最精确的预制件精准拼装而成最软润美观、结实耐用实用的建筑物。一个汉字都是这样的一个建筑物。每一个汉字的演变,都是一代代中国人生活智慧的产物。这个过程,就是去繁就简的过程,就是去芜存菁的过程,就是由散而聚的过程,就是凝神韧骨的过程。因为,抛开各国附加于文字自身所没有的意识形态性,从实用的便捷性角度看,中文无疑是最适合当代和未来高速发展的世界所需要的语言。

中文具有严密的内在逻辑性,如数字采取十进制,中国人数学思维能力强,与这一点也有关系。中文同时又具有内外兼具的艺术性,每一个汉字都像一副最符合审美标准的肌体或自然物,都以最适合生存、最符合自然规律的形式呈现在世人面前,既表意也传神,人性、韧性、美感、质感等于一体,这是世界上其他任何文字都不具备的特性。着眼未来,汉语还是最适合 AI 技术的语言,因为相对于其他语言,汉语最简明易读,如英语系统的音节有 40 万左右,而汉语最多也就 1 900 多个音,甚至更少。一旦这种可能性变成现实,中文就会成为世界经济发展的载体和助推器、加速器,就会成为世界日常生活中的常用语。

中文走向世界,世界需要中文。目前世界上中文教育普及的形势和国内格局都发生了重大变化,而且局部阻力加大,被附加上意识形态偏见的中文教育甚至一再被恶意抹黑,"背锅"。但事实上,世界范围内对中文的需求依然强劲,在进一步吸引留学生来华的同时,在推进已有国外中文市场向纵深发展的同时,继续拓展海外中文教育的合作伙伴,加大中文朋友圈仍是未来一段时间内中文走向世界的主要工作。

中文的开放与包容:国际共同语的未来

中文是中国发明创造的文字,是中国智慧的产物。但中文属于全人类,就像世界上所有民族的文字都属于全人类一样。但中文特有的开放性与包容性,中华文化特有的"天下为公""人类命运共同体"特性,使中文更容易吸收、融汇世界上其他语言国际化的优势,扬长避短,成为国际共同语。

这个过程,就是中国的中文,成为世界的中文的过程。

这个过程,也是中文的世界,成为世界人的世界的过程。

而目前,这个过程尚处于初级阶段,即国际中文教育阶段。

教育,狭义上指专门组织的学校教育,广义上指对人的发展有直接影响的社会实践活动。狭义的教育体现出明显的计划性、组织性、主动性、主观性,带有一定的说教性,甚至"一厢情愿",目的都是启蒙或影响受教育者的心智,帮助受教育者按最客观、最公正的知识体系形成自己的知识积累和思维体系,对自我和世界形成客观的认知。所以说,教育的根本目的是育人。

当前中文世界化主要依靠教育，是主推，基本上是狭义的教育范畴。国内外从事国际中文教育的机构和团体的身份属性和社会属性也一般是独立或中外合办的教育机构，以中文教育为主，同时承担文化交流和民间外交等多重功能，以教育促进中外合作与人民友谊。

鉴于当前中文的世界化仍主要以狭义的教育推动，国际中文教育要在中外合作框架内尽快找到并形成自身的内在逻辑与可持续发展路径，目前最现实的做法是在国际中文教育中纳入讲中国故事能力培养，并将之内化于课程体系、培养方案，以讲好中国故事构成国际中文教育的逻辑。

三年疫情后，中文世界化的重新布局和推广应基于更具广泛性的中文学习对象的变化，或我们希望发生的变化进行顶层设计，方法也应相应进行改变，逐步实现世界中文的局面，更多采取广义的教育方式，即通过各种社会生活活动，以中文影响人的身心发展，以人为主，人人为主，代表了中文教育的生活化和需求的普遍性，是主助。

形成世界中文局面的教育概念更开放、更全面、更民间、更客观，也更符合世界语言文化世界化的历史现实和基本规律，也就更容易得到世界认同和接受。

只有人人都生活在中文环境里，才能形成中文世界化的生活局面。为此，需要更加发挥中外民间中文教育力量的主动性，以中文教育发力点的散点、多点态势，应对世界中文教育目前所遇到的散点、多点的阻力点格局，以利益驱动为先导，推动民间多点合作，化解政府的集团式压力，即以民间应对民间，以多元应对多元，以专业力量应对专业力量，以伦理应对伦理，以教育应对教育，以科学应对科学，以外交应对外交，以企业应对企业……尤其是面对以美国为首的西方势力的刻意打压，我们要针对不同国家、地区的实际中文需求设置不同议题，而在战略上则要准备好打持久战，战术上要以有效消解敌对力量为根本目标。只要有利于这个目标，无论是游击战、麻雀战、伏击战，还是迂回穿插都可以灵活机动用于实战。只有这样，才更能有效消除海外中文教育发展过程中遇到的有形和无形的障碍，最终实现世界中文的理想愿景。

　　1973 年 12 月,第 28 届联合国大会把中文列为大会和安理会的工作语言。2010 年,联合国新闻部(现全球传播部)宣布将每年的 4 月 20 日定为"联合国中文日"。这一天,是二十四节气中的谷雨。相传就是在这一天,仓颉作书而"天雨粟,鬼夜哭"。除设中文日之外,联合国的六种官方语言:法文(3 月 20 日)、西班牙文(4 月 23 日)、英文(4 月 23 日)、俄文(6 月 6 日)、阿拉伯文(12 月 18 日)都有自己的庆祝日。各母语国都会在庆祝日举行各种语言文化交流活动。

　　2021 年 1 月 25 日,联合国世界旅游组织(UNWTO)和西班牙政府正式将中文纳入联合国世界旅游组织官方语言;国际航空运输协会(IATA)修订国际航协章程的语言条款,在英语、法语、西班牙语和阿拉伯语的基础上,增加中文作为官方语言。目前,中文已成为联合国主要机关和下属专门机构、国际粮农组织、国际民航组织、国际电信联盟、世卫组织、世界旅游组织、世界知识产权组织的官方语言和工作语言。

　　在世界各地的机场、商场、图书馆、大学校园、观光景点、饭店、街道、卫生间……汉字随处可见;"你好""你好"的打招呼声随时可听到。

　　世界很远,但中文拉近了你与我的距离,每个人都离中国很近。

　　中国在逐步走向世界人心中;中文的世界化已不只是梦想。

——原载"文旅中国",2023 年 8 月 11 日

根植中华　梦播世界

今天是个特别的日子，对所有的毕业生来说都是个特别的日子；对所有毕业生的父母、孩子们来说，也是个特别的日子；对所有教过你们的老师们来说，也是个特殊的日子。再简单一点说，对所有和我们有过接触的同济的一草一木，每一位同济人来说，今天都是特殊的日子。当然，对我来说也是个特别的日子：所以我今天穿了一件新衬衣，真是新的。我很少穿正装，喜欢穿 T 恤，今天穿得这么正式，说明我是真激动了，特别在意这个事情。

我非常珍惜今天，也希望大家珍惜今天。

大家来自五湖四海，一年前、两年前、三年前来自五湖四海，今年毕业又要奔向五湖四海。作为一个老师，我想问所有毕业生一个问题：几年前从五湖四海来到同济国交院的你们，和今天要从同济国交院奔向五湖四海的你们，有没有什么区别？你们的答案应该是肯定的，但这个区别在哪里？对此 1 000 个学生应该有 1 000 个答案，但我想大家都不约而同想到了一个共同的答案：几年前从五湖四海来到同济的你们，还没有你们今天才有资格获得的名字：同济人。

刚才现场的一颗气球炸了，这是移情作用产生的结果，说明我们内心的热情和激动在膨胀，气球代我们炸了，我们得控制住自己的情绪。这也说明在我之前发言的老师和学生代表有气势。我没这个本事。但我同大家一样激动。

今天你们有了一个共同的名字，作为同济人，有了同样的同济烙印和同样的"直挂云帆济沧海"的精神，现在你们就要真的离开同济了，你们希望带走什么？希望留下什么？希望传承什么？希望发扬什么？若干年后你们再回到这里，你们希望看到什么？希望再带走什么？……这就是一所大学、一个专业的精神延续,代际传承,我们每一个毕业的和将要毕业的同济人,都是这个传承链条上的一个环、一个扣、一个结,谁都是必要的,离开谁都不行,也谁都不能离开谁,将这个链条永远延续下去,就是我们每一位毕业生"毕"后的"业"。

为了这个我们共同的"业",我觉得有责任代表所有老师,送给大家几句话,也是我们国交院师生共同秉承的工作风格和做人风格,是我们的"国交院精神",我概括为"二同二怀二气",大家这几年应该都感悟到了,今天我和大家再同温一下。

二同,即协同和陪同。同舟共济精神就是协同精神。同济人特别会合作,特别愿意合作,特别要团结,有他人意识,具有团队精神。6月底我们国交院的留学生龙舟队到汨罗参加国际龙舟赛就体现了这种精神。到汨罗后只用了几天时间,来自不同国家的队员们就成了名副其实的"同济队",动作一致,精神一致,获得了好成绩,得到了好评价,中央电视台都做了直播报道。刚才我们建了校友联络群,以后我们不论走到哪里,我们已毕业的、将要毕业的和现在要毕业的,都永远是一个团队:"同济国交队"。大家要保持联络,保持协同,遇到任何问题大家互相商量。大家同舟一起划船,才能实现各自的目标,同时也能实现团队的目标。

我之所以特别提出陪同,是因为我们都是有家庭的人。我们都有父母,汉硕毕业生很多都有了自己的小家庭,有了自己的孩子,生活工作压力都很大。但无论如何,我希望大家都首先做一个正常的人。无论你来自哪个国家,即将面对何种生活,从今天大家在同济毕业之后,都记住自己的人生底线:能够做一个正常的社会人。能工作,能生活,能照顾自己的家人,能照顾自己的同事。我觉得这才是我们同济国交院培养的学生,我希望大家具备的一种生活意识,甚至能成为一种生活无意识。任何时候都能够知道陪伴自己的家人,陪伴自己的朋友,陪伴自己的同事的人,一定是一个负责任、有担当、能成事的人。所以我一直认为这种陪同意识和能力,也是助力大家事业成功的一个基本的条件,因为一个不顾家的人,一个不顾念家人情感的人,不考虑他人感受的人,成不了一个好的社会人,更不可能对社会做出积极的贡献。这是我的个人认识。我今天作为老师代表之一,也是家长之一,希望大家有这种陪同精神。

二怀,即情怀和胸怀。作为一个同济人,要有家国情怀、天下情怀、世界胸怀。因为我们是国际文化交流学院,胸怀天下,促进中外文化和谐交流是我们的天职和本分。国交院的毕业生就要有一种天下气概、世界气势,走在路上,与人交流,都要不自觉地流露出这种"味道",这样你才能是合格的同济国交院的毕业生。所以大家既是同济人,更是世界人。我们愿意报效国家,愿意促进世界和平。我们时刻着眼于世界人类的发展,我们心怀人类命运共同体的理想并有能力推动其成为现实。人类命运共同体是基于中国优秀传统文化自然发展出来的新时代中国向世界贡献的理想世界图景。我们从同济毕业,接受过系统的中国文化知识,理解"天下为公"是中国文化的底色,人类命运共同体理念也将成为同济国交院毕业生应该具有的一种情怀和胸怀。

二气,即底气和骨气。同济牌的学生,要有底气奔赴五湖四海,因为你们是同济国交院的毕业生。不论你们在国交院学习了四年、三年还是二年、一年,哪怕只有半年,都或多或少带有了这股底气。刚才几位老师、学生代表的发言让我非常感动,因为大家都谈到了这一点。同济国交院的老师是最优秀的教师团队,他们视学生为孩子,付出了最真诚的感情,他们是真为学生操心,操碎了心。刚才晓静发言时几次都快流泪了,我还替她着急,心里说:你可千万别流泪,你一流泪就会引我流泪,我还咋"谆谆教诲"呀? 而且"男儿有泪不轻弹"呀! 我想说的是,有这样的师生关系,教出来的学生肯定会带着同济的底气。

当然,底气主要是你们自己铸就的,靠你们学到的知识,锻炼出的能力,形成的气质和人生态度,家国情怀等等。这学期我非常惊讶地发现,国交院的教室每晚都有学生在自习,而且很晚。晚上十点多,十一点多了,还有留学生在教室里夜读,讨论数学、化学问题、语法问题。说实话,这种现象我之前真没遇到过,我还偷拍了一些照片、视频,因为我怕说出来没人信。后来与兄弟高校的同事谈及此事,他们还真不信,我就打开视频给他们看,都很惊讶,说我们是不是给学生压力太大了,我说同济国交院"从来不把外国人当外人",同舟共济啊! 大家都有了些羡慕的神气,我就有些小得意。我得意的是：当我们的留学生能够和中国学生一起熬夜、读书、讨论时，留学生就融入了同济国交院，融入了同济、上海、中国，没有"内外之分"了，中外文化交融了，我看重这一点。你只要在同济这样认真学习了，以后遇到任何困难，就会想到"同舟共济"四个字，你就有了来自同济的底气。

所谓骨气，就是说不论你何时走到何地，都要坚持同济人对国家、对世界的使命感，成为人类文明进步的四梁八柱。刚才汤驿也说了，他是到同济才第一次学德语。我们为什么要开设德语课？就是希望大家能有机会从各个角度吸进同济的味道。一个单位、一所学校或者一个家庭都有自己的味道，不管这种味道是什么香型，它都需要长久的沉淀，在你身上日积月累，久而不觉，在你走向人生后的漫长征途中，再慢慢挥发出来。我希望你们带走的同济人的骨气，就是行仁仗义、服务国家与社会时的这股同济味道，是那样一种凛然正气，一种家国情怀，一种以天下为己任的胸怀。我们的留学生要走向世界各地，请任何时候都不要忘了为自己的民族，为自己的国家，为自己曾经学习过、生活过的中国挺起脊梁。

最后，衷心祝愿大家前程似锦，希望大家都行稳致远，脚踏实地，系好人生的每一粒扣子，踏实人生的每一个脚印。无论你们将来身在何处，是贫是富，是开豪车还是骑自行车，对我们而言，你们都仍是今天的你们，你们任何时候回到同济国交院，对我们来说都是一样的。

我们在同济国交院等着你们！

——在 2023 届毕（结）业典礼暨
校友返校日的致辞，2023 年 7 月 1 日

共同负责　共同成长

各位新同学、各位老师，大家好！

今天是个非常开心的日子，因为今天是迎接新生的日子，你们是新生，你们第一次来到同济大学，就是一次新生命的开始。

大家来到同济，把自己新诞生的生命根植于同济大学国际文化交流学院，我内心非常激动，又非常忐忑。就像一个妈妈生了一个孩子以后，满怀深情地看着眼前这个还不会说话的孩子。妈妈的感受就是在座老师们的感受。你们的亲生父母把你们托付给我们，这让我们忐忑，那就是：我们怎样才能像你们的亲生父母一样把你们照顾好？让你们学习好？尤其是我们的留学生，怎么样让你们千里万里之外的爸爸妈妈宽慰？我们期待有一天你们打电话告诉父母："爸爸妈妈请放心，我在同济很好的，你们完全不用担心。"说实话，你们在同济期间，我最想听到的，我一直等待的，就是你们对父母说这句话。这也是我和我的同事们一个明确努力的方向。

你们在同济获得新的生命之后，我们就有责任一起让大家在这里吃好、喝好、学好，茁壮成长。你们能健康长大，我们国交院这个家庭就有希望，我们就像看到自己的孩子成长一样感到快乐。

我刚刚讲的主要是作为老师，作为培养单位，我们会有的责任感。请你们相信，我们的老师都是这样的老师。而从你们的角度来讲，也应有责任感，你们不能把自己完全托付给我们，自己"躺平"。只有对自己负责任的人，别人才会对你负责任。

中国有句俗话，叫"扶不起的阿斗"，没听过的留学生可以查一查。你们能到同济来，肯定都是优秀的，只不过还需要老师加以指导。我希望大家不要做"扶不起的阿斗"，而要把自己当成赵云、关羽，至少当成张飞，能干正事,能担起责任,能主动去学习,在此基础上,在老师帮助下,你才会走得更远。我说的实际上就是两个意思:一是我们作为老师一定会做得很好,而且肯定是超出你们想象的好;二是你们作为学生一定要对自己负起责任来,也要超出我们想象的好,每天认真读书,每天认真思考,每天都有进步。

我们今天迎新的主题是"根植中华,梦播世界",我们这个楼马上起新名字了,我建议起名"梦远楼"。就是说,你们到了国交院,就要养成个国际化视野,你们要有同济天下的胸怀,也有服务天下的能力。你们现在所学的一切,都是为了服务全世界。在座的留学生、汉硕生,将来都要走向世界,都要有这样的情怀和胸怀。你们现在学的任何一个汉字,学的任何一种技能,思考的任何一个问题,都要放眼世界。放眼世界讲中国故事,才能讲好中国故事。

同济大学国际文化交流学院的学生,都要做到、也能做到这八个字。你们学中文,了解中国文化,目的是要把中国文化中的优秀成分和你们国家的和世界上所有国家文化的优秀成分结合起来,强强联手,和谐加和谐,和平加和平,快乐加快乐,你的幸福才能真正加上别人的幸福,带给别人真正的幸福。

所以说,我对大家的期待实际上很简单:我们作为老师负起责任来,你们作为学生对自己负起责任来,我们一起承担你们成长的责任。最终目标是把你们培养成有责任感,而且能够履行自己的社会责任的栋梁之材,这是我最大的期望,我想也代表我们所有老师的期望,我也相信肯定也代表你们自己的期望,让我们一起努力,好吗?

再次祝贺同学们在同济获得新生!预祝同学们在同济长大成人!

——2023 年 9 月 8 日在 2023 级新生(本科留学生和
　　中外硕士生)开学典礼上的致辞

第四章

国家通用语言文字传承推广

加大国家通用语言文字推广:困难与对策

一、困难

1. 政府对政策层层解读、层层误读

一是重政策解读轻解决问题,重政策宣传轻精准施策;二是政策解读上下级不统一,同一地区不同机构解读也不同,造成指导意见不统一,执行力度逐级递减,雷声大雨量小,甚至只打雷不下雨;三是民族地区政府和民间都存在各种客观和人为障碍。

2. 学校以语育人功能发挥表面化,形式化

一是相关课程未能聚焦语言文字"铸国魂、留祖根"的内涵,理解表面化,认识单一化,课程碎片化;二是教育者自身能力欠缺,教育形式陈旧,教学内容不系统,导致学生概念混乱;三是教材缺乏全国统一标准、规范和质量评估机制,问题教材进了课堂。

3. 城乡认识态度和推广程度差别大

一是对语言文字资源的重视程度和保护力度有别;二是乡村语言文字的推广传承"后继无人"情况更突出;三是语言文字规范治理工作难度有别,语言文字传统与标准规范之间的矛盾在乡村更激烈。

4. 大陆、港澳台及海外一体化建设乏力乏策

一是普通话培训测试机构分布不均衡,执行标准不一致;二是缺乏针对港澳台及海外华裔青少年的教材,未形成互认的质量保障体系和效果评估体系;三是未以铸牢中华民族共同体意识为目标形成华裔青少年和新侨教学组织模式,和华裔留学生"知华友华"特色培养模式。

5. 西方语言影响隐秘而强势

一是以网络视频、影视文学作品等形式直接影响中国国民教育体

系和日常生活,日用而不觉,局部仍很强势;二是以语言学理论、翻译理论、传播理论、科技创新成果等形式影响中国人趋向于接受西方的思维方式;三是直接削弱青少年以国家语言文字涵养社会主义核心价值观的动力。

6."视觉霸权"混淆民众语言文字认知

一是混淆民众民族语言文字和中华民族共同体认同感;二是混淆语言文字蕴含的传统道德观和价值观,削弱中华优秀传统文化传承责任感;三是混淆民众语言表达、文字书写、文字推广方面的概念认知、推广途径和效果评估。

二、对策与建议

1. 语言文字事关国家形象,必须上下一心,中外一体

一是加强组织领导,确立各级政府语言文字政治观;二是加强整体规划,提升学校铸魂留根意识和能力;三是加强融会贯通,以中外语言文字交流促中外民心相通。

2. 语言文字事关民生福祉,必须全民同心,融于日常

一是加强国民媒体辨识能力,提升国民精神素质,自觉抵制庸俗暴戾语言;二是加强国民语言文字安全认识,时刻警惕外来语言文化影响;三是加强国民语言文字资源认识,自觉发现和保护民族语言文字遗产。

3. 语言文字事关民族团结,必须平行推进,平衡发展

一是加强宣传引导,提升全民中华民族语言文字共同体意识;二是正确认识民族语言与民族团结的关系,协同推广,协同传承;三是中华民族语言文字推广必须整体规划,区别化施策,差别化评估。

4. 语言文字事关国家未来,必须以人为本、以人赓续

一是加强组织民间研究者、志愿者,打"群众战"和"持久战";二是加强语言文字与人工智能等交叉融合,形成"专业＋语言文字"复合型人才培养联动机制;三是加强人才和资源区块链配给和共享机制,解决区域不平衡难题。

5. 语言文字事关区域发展,必须因地制宜,一地一策

一是加强服务重大区域发展能力,以区域语言合力赋能区域经济发展;二是加强重点区域语言规划,打造经济发展与语言服务协作特区,形成特色经验和理论;三是加强组织区域工作联盟,改变政府垂直管理模式,发挥区域主观能动性。

6. 语言文字事关国家统一,必须同文同种,华夏一家

一是加强协调协同,强化普通话培训合作力度,合理规划布局测试机构;二是加强统筹统管,共建教育资源数据库,打造数字化、智能化"空中课堂",共享精品资源;三是加强互信互助,共同开发统一课程、教材、文化品牌。

中华优秀语言文化的传承、弘扬与创新发展

党的二十大报告强调:"加大国家通用语言文字推广力度。"语言文字是中华文化的载体,也是基本元素,中华文化的传承、弘扬与创新发展,必须通过中文来实现。以推动中国式现代化发展为目的的中华语言文字的传承发展,既是中华民族历史延续的基础,也是新时代中国文化自信自强的基础。这是新时代中国语言文字发展的动力,也是目标。中国语言文字工作必须扎根中华大地,使每一个字都变成文化的种子,因为落地才能生根,根繁才能叶茂,众木才能成林,众林才能构成繁荣共生的中国语言文字发展新格局,形成中国语言文字工作的理论体系和话语体系。

2022年6月2日,习近平总书记在北京出席文化传承发展座谈会时强调,中国文化源远流长,中华文明博大精深。只有全面深入了解中华文明的历史,才能更有效地推动中华优秀传统文化创造性转化、创新性发展,更有力地推进中国特色社会主义文化建设,建设中华民族现代文明。10月28日,习近平总书记在殷墟遗址考察时指出,"中国的汉文字非常了不起,中华民族的形成和发展离不开汉文字的维系""殷墟出土的甲骨文为我们保存3 000年前的文字,把中国信史向上推进了约1 000年"。中华文明的历史发展,靠语言文字得以证实;中华文明的未来延续,依然要靠语言文字。没有语言文字,中华文化就是无源之水、无米之炊、无木之林、无雨之云;没有语言文字,中国的国家观、民族观、世界观、人生观、道德观就是空中楼阁、水中星月、风中酒香;没有语言文字,中华民族就是一团散沙,社会结构和治理就会杂乱无序,不知民族之根在何地,民族之魂在何处……

语言贯古今,文字载中华。中华文明要靠一代代中国人继承传承,政府、社会各界、教育系统要进一步提高认识,协力组织实施诵读、书写和体

悟活动,深入挖掘经典作品中丰富的人文精神,激发学生和社会民众的爱国主义精神,培养健康的审美情操。要进一步提高语言资源保护意识,加强语言规划,开展濒危语言、跨境语言等调查保护,广泛动员全社会共同关心爱护,利用科技优势,围绕区域语言保护进行一体化设计,发掘语言资源的政治、经济、文化价值,建设中国语言资源库,开发、开放语言文化资源展示平台;结合留学生教育,推动中国语言资源保护经验世界化。要进一步拓展深化内地与港澳、大陆与台湾语言文化交流,深入调研港澳台语言生活现状,围绕国家通用语言文字的教学与研究,与港澳台教育机构深度合作,全方位调研中文教学、普通话培训、普通话推广普及和实际使用等状况,基于调研策划、合作开展语言文字传播和宣传活动等工作,研发当代中国文化教材,搭建国际中文教育与中国文化学习的数字化平台,助力国家通用语言文字普及推广工作长远发展。

习近平总书记强调,"全面加强国家通用语言文字教育,不断提高各族群众科学文化素质"。语言文字是教育强国的基础,也是中国之所以为中国的基础。语言文字传承与发展不只是知识的传承与发展,而是国家、民族特性的延续。这就要求进一步加强语言文字工作的组织领导,提高语言文字工作的政治认识,将语言文字工作纳入各级政府绩效管理范畴,融入学校立德树人教育体系,形成全民语言文字传承创新意识,借力科技手段,全方位实施中国语言资源保护工程,推动中华民族共同体语言体系的完善与丰富,消除城乡差别,无论年龄老幼,无论民族区域,一体推进,教材统编,创新形式,在全面普及的基础上一体提高国民语言文字意识和能力,让跨越时空、绵延流长的中华语言文字永存、永传、永生。

以语言文字教育助力教育强国

语言文字教育是中华民族伟大复兴工作的基础,事关中国式现代化建设的全局,与全体中国人的生活密切相关,是筑牢中华民族共同体的纽带。这种基础性、全局性、社会性和全民性特点,决定了国家通用语言文字教育是党和国家工作大局中的重要环节,是教育强国的基础和保障。

一年之计在于春,一国之计在于人。语言文字教育直接决定了我们怎么培养人,培养什么样的人,为谁培养人,留根铸魂,决定了中国之为中国,中国人之为中国人,既抓住了教育的本质要求,明确了教育的根本使命,符合了教育规律和人才培养规律,也回答了教育如何强国这一事关党和国家前途命运的根本问题,直接决定着中国式现代化建设的未来,决定着中华民族的未来,也在一定程度上会影响世界的未来。

语言文字教育是教育强国的基础。语言文字是民族的身份标志,是民族文化的载体。说什么样的语言,写什么样的文字,所代表的是这种语言文字所记载、所表达的一种独特的世界观和人生观。因此,要强国必先强民,而强民必从强化文化身份始,而强化文化身份必从强化语言文字意识和能力始。东西南北中,军民工学商,农医理文法……中华儿女无论身在何方,无论从事什么职业,无论学习什么专业,都会以中华语言文字为原点汇心聚力,以中华语言文字为砖石筑牢中华民族共同体意识,合力推动实现中华民族伟大复兴梦。

语言文字是以人民为中心发展教育的基础。语言文字教育是国民教育,也是国民性教育,直接影响着国民的整体素质、人文素养、科学精神、世界观与人生观,也决定着人民的幸福感、获得感。语言文字工作必须确立民族平等原则,坚持国家通用语言文字推广普及,尤其是在民族地区、农村地区,全面均衡提升国民国家通用语言文字应用能力和语言文化素养,在普及基础上提高,在提高国家通用语言文字应用能力前提下实现中华民族语言文字认同,促进中华民族身份认同,只有这样,才能以语言文字教育润泽人民幸福心灵,顺利实现中华语言文化的代际传承,形成中华民族凝聚力和向心力。

语言文字教育是学校思想政治教育的基础。贯穿"立德树人"教育全程的,是国家通用语言文字和民族语言文字,包括方言。每个人从出生到接受系统教育到成为社会人,每一步成长都离不开语言文字的浸润与影响。也就是说,人全面发展的起点是语言文字。各级各类学校是国家通用语言文字教育的阵地。在当前思想政治教育一体化建设过程中,语言文字教育润泽无声,潜移默化,久久为功,是纽带、血液,是纹理和机理。只有以培养学生爱中华语言文字为基础,从娃娃教起,把语言文字工作纳入学校、教师、学生管理和教育教学、评估评价全程,才能更科学有效地培养学生爱祖国、爱中国共产党的价值观。

教育强国的依托和目标,是培养一代代德智体美劳全面发展的中国式现代化建设的接班人,确保党和国家的事业后继有人。党的十八大以来,立德树人作为教育强国的根本任务得到全面贯彻,保证了教育为党育人、为国育才,保证了党对教育事业的全面领导,保证了建设中国特色社会主义强国所必需的德才兼备的人才,保证了中国式教育现代化的本质和方向。这就要求各级各类学校必须以新时代中国特色社会主义思想铸魂育人,以社会主义核心价值观引领育人方向,从而确保人才"德"的"中国"特色,保证现代化建设的"中国式"。

以教育之力厚植人民幸福之本,以教育之强夯实国家富强之基,最终促进全体人民共同富裕,创造国家富强,这是教育强国的目的,也是语言文字教育的目的。

——原载"文旅中国",2023 年 6 月 21 日

大学生国家通用语言文字能力培养要走深做实

2022 年 11 月 18 日,教育部、国家语委发布《关于加强高等学校服务国家通用语言文字高质量推广普及的若干意见》,具体部署党的二十大报告提出的"加大国家通用语言文字推广力度"。《意见》站位高,立意深;务实求实,着眼长远,直面问题,如对推广国家通用语言文字的认识站位不高;语言文字在新时代中国式现代化建设中的作用发挥不充分;大学生语言文字应用能力不足;学校语言文字工作体制机制不健全等等。

国家通用语言文字是一个国家的文化标识,是融通中华民族的媒介,是中国走向世界的交流工具。大学生作为新时代中国建设的生力军,无论学习什么专业,将来从事什么职业,都必须牢牢站稳"中国"立场,服务祖国需要,共同建设好祖国未来,而所有这一切的链接纽带,就是国家通用语言文字。因此,大学生在专业学习的同时,如何以国家通用语言文字赋能专业能力,以专业学习提升国家通用语言文字的社会功能,是当前高校立德树人工作的重要环节,是必须规划好、解决好、落实好的关键问题。

《意见》指出,大学生要具有"一种能力两种意识"。一种能力,即语言文字应用能力;两种意识,即自觉规范使用国家通用语言文字的意识和自觉传承弘扬中华优秀语言文化的意识。高校培养大学生这"一种能力两种意识"的方法是强化学生口语表达、书面写作、汉字书写、经典诗文和书法赏析能力培养,促进语言文字规范使用。高校可以通过开设《大学语文》《应用文写作》《口语表达》《经典诵读》等语言文化相关课程,来锻炼形成学生的语言文字应用综合素质。就《大学语文》课来说,目前高校仍以讲读为主,基本上是高中语文课的延伸,学生自主学习意识弱,老师分析挖掘不深入,学者无味,教者无趣。要实现《意见》的要求,高校就要下决心进行改革,将《大学语文》课进行改革,从形式到内容都有机融入中华文化经典诵读元素,让大学生成为课堂的主人。通过吟诵,不但锻炼大学生的国家通用语言文字应用能力,而且能加深他们对中国经典文化的全面理解,理解中华语言文字之美、文化之美,实现语言文字与文化传承的有机结合。

大学生提高语言文字应用能力,有利于中华民族语言文字代代传续,确保中华民族根脉扎深扎广,繁衍生息。国家通用语言文字是世界上唯一承载了数千年文明而未中断的载体,是中华民族共同的精神家园,决定着中华文明的历史递嬗。中国的大学生要像珍惜自己的生命一样倍加珍视国家通用语言文字,并自觉承担传承推广国家通用语言文字的国民之责、匹夫之责。

大学生的国家通用语言文字能力还表现在文字书写能力。《意见》强调,要"传承经典诗文、书法、篆刻、曲艺等优秀语言文化,创建语言文化推广项目品牌"。字如人面,汉字就是中国人的"面"。汉字独特的结构和艺术审美性,使汉字书写成为锻炼中国人中文理解能力、艺术审美能力、文化传播能力的重要手段,也是向世界展示中国文化、中国形象的基本手段。高校要充分发挥自身学科优势,以科技赋能,打造多元汉字书写平台,开发汉字书写能力训练软件,加强汉字书写能力测试,推动汉字书写意识普及化、民间化、生活化,使大学生成为汉字书写的先导者、主导者、主推者和实践者。

大学生要具有国家通用语言文字写作能力。"大学毕业生不一定要能写小说、诗歌,但一定要能写工作和生活中实用的文章,而且非写得既通顺又扎实不可。"听说读写,是语言文字基本功。高校要将写作能力培养贯穿全校各专业人才培养,因为不论哪种专业,语言文字写作能力都属于基本功,是传情达意、抒写胸臆、传播研究成果的基本手段。现在高校面向非中外语言文学专业的学生开设了《应用文写作》课程,重点培养学生的应用文写作能力,包括公文写作、论文写作等等,但一般因袭传统,脱离现实,学生主动性不足,实战性不强。围绕《意见》,高校要统筹学校力量,将写作能力与学生素养提升、职业能力、服务意识和责任担当能力结合起来,增加实践机会,在实际工作中不断提升写作能力的针对性和时效性。

港澳台国家通用语言文字传承途径与方法

1981 年 8 月 26 日,邓小平在北京会见港台知名人士时首次公开提出解决台湾、香港问题的"一国两制"构想。"一国两制"是"一个国家,两种制度"的简称,这是中国共产党为解决台湾和平统一问题以及在香港、澳门恢复行使中国主权的问题提出的基本国策,即同属于中华人民共和国,大陆坚持社会主义制度,同时允许台湾、香港、澳门保留资本主义制度。

大陆与港澳台在语言文字方面的合作,也应在"一国两制"框架内推动和实施。港澳台的语言文字工作必须坚持以习近平新时代中国特色社会主义思想为指导,全面贯彻党的二十大精神,坚持"一国两制"方针,服务铸牢中华民族共同体意识,聚焦立德树人,融入港澳台整体发展,服务当地民众生活需要,符合国家统一大业需要,为进一步推动港澳台经济和文化发展,提供语言文字服务,培养出一代代具有中国心、中国魂、能齐心协力铸造中华民族共同体的中国新生代。

2022 年 11 月 18 日,教育部、国家语委发布《关于加强高等学校服务国家通用语言文字高质量推广普及的若干意见》,明确提出"增进与港澳台语言文化交流。支持开展粤港澳大湾区语言服务和科学研究,为港澳地区开展普通话教育、普通话水平测试、经典文化传播等提供支持服务。鼓励与港澳地区高校建立国家通用语言文字教育合作机制。加强与港澳台地区在中华优秀传统文化、中文信息技术、语言文字科学研究和人才培养等方面的交流合作"。

鉴于港澳台地区的国家通用语言文字生态复杂,目前急需调研核实普通话教学,普通话培训、测试,普通话推广普及和实际使用等状况,并基于调研策划、合作开展国家通用语言文字传承传播和推广活动等工作,研发具有区域特色的国家通用语言文字和当代中国文化教材,搭建数字化平台,助力国家通用语言文字普及推广工作长远发展。港澳台地区多元共存,矛盾多发,相关政策一定要着眼实际,同中有异,异中有同,充分发挥各级部门的主导作用,"授之以渔",加强统筹规划,制定专项方案,细化时间节点,确保按时保质完成国家通用语言文字传承推广任务,促进大陆与港澳台相关教育机构与组织的高效合作与互动,稳步推进国家通用语言文字推广普及的示范性站点的设立、品牌化教材与资料的开发,建设符合港澳台普通话学习需求的数字化、智能化网络平台。具体包括:

在港澳台增设普通话培训及测试机构。随着粤港澳大湾区的加速融合,越来越多的大陆中文培训机构进驻港澳,如 2023 年 3 月 5 日中文路普通话培训(测试)中心在香港成立,进一步扩大了香港普通话学习市场,为香港学生与职场人士提供更多学习普通话的机会,提供更多优质普通话课程。未来应充分动员和统筹一切普通话教育力量,推动相关教育机构或组织之间加强协作,不断丰富和完善港澳台普通话教育模式。

合作策划组织语言文化展示交流活动。中国语言文字是最明显的中华文化形式,也是最传统、最中国的文化载体。大陆与港澳台相关教育机构或组织应围绕普通话教学和使用进行多种形式的文化展示、展览,挖掘文字里的中国故事、中国智慧,切实提高港澳台地区的普通话认知、中华文化认同,从语言文字的同根同族性,潜移默化,形成中华民族共同体意识。

开发港澳台语言文字教材。逐步实现港澳台地区普通话教材的统一,是能否实现普通话快速推广和可持续推广的前提。鉴于目前港澳台语言文字现状,可先在大陆高校以港澳台地区学生为对象,开发最能适应港澳台学生学习普通话需要的教材,并开设专门课程,边学边试,边试边改,边改边用,逐步完善。待时机成熟,便可以以这些教材为基础,扩大适用范围,逐步形成香港、澳门、台湾统编统用的国家通用语言文字教材。

加强专门师资队伍建设。语言文字政策的贯彻、语言文字教学的具体实施,靠的主要是老师。在港澳台现有中文师资基础上,要加强国家通用语言文字教学能力培训,组建区域性的国家通用语言文字教师协会或联盟,同时借助中文师资在港澳台学校中加强国家通用语言文字宣传推广和语言志愿服务,共同形成国家通用语言文字的教与学相互需要、相互促进。

　　路虽漫漫,未来可期;同心求索,同语指日。

民族地区国家通用语言文字
推广传承的几个关键点

习近平总书记在党的二十大报告中提出"加大国家通用语言文字推广力度"。这是以习近平为核心的党中央基于中华民族伟大复兴和中华民族共同体建构全局,高瞻远瞩,以国家通用语言文字凝聚天下华夏人力量,共同面对世界百年未有之大变局,迎接第二个百年新征程的暖心举措、科学举措。

普通话是国家通用语言,规范汉字国家通用文字。作为一项国策,国家通用语言文字在全国范围内基本普及,但区域不平衡、普及质量不高等问题仍很突出。全国目前无法用普通话交流的人数约 2.7 亿,普通话水平测试未达到 60 分的约有 1.8 亿,另外还有大量从未参加过普通话测试的人口,甚至根本不知普通话为何物的人群,主要集中在农村和民族地区。

与世界发达国家相比,虽然新中国成立后一直重视普通话的普及推广,国家通用语言文字普及能力和效果都显著提高,但因为起步晚、基础相对较差,与主体民族人口占比高于中国的国家和主体民族人口占比低于中国的国家相比,中国通用语普及率都明显偏低。要赶上这些国家通用语普及率,实现国家通用语言文字高质量普及提高,民族地区普通话普及推广是关键区域、关键人群。

民族地区的国家通用语言文字普及是铸牢中华民族共同体的基础工程,是实现中国式现代化和中华民族伟大复兴的前提和助力,是实现共同富裕,推动各民族共同走向新时代中国式现代化的必要过程。

民族地区国家通用语言文字教育师资是关键。教师是国家通用语言文字政策的执行者、语言课程的设计者和质量监管者。"其身正,不令而行"，民族地区的教师首先要带头认真学好国家通用语言文字，做国家通用语言文字政策的切实执行者、实施者，以身作则，进而作为指导者，在课程设置、语言实践、质量检测等方面做好规划和实施，推动形成所在学校、社区共同学好国家通用语言文字的氛围，进而在区域氛围、城市氛围、社会氛围形成方面发挥积极主导作用。

民族地区的教师，尤其是从事语言文字教育的教师，要把国家通用语言文字普及推广工作视为铸牢中华民族共同体意识的重要途径，学深悟透习近平总书记关于民族工作的相关论述，坚定不移贯彻执行党的民族政策和教育方针，结合民族地区的语言文化多样性特点，顺应语言文字自身发展规律，在坚持推广国家通用语言文字的前提下，加强与民族地区语言文字传承推广的和谐共进，促进各民族语言文化交流互融，筑牢中华民族一家亲的根基。

民族地区国家通用语言文字服务要务实落地。新时代国家通用语言文字工作具有时代新内涵，与文化强国、中华民族共同体建设、脱贫攻坚、精准扶贫、生态文明建设等都一体并进，语言文字的繁荣与民族地区经济文化的繁荣是相辅相成、和谐共生的。因此，如何以语言文字的传承发展助力民族地区的经济文化发展，如何以民族地区的经济文化发展助力民族地区的语言文字传承发展，是民族地区各级政府，尤其是教育机构，尤其是教育机构里的语言文字师资，都要理解清楚并精准提供语言文字服务的问题，只有这样才能不断提高民族地区人民群众的幸福感、获得感、自信心、自尊心，从而提升对国家通用语言文字和民族语言文字的亲近感和主人翁意识，在全面享受新时代中国式现代化幸福生活的同时，能更充分享受语言文字所代表的中华民族文化之美、之和、之志。

民族地区学生国家通用语言文字能力提升须先从提升中华民族共同体意识为始。语言文字教育的最终目的是立德树人，筑根留魂，而立德才能明志，明志才能行远。因此，民族地区的语言文字教育，首先要从德、志教育入手，从语言文字与国家民族利益的高度和深度挖深挖透，讲清讲全，讲准讲明，从学生们的语言文字认识着手，提高思想认识。意识层面提升了，学起语言文字就心平气顺，事半功倍，而且会养成终生学习的习惯,并将这种习惯代代传承,子子孙孙无穷尽,这样才能真正实现语言文字传承推广的自然、自动、自发、自成,毕其功于一人,人人皆有语言文字传承之能、之功。

民族地区国家通用语言文字教育必须使用统编教材。语言文字传承的关键在教材。民族地区语言文字生态相对复杂,要确保国家通用语言文字教育的成效,必须不折不扣采用统一的国家统编教材,采用国家通用语言文字作为授课与交流语言,采用统一教学方法,采用统一考核标准,以国家通用语言文字贯穿学生立德树人全过程,教学相长,相得益彰。只要教师和学生都统一了国家通用语言文字传承推广认识,就会为社会输送自觉使用和自觉传承国家通用语言文字的各行各业的人才,久久为功,在民族地区形成以国家通用语言文字为主导、多民族语言和谐共生的语言生态。

加强语言文字国际交流合作

习近平总书记强调,"要更好推动中华文化走出去,以文载道,以文传声,以文化人,向世界阐释推介更多具有中国特色、体现中国精神、蕴藏中国智慧的优秀文化"。近期,教育部、国家语委印发了《关于进一步加强语言文字国际交流合作的意见》。《意见》以习近平新时代中国特色社会主义思想为指导,旨在推动语言文字国际交流合作迈上新台阶,服务新时代语言文字事业高质量发展,助力提升国家文化软实力和国际影响力。《意见》指出,语言文字对于促进不同国家间相互理解、不同文明间交流互鉴具有十分重要的引领和支撑作用。未来必须坚持党对语言文字工作的全面领导,不断优化语言文字国际交流合作的格局,持续提升中华优秀语言文化国际传播力,进一步扩大语言文字事业的国际影响力。

国与国的主要区别是语言,而国与国之间的主要交流渠道之一,是语言交流。当世界越来越关注中国时,中文也必将越来越受到关注。中国的影响力,中国智慧发挥世界性作用,也主要通过中文的世界化加以体现。因此,推动中文走进、走深世界,讲好中国故事,传播好中国声音,引领世界不同语言文字之间的交流与合作,促进人类文明交流互鉴,向世界展示真实、可信、可爱、可敬的中国形象,既是中国历史的必然趋势,也是中国的责任。

中文现在是中外人文交流的"晴雨表",也是中外经济合作的助推器,学习中文意味着融入世界,意味着新机遇和新前途。推动中外人文交流与文明互鉴,语言互通是基础;而面对百年未有之大变局,加强语言文字国际交流合作,打造以中文为媒介的世界语言文字交流平台,共同生产适合人类共同精神需要的语言文字公共产品,推动不同语言文字之间的文明对话,助力中华优秀传统文化搭语言文字之船,更好走向世界,向世界讲好中国语言文字故事的同时，讲好新时代中国式现代化故事。

　　着眼未来，我们应坚持以习近平新时代中国特色社会主义思想为指导，深入贯彻落实习近平总书记关于语言文字和中外人文交流的重要论述，拓展中外语言文字交流与合作，依托中国发展优势和国际合作基础，充分整合政府、学校的资源，依托海外合作机构，全面推进中外语言文化交流与合作，产出系列品牌产品，形成更宽口径、更深机制、更富效能的中外语言文字国际交流合作新局面。

　　目前，美西方为主的外部势力持续对中国进行思想渗透、文化抹黑、形象扭曲，污名化中外语言文字交流，将政治与语言教育混为一谈，大量关闭孔子学院，与中国台湾勾连重新布局中文教育，导致中外语言文字交流发展阻力加剧，阻力范围加大，多米诺骨牌效应明显。我们要更积极主动地推动中外语言文字协调协同，强化国家通用语言文字和民族语言国际传播力度，依托海外华校，更加合理规划布局海外中文教育；加强统筹统管，共建中文为主、兼顾外语的语言教育资源数据库，打造数字化、智能化"空中课堂"，共享精品资源；加强教材建设，形成以"中文＋职业"为特色的教材体系，推动与海外合作机构编写更适应海外中文教育的教材，奠定更符合海外中文教育实际、更符合语言文字交流规律、更能融合各种力量的中外语言文字交流合作的基础，从而突破传统发展模式，错位赶超英文等外语的国际影响力，达成语言和谐共进的新局面。

世界语言合作与文明交流互鉴

当今世界，百舸争流，却暗礁四伏，有些还是人为的设障，布满明雷或暗雷。百年未有之大变局，更是稳中有变，变中有变，一切都陷入非常态发展，难以预测。但正因此，人类命运更加休戚与共，一荣俱荣，一损俱损。只有携手共建人类命运共同体，不同文明包容共存，交流互鉴，才能共同推动人类发展进步。

语言是民心沟通的桥梁，以语言交流促进文明交流互鉴，是各国语言的基本功能。在历史发展新阶段，世界各国应摒弃意识形态偏见，还原语言的文明承载和民心相通的基本功能，推动不同语言文化之间更加坦诚的交流合作，服务构建更加和谐的国际合作，实现人类的共同进步。

相互尊重，加深理解，构建多语共生生态。国与国的差异，首先体现于语言的差异。国有强弱之别，语言无优劣之分。每个国家、民族的语言，都是文化的载体，记录了一个国家的历史和未来，是一个国家之所以成为这个国家的魂和根。从这个角度讲，语言就是一个国家、民族的生命。我们要像尊重一个人的生命一样尊重一个国家的语言，我们要像彼此相互尊重一样彼此尊重对方的语言，在此基础上，全世界要形成精神共识、技术合力，携手挖掘、推动转化世界多元语言的国别价值、世界价值，根于新时代，实现创造性转化、创新性发展、传承中保护、共享中共生，只有这样，才能以语言和谐促世界和谐，以语言共荣促世界共荣。

"各美其美、美美与共"，互鉴明己，相互映照。语言的生命力在于其交流能力与交流价值。不同语言融合就是不同价值的融合，实际上增加了不同语言的生命力，增益了不同语言的自身价值和世界价值。语言的相互交流过程，也是相互映照过程，可以相互学习，取长补短。而只有坚持平等、包容、共生理念，不同语言之间才可各献己美，互补己陋，使美者更美、陋者成美。这样的语言交流生态，才能孕育、促生出更加伟大的世界文明，使全人类从中受益。

与时俱进，继往开来，以科技为语言注入新血液。信息时代也是语言的时代，信息技术首先是语言技术。在人工智能等为代表的新技术日益生活化的时代，回避技术只会导致语言传承与保护、交流与互鉴日益狭隘化，如树缺水，就会逐渐枯萎，失去生命。语言借助新技术加以数字化、智能化，不但有利于语言资源的保护与传承，而且更符合 Z 世代的学习习惯、学习环境和交流手段，在与时代同步发展中保持日新日日新的文化适应性，也就保证能从时代生活中汲取生存和发展的血液，永葆语言青春。

合力携手，资源共享，培养国际化语言交流人才。人类社会中的人所做的一切，都源于人，基于人，为了人。人类语言也是如此。要实现语言文化之间的正常交流、有效交流，最关键的是能以人之安全幸福为出发点的语言交流人才。无论是文明互鉴，还是文明互进，都需要国际化语言人才的共同努力。要实现这一目的，世界各国必须开门揖客，赠人玫瑰，各自贡献出最优质的语言文化资源，最有效的人才培养手段，最优秀的教师，共同建设一所世界语言大课堂，集世界语言优才而育之，而成之，用之，使他们如星星之火，遍布世界语言土壤，精耕细作，守望相助，合作共赢，使世界语言永葆一片蓝天，使世界文化永远健康发展，使人类与万物永远和睦相处，"言言互愉，各美己言"。

科学规划、合理布局，构建跨本土的语言交流队伍。语言也有生老病死，历史兴衰，只有像保护大熊猫一样保护人类的语言，才能尽量减少语言家庭的自然减员，及时救治濒危语言，合理规划生老更替，保证语言体系的健康延续和有序发展。而要实现这一目标，最关键的就是从事语言文字研究和实践的人，即语言文字工作者。目前，语言文字工作者的工作范围主要在本人所生活于其中的语言体系内，而要构建世界不同语言的合理布局，就需要他们具有世界语言意识和跨本土沟通交流能力。目前这方面的语言文字工作者缺乏，亟须对已有语言文字工作者进行跨本土培训，并在已有人才培养体系内加大相关课程教学力度，加强国际化环境营造，在语言规划、语言治理、语言服务、语言资源保护等方面组建国际合作团队，围绕某一语言项目进行针对性培训，共建人才培养和使用共同体，推动形成全世界语言文字工作者跨本土流动机制，以语言文字合作，推动不同国家、不同文明之间更直接有效的合作。

我们为什么要守护非洲语言资源

问：您能介绍一下非洲语言资源研究中心的情况吗？

答：语言是一种战略资源，所以要保护。实际上，中国的语言保护意识也不是出现得最早的。语言保护概念比较清晰，而且比较超前的是一些西方国家，他们早就认识到了语言是一种资源，而且不仅仅是一种经济资源，还是一种战争资源，概括地讲，语言是一种国家资源。中国人为什么说中文，法国人为什么说法语？逻辑很简单，就是因为你是中国人，你是法国人。就像人无法选择自己的母亲一样，人也无法选择自己的母语。不同的语言代表了不同的思维方式，所以说法语的人和说中文的人看待问题、思考问题、解决问题的方式就不同。而不同的方式直接决定了一个国家的对外交流政策，一个国家实现现代化的手段和步骤、理论和方法。所以说语言作为一种国家资源，怎么重视、怎么提升都不为过。因为保护语言资源，实际上就是保护这种语言所代表的文化，保护一个国家、一个民族的世界观，也是在保护世界的一种文化资源。

中国式现代化包含了语言的现代化，而语言的现代化主要体现在我们的语言意识的现代化。语言文字强则国家强，国家强则语言文字更强。教育强国，首先就是要通过语言文字强国，中文就是我们中国人的身份证。我记得20多年前我们开始提出语言资源保护问题时，当时很多人都不理解，说话是再普通不过的事了，还要保护？实际上当时中国的网络还不发达，开放度不够，对海外信息处理方式缺乏警惕性。一些海外机构通过网络搜集中国的方言，就是发布消息，让中国人自己录音录视频上传到他们指定的网络空间，而且付费，年纪越大，说的话越值钱。一传十十传百，很多人都觉得天上掉馅饼啦，随便说一段话就能赚钱，多划算啊！很多老人就挺高兴。大家可能都看过一部美国电影《风语者》，看过之后就能知道民族语言作为一种战争资源的重要性,语言可以决定一场战争的胜负。所以说,我们保护民族语言,实际上就是掌握了我们国家一种独特的国家资源,这种资源是其他国家所没有的,关键时候还能保护自己的国家。现在中国的语言保护意识已经很强了,包括我们的语言规划、语言保护能力都已经得到了很大提升。国家层面、民众层面,都认识到了语言是一种资源,不仅仅是教育资源,更重要的是国家的经济资源、战略资源。简单地说,我们语言保护的最终目标,实际上就是保持我们的中国永远是中国。

同济大学 2020 年成立非洲语言资源研究中心,有很长远的考虑:一个是中国和非洲的合作越来越多,今年的金砖会议也在南非举办,另外一个是,在我们这里读书的非洲留学生也越来越多。随着"一带一路"建设的顺利实施,随着中非合作越来越全面,中国和非洲的合作将是长远的,而且前景是美好的。

我们在思考成立这个中心的过程中,更多考虑的是如何借力同济大学非洲学生资源优势,服务于"一带一路"建设,服务国家的对非合作,同时从中非合作培养人才角度,通过成立非洲语言资源研究中心,让非洲留学生认识到自己民族语言的尊严,认识到自己民族语言对自己国家发展、国际合作的重要性。

中国现在已经进入中国式现代化发展阶段。在进入这个阶段的过程中,在中国成长的过程中,我们有很多经验,同时也有很多应该让世界知晓的教训,其中也与语言有关,如中文国际化的经验、中华民族语言的保护与传承经验等等,都与中国式现代化发展密切相关。我们成立非洲语言资源研究中心的目的,也是聚焦中外语言文化交流问题,让我们的非洲留学生,或者说不仅仅非洲留学生,而是所有留学生,都更直接、客观地了解中国如何重视民族语言的保护与传承,以及语言保护与中国式现代化的关系,我们的很多经验、我们的很多教训甚至失误等等,也应该通过我们的非洲学生来分享给他们的朋友。对任何一个民族、国家而言,语言的价值不仅仅体现在对外交往方面,母语作为一种民族语言,实际上是留根铸魂的基础性工作。所以说语言合作对中非合作非常重要。我们现在支援非洲,帮助非洲,但最终我们肯定要推动非洲人自己来完成自己国家的治理。换句话说,我们的中国式现代化的今天,就是非洲国家现代化的明天,语言在其中所起到的融通、凝聚、合作作用,也可借此让非洲朋友更真切地感受到,从而更爱自己的语言和文化。

我们的非洲语言资源研究中心的工作重点是搜集整理分析非洲的民族语言,因为我们非洲学生多。我们希望他们把自己的妈妈、爸爸、爷爷、奶奶说的话录音或录成视频带到同济。我们中国现在有能力,我们同济大学有能力用技术手段把这些语言保护下来。按照我自己的理想,通过这种方式,我们让非洲学生在同济大学,在中国留下一份念想,这个念想是对母语的念想,对祖辈的念想,也是对祖国的念想。将来有一天我们培养的非洲学生回到自己的祖国,我们希望他们带着这一份念想去推动中国和他们祖国的合作,成为中非沟通的一座座桥梁。这个作用现在已经在发挥了。这就是我们成立非洲语言资源研究中心的初衷,通过对非洲各国、各民族语言资源的搜集、保护、传播,结合中国的优质教育资源,让中国智慧转化为他们的能力,更好地培养出能够胜任将来推动他们自己国家现代化发展的人才,通过他们帮助非洲的发展,帮助非洲国家实现自身的现代化,这是我们的初心,也是初衷。

中非友好合作的重要基础还是语言文化。非洲留学生到同济大学学习中文的同时,随时可以感受到同济大学在关注、保护他们的民族语言,这会是一种什么样的学习体验?我想,这就好像在国外读书的中国留学生,在校园内听到《中华人民共和国国歌》,或者说,听说自己读书的学校的图书馆或某个机构,在保护中国典籍,在像我们一样出于合作目的保护中国的语言时的感觉。这样做还有一个便利,那就是他们随时可以参与到自己民族语言的保护。我们对非洲语言的保护与他们学习中文是结合在一起的,分三个阶段:第一个阶段,提供语料,一到同济就提交,这时他们还不会中文,但告诉他们,过段时间要请他们将自己留下的语言并翻译成中文;第二个阶段,学习期间,3个月,6个月,或8个月,可以固定时间,也可以随机选个时间,请留学生自己翻译自己的语料,能翻译多少就翻译多少,这个时候对他们学习中文就有刺激了,他会对自己的中文能力,通过翻译母语,有一个评估。若翻译得好,他会在中文和母语之间找到共同的骄傲,既为自己的中文能力骄傲,也为自己的母语骄傲,通过中文他更爱自己的母语,为了母语和中文的互通,他会更加努力学习中文;第三个阶段,可以固定在他毕业即将离开同济大学的时候,若之前没有译完,就一定要译完,若之前已译完,就进一步完善。这样,留学生的母语通过留学生本人,在同济大学形成了一个闭环式传承传播,并与留学生的中文学习形成了一个你中有我、我中有你的共生链,形成相互促发、相互依存的生存关系,这对留学生加深对母语和中文的感情非常有效。这种感情会伴其一生,这样的留学生只要爱自己的祖国、爱自己的母语,就会爱中国、爱中文,因为中文与其母语已不可分。

这样做还有一种作用。在非洲留学生参与我们的语言资源保护中心具体工作的过程中,我们实际上按我们的方式告诉他们:中国重视自己民族语言的保护和传承,并且给他们分析我们怎么样保护的,怎么样传承的,以及保护语言和保护文化的关系,保护语言对一个国家实现现代化的助力作用。我们把自己的经验告诉他们,手把手教给他们信息搜集技术和分析手段。我们让他们在保护自己民族语言的过程中学习中文,循序渐进地让他们了解我们保护语言的具体做法,潜移默化。将来他们学成回国之后,一方面帮助我们推广中文,另一方面也会很自然想到我们保护语言的一些方法和措施,这样他们就会很自觉地推动自己民族语言的保护和传承。我觉得这是我们对非洲国家文化保护所作出的切切实实的帮助,这就是我们在用中国智慧帮助非洲发展。所以我常说,中非合作,首先就要从守护、保护非洲语言开始。

我们认为,这是留学生中文教育的一种独特的有效手段,是同济大学的创新举措,对世界范围内的语言教育,也会提供有益的借鉴。这种做法也符合中国文化"天下为公"的本性。

一个国家、一个民族的人,如果连自己的语言、自己的母语都不重视的话,这个国家发展的内驱力是不够的,因为他不知道自己为什么发展。就像孩子的成长,孩子为什么努力学习,上进?为了自己的父母,为了自己的国家。所以语言保护教育可以培养学生的语言保护意识,让其更加爱自己的母语,更加爱自己的国家。

我们经常说,我们培养留学生的目的不是让他为中国说话,我们没那么功利,我们只是在培养人才,只不过是留学生,是国际人才。既然这是我们对世界的责任,我们就老老实实地从他们所处的中国环境设计,入手,让他们真实感受到中国的历史、中国的痛苦、中国的快乐、中国的感情,取长补短,相互成长,让双方都少犯点错,多有点成长。这是我们从事非洲语言保护的基本目的,不能说是战略思考,但可以说我们在凭着中国人的良心在思考这个问题。

问:你觉得郑天赐是一个什么样的孩子? 咱们同济有很多非洲留学生,我们在非洲留学生中文教育方面有什么经验可以分享一下?

答:天赐是我特别爱的一个学生,应该说我们的老师们都爱这个学生。我有一次给重庆交通大学的汉语国际教育专业硕士生线上上课,他主动提问题,中文非常流利。我发现他有很强的语言天赋,热爱中文,热爱中国。后来我们就想了各种办法帮助他申请到奖学金,到同济大学读汉语国际教育专业硕士,以后我还要鼓励他继续读国际中文教育博士,将来成为一个出色的本土中文老师,成为汉学家,成为中非友谊的桥梁。

所以我们也想把天赐,以及像天赐这样的一批一批的留学生,培养成将来能够把中国的语言保护、语言传承的经验,包括我们的一些做法,传播到全世界的外国人才。我们培养每一个留学生都是为了这个目的,郑天赐之后还会出现很多的李天赐、汪天赐……只不过天赐目前相对而言可能更优秀一点,我们投入的精力比较多一点,但我发自内心相信他们都一定会成功。我们要把成千上万的郑天赐培养成汉学家之后,他们不仅仅有能力研究中国的语言、文化、经济,更主要的是要推动他们研究如何在非洲,在他自己的国家推动中文教育;还要做一个教育家。在推动他成为教育家的过程中,我们就想让他深度地融入我们这个非洲语言资源研究中心,很简单的融入形式,就是帮助中心组织、搜集、整理本国的民族语言,还包括非洲其他的民族语言。他们不仅可以在自己的国家发展,还可以跨本土到其他国家发展。在这个过程中,我们把他们培养成了将来可以跨本土的中文老师、教育家,民族语言保护传承人,非洲民族语言保护的倡导者和身体力行的实践者,中非语言文化交流的主导者。

实际上,我们培养留学生成为跨本土人才不只限于非洲学生,这已成为我们的传统。也就是说,我们培养的留学生,汉语国际教育专业的留学生,将来不但能在自己的国家教中文,他将来还可以到世界上任何一个国家去教中文,不仅仅是非洲国家,他甚至可以到美国、法国、巴西去教中文;如果是接受过我们语言资源保护训练的,他还可以在自己教书的地方参与所在地的语言保护,用在同济大学学到的经验告诉人们语言资源应该怎么保护,语言保护有什么样的价值,等等。他此时提不提同济大学,提不提中国都没关系,因为他提出来的语言保护理念、语言保护方法,我相信一定包含同济理念、中国智慧。

问:老师请您再简单介绍一下同济大学非洲留学生培养的情况,还有培养留学生的思路。

答:同济大学的留学生教育一直与非洲有缘。2020年我建议在同济创办一个非洲学院或非洲研究院,其中的一个考虑,就是将同济大学以留学生教育为代表的对非合作继往开来。同济大学在非洲有很多合作项目,水处理啊,交通啊,桥梁啊等等,这些都需要当地懂中文的人才。我们一方面从同济大学相关专业的中国学生里培养适合这些项目需要的专业人才,另一方面加大对非洲留学生的招生与培养。我们有100多个国家的外国留学生,其中有很多非洲学生。但产生成立非洲语言资源研究中心的想法,实际上是从2009年开始的,是从预科教育开始的。这要特别感谢教育部CSC。2009年,同济大学获批教育部来华留学预科项目,我们成立了预科部,接受中国政府奖学金预科生。这些学生在同济进行一年的中文强化学习,达标后进入中国的大学学习本科专业。预科生中非洲学生占了一大部分,国别也很多。他们进入同济之后,除了学中文,我们还考虑到他们将来如何适应所读专业的问题,于是我们就结合预科生将来就读专业,联系同济大学的相关学院,安排他们去旁听,去见习,去参加一些简单的实验或工程项目。同济大学是一所以工科为主的综合性高校,我们的学科优势与非洲的发展需要契合度很高,尤其是"一带一路"倡议提出以后。我们的非洲留学生毕业以后,能够很快进入实战工作序列,现在已活跃在很多工程、桥梁、工地一线岗位上了。这也是我们的非洲语言资源研究中心决不仅限于语言保护，而是着眼于人才综合培养的现实基础。我们培养非洲学生的目的不是只教他们中文，教他们专业知识，而是通过中文和中国文化影响，让他们掌握中国智慧并用于实践。为了这个目的，我提出一个说法，即不把外国人当外人。什么概念呢？就是我们把他们当自己的孩子培养，有啥好东西都教给他们，让他们融入整个同济大学的人才培养体系。留学生在同济读书就要像同济的中国大学生一样。我这学期有一个惊喜的发现，线下教学恢复后，每天晚上都有留学生在教室上晚自习，还相互讨论，在黑板上演算数学题，我都"偷偷"拍了照片。我说惊喜，是因为这改变了我对留学生的印象。我不怕曝家丑，我从事留学生教育已经 25 年了，这好像是第一次发现留学生自习到晚上10 点、11 点。以前留学生好像一下课就走，现在为什么这样？其中一个主要原因，是我们对留学生的要求与对中国学生一样了，一样的考勤，一样的考试标准，一样的关心爱护。我非常高兴，我们的留学生像我们同济大学的中国学生一样生活和学习了。这就是文化传播啊。这就是我们希望通过留学生传承、传播的中国文化。我们以后要依靠这些留学生向世界介绍中文，介绍中国文化，甚至将来从事中文教学，中国文化教学，向世界介绍中国式现代化，那现在就需要先融入我们中国式现代化的日常生活，只有融入了日常生活，他们才能够变得像我们日常人一样，像我们普通的中国人一样去思考我们生活中出现的现象。

我们高校做的一切工作的最终目标都是培养人。国与国之间、民族之间关系的维持，任何一种民族文化、民族语言的传承和保护，甚至一个国家是否能够延续，归根结底还是在人。所以我们对留学生的培养，我们要介绍中国文化，我们要介绍中国语言。实际上在常规教学之外，我们还采取了另外一种方式，就是让留学生深度融入中国的日常生活。

中国式现代化就是中国人日常生活的现代化，它融入我们中国人的一颦一笑，融入我们中国人在菜市场的讨价还价，融入我们中国人的一言一行。除了推动留学生深度融入同济大学中国学生的生活外，我们还和同济周围的社区合作，我们打造了"熊猫叨叨——国际学生讲中国故事"

"同济大学留学生行走看中国故事班"等等品牌项目,为什么做这些? 留学生教育绝对不能仅仅局限于课堂教育,课堂教育是象牙塔教育,我们现在的中国发生了那么多变化,万千景象不能让留学生只通过书本来了解,而且我们的很多书本是滞后的,所以我们及时启动了这些项目,就是让他们通过日常生活了解中国式现代化的日常面貌,然后不知不觉地、润物细无声地进入他的思维范围,也就是说,这会影响他以后思考中国的角度,那就是中国人日常生活中的现代化,因为只有日常生活更容易打通人与人之间的交往,大家都喜欢吃好吃的,都喜欢喝好喝的,这里面都体现了我们的中国式现代化。所以像天赐这样的留学生,我们会培养很多,将来他们都能够向世界讲我们日常生活中的现代化。他可能说不出现代化这三个字,但他只要把我们现代化中国日常生活中发生的这一切讲出去,就已经在向世界介绍我们中国式现代化的面貌,实际上也描绘了一幅他们国家未来要实现现代化的一个可以模仿、可以追随的一个图景。我们培养留学生的思路简单来说比较接地气,我们是在日常生活中培养我们的留学生,我们希望他们在日常生活中走出去,成为像我们普通中国人一样的普通外国人,将来在国际上,在他们的国家发挥很普通的作用,即能讲普普通通的中国式现代化的很普通的外国人。但实际上他讲出这些东西之后,他已经不普通了,所以我们的目标还是很高远的。说是普通,实际上我希望他们都不要普通,他只要这样做到了,他就不是普通人了。这是我们培养留学生讲好中国故事的辩证法。

语言文字的种子要落地生根

各位老师：

　　大家好！我非常激动。我们是前天晚上到的，到了之后大家就一直被这里特有的文化和地貌所吸引。我这两天一直在思考的是，为什么杜甫在这里只待了三个多月，就写了一百多首诗。杜甫当时身逢安史之乱，落魄流离，到了这里才有了暂时栖身之地。落魄的诗人最关注民生，吃喝拉撒，可杜甫却在三个多月里写了一百多首诗，这可以说是杜甫创作非常丰沛的时期。我们这次来到这里的直接原因是国家语委委托我们对口支持天水市麦积区的国家通用语言文字培训，但我觉得还有一个原因，那就是杜甫当时写诗时看到的、想到的那些东西，对我们来说，我觉得是情缘，千里情缘一线牵。我们乘高铁用时 9 小时，就是顺着这个"情"字而来的，这不是巧合，而是注定的。

　　我们昨天去了麦积区甘泉中心学校的子美小学，是以杜甫命名的，附近就有杜甫草堂。草堂周围有七古松、八古槐，都是和杜甫说过话的，我们今天也来了，课堂上听到孩子们天籁般的声音，我一下子知道了自己退休之后应该做什么了。我们回去之后，要想办法让这种天籁之声成为希望之声、麦积区的希望、甘肃的希望、中国的希望。虽然这次培训工作告一段落，但我们可以继续保持合作，一直手牵手，在老师之间，学生之间，在教师培训方面，互动交流方面，保持一生一世的合作，把我们同济大学国家语言文字推广基地和麦积区的缘分承续下去。

　　我也喜欢写点东西，昨天很激动，就写了一首小诗，也代表我们整个团队此时的心情。杜甫在这里写过一首诗，叫《月夜忆舍弟》，我模仿写的：

天水月夜怀杜甫

流离了残生，异乡月亦明。

南郭空对树，寄书托太平。

乱世羞作诗，陇右江南行。

雨顺麦积厚，兄弟应有灵。

我们称这里是陇西江南。来前和到后感觉差异很大，到了之后没有任何西北的感觉，这里的环境生态、人文气息都很浓厚。虽然我们来自异乡，在这里又是异乡客，但这里的月亮和上海的月亮是一样的明，因为我们都是中国人，我们都在说国家通用语言文字，我们都有中国魂在。我们现在到了新时代，"雨顺麦积厚"，麦积区风调雨顺，五谷丰登。杜甫和他的弟弟地下有知，也一定会为麦积区今天的发展感到高兴。

同济大学国家语言文字推广基地对口支援麦积区的语言文字工作，对我们而言是一种责任，也是一种荣幸。感谢 100 位学员的鼎力支持。同济大学的精神就是同舟共济精神，我们同济人走到任何地方都把朋友当作家人，这是我们同济人的情怀，何况我们已经有两个月的交流。为了高质量完成这次培训，我们高度重视师资的配置，我们的每一位老师、每一位志愿者，都是从全校优选的，尤其是我们的志愿者同学。我们还有留学生参加，他们的中文水平和责任心一点都不逊色于中国同学，这也是我们同济基地的一个特色。同济的基地建在国际文化交流学院，实际上也是想通过国际化中文教学的经验，在帮助大家提高语言文字能力的同时，适当地增加一些国际化的元素。

语言文字是强国的基础，我们强国的基础需要在整个世界文化大变局中找准地基，打好基础。面对中国的发展，世界上一些国家充满敌意，我们躲得了吗？躲不了。躲不了怎么办？我们就要去讲好中国故事，推动大家和谐相处，这就需要我们要有想法，更要有办法，推动中文走向世界就是一个很好的办法。所以我们今天特别带了两个留学生来，她们在子美小学上了课，被孩子们团团围住，下了课还有很多孩子让她们签名，这就会给孩子们打开一扇看世界的窗户。我们也是希望以这种方式，在麦积区的语培项目结束后，还可以继续以其他方式合作。如果需要，我们可以从麦积区的中小学老师中优选一些学员，到同济去参观、考察、座谈，发挥同济大学在传承推广国家通用语言文字方面的主体作用，发挥我们的优势。或者也可以组织我们的学生，包括留学生，到这里来支教，让这里的孩子们能及早接触到优秀的大学资源。这是我们的大学应该给我们下一代、下下代提供的优质资源。通过我们之间的这种合作，把同济大学优质的学术资源、教学资源，通过在座的各位能够让更多的孩子感受得到，体验得到，将来报考同济大学。

　　我刚才还在和我的同事讲，学问要做在大地上，种子只有落地才有可能发芽。我们的老师从事语言文字工作，就要把语言文字的种子种在最广袤的大地上，包括我们麦积区。期待我们共同努力，把语言文字的一颗颗种子种好，顺利发芽、成长、开花结果。试看将来的中国，必是中华民族语言和谐共生的繁荣景象。

——2023 年 9 月 1 日在甘肃天水麦积区国家语言文字
培训班结业仪式上的发言

语言文字服务乡村振兴

2017 年 10 月 18 日，习近平总书记在党的十九大报告中指出，农业农村农民问题是关系国计民生的根本性问题，必须始终把解决好"三农"问题作为全党工作的重中之重，实施乡村振兴战略。2018 年 9 月，中共中央、国务院印发了《乡村振兴战略规划(2018—2022 年)》；2021 年 2 月 21 日，《中共中央　国务院关于全面推进乡村振兴加快农业农村现代化的意见》发布；2 月 25 日，国务院直属机构国家乡村振兴局正式挂牌；2021 年 3 月，中共中央、国务院发布了《关于实现巩固拓展脱贫攻坚成果同乡村振兴有效衔接的意见》；2021 年 4 月 29 日，十三届全国人大常委会第二十八次会议表决通过《中华人民共和国乡村振兴促进法》……

2017 年 12 月 29 日，中央农村工作会议提出了走中国特色社会主义乡村振兴道路"七条"：必须重塑城乡关系，走城乡融合发展之路；必须巩固和完善农村基本经营制度，走共同富裕之路；必须深化农业供给侧结构性改革，走质量兴农之路；必须坚持人与自然和谐共生，走乡村绿色发展之路；必须传承发展提升农耕文明，走乡村文化兴盛之路；必须创新乡村治理体系，走乡村善治之路；必须打好精准脱贫攻坚战，走中国特色减贫之路。

2022 年 11 月 18 日，教育部、国家语委发布《关于加强高等学校服务国家通用语言文字高质量推广普及的若干意见》，提出国家通用语言文字工作要"服务全面推进乡村振兴"，"鼓励高校积极参与实施国家通用语言文字普及提升工程和推普助力乡村振兴计划，助力扎实推动乡村产业、人才、文化、生态、组织振兴；因校制宜、整合资源，面向农村和民族地区教师、青壮年劳动力、基层干部等重点领域人群和社会大众，开展国家通用语言文字能力提升、'普通话＋职业技能'等培训；积极参与经典润乡土计划,服务区域经济发展和乡土文化传承,发挥学科专业优势,发掘整理地方特色语言文化资源,探索语言技术、语言生态、语言经济助力乡村产业发展、乡村文化振兴和建设宜居宜业和美乡村的特色模式"。

中国广袤的乡村是国家通用语言文字工作的重点,也是难点和关键点。中国乡村振兴包含语言文字赓续与传承,但实际上乡村对语言文字资源的重视程度不够,保护力度不足。除了学校和当地教育管理部门,乡村的语言文字教育与推广基本处于自发状态,后继无人现象突出。即使在一些相对发达的乡村,经济富庶与国家通用语言文字认识模糊、使用不普及、"乡音"一统之间构成了鲜明的对比,乡村语言文字传统与国家通用语言文字标准规范之间的矛盾突出。

语言文字助力乡村振兴,着力点首先是提升乡村国家通用语言文字能力。乡村振兴前和振兴后的语言文字生态应有明显优化。振兴前的乡村,基本停留在传统的语言文字生态阶段,而振兴后的乡村,语言文字面貌应该焕然一新,而只有这样,乡村振兴成果才能传出去,走出去;而乡村民众在实现振兴的过程中,社会交往和对外交流的增加,也会主动提升自己的国家通用语言文字能力,会说普通话将成为乡村可持续振兴的基本要求和前提。

国家通用语言文字作为一种文化载体,可以提升乡村民众的精神素质和辨别能力,自觉抵制庸俗暴戾语言。乡村是语言暴力易发且难以准确识别的重要区域。乡村的文化水平相对偏低,易流行各种粗俗、色情甚至带有意识形态偏见的语言形式和内容,而民众辨别能力不足,又易于推波助澜,加速其传播和蔓延。通过普及国家通用语言文字,可以规范乡村公共场合的语言文字应用规范性,如公共交通工具、公共文化活动场所、乡村图书室、垃圾站、街道上的文字标识。未来可以确立乡村民众的语言文字标准意识,提升语言审美能力,有效识别并抵制低俗、暴力、违反公序良俗等不良内容,助力乡村振兴成果巩固和传承。

语言文字是助力乡村振兴的文化基础。乡村是中华文化的发源地和宝藏地,藏龙卧虎。耕读传承,家庭、家族、村镇、乡贤、家训、乡规民约、民俗民艺等等,都是宝贵的中华文化元素,在乡村似散实聚。一旦村民提升了语言文化资源保护意识,组织起来对这些民间文化形态加以系统整理、保护和传承创新,就会汇聚成中国文化的一条条支流,化整为零,藏"富"于民,使中华文化之根永远深扎于中华沃土,继续培育、壮大中华民族根基,生生不息。

在搜集整理乡村文化基础上,借助当代科技力量,以经典文化"润乡土"。在条件许可的情况下,可以各方合力建设多种形式的乡村语言文化课程,针对性地围绕乡村振兴的工作要点,开发相关语言文化资源,形成"文字＋"系列乡村振兴图书、代表性作品、微课、虚拟仿真体验课程等;与乡村博物馆、民俗馆、图书馆、文化馆等资源结合,以技术赋能已有资源,让乡村语言文化活起来,动起来,入耳入心。

发挥语言文字信息技术优势。让乡村语言文化上线上网,虚拟化、信息化、AI 化、VR 化,搭建起多元立体的乡村文化展示平台,展示乡村的风土人情,文化传统、历史遗迹、生态旅游,手工艺品,农副产品等,使农村语言文化遗产成为乡村振兴的经济资源,多管齐下,为乡村振兴之路铺设形象展示舞台,并成为乡村振兴的吸金石,为乡村振兴提供源源不断的物质和精神支撑。

培养储备乡村语言文字传承推广专业人才,保证乡村振兴与乡村文化传承相辅相成,持续不息。乡村振兴是一个有机体,有血有肉,有形有魂。如果说建筑、街道、图书室、交通工具等等是塑形的话,语言文字、文化产品、文艺作品等等就是铸魂的工作。塑形、铸魂都需要人才。目前,与城市相比,乡村依然缺乏各种专业人才,语言文字工作浮光掠影现象普遍存在,根扎不深,人过不留痕。要确保中国乡村语言文化传承系统化,必须确保专人专事,加强校村合作,储备培养乡村文化专门人才,选拔培养乡村已有专业人才,引进海外专业人才,在资金、平台方面提供支持,确保引进来、留得住、扎下根。健全乡村语言文字、文艺专业人才队伍,在保护传承传统语言文化资源的同时,不断"别立新宗",创新发展,推动乡村文化在传承中发展,在发展中创新,在创新中不断获得新生,使乡村真正成为新时代中国文化的蓄水池,永远成为中国文明的"绿水青山"。

　　总之,语言文字要切实助力乡村振兴,首先要充分发挥各级政府的组织领导作用,村村一盘棋,村村有规划,村村有方案,确保语言文字工作切实与乡村振兴的具体工作无缝结合,在提高乡村国家通用语言文字普及推广工作的同时,为建设美丽乡村,贡献语言文字的智慧。

中国语言资源保护与传承任重道远

　　李宇明老师在《语言保护刍议》中说："凡学习、运用和研究语言文字的各种活动，以及对语言文字研究成果的各种应用，都属于语言生活的范畴。"按我的理解，语言生活就是人的生活，因为人的生活都离不开语言。但作为语言文字研究者，不能仅仅将语言生活理解为日常生活，而是要珍惜新时代中国赋予的使命，把语言文字工作与国家需要有机结合，从战略角度加强语言文字及其应用研究。

　　语言文字工作事关国家安全、文化存亡，必须加以规范和管理。中国是世界上语言资源最丰富的国家之一，语言类别丰富，语言生态不一，濒危语言多。中国政府高度重视语言资源的保护与传承，视语言资源为国家不可再生的、珍贵的非物质文化资源。中国是个多民族语言国家，对各民族语言文字的态度直接影响到国家的国内和国际形象，关系国家安全和社会发展。但不容否认，国民的语言文字意识和认识都还落后于语言文字发展的需求，因此，必须由政府主导，科学规划，普及国民的语言文字知识，提升国民对语言文字与国家发展的关系的认识，把国民语言文字能力的提升与国家实力的提升结合，在国家实力的发展和积累中实现国民语言能力的积累和提升，逐渐增强语言危机意识与保护意识，从而使语言更好地服务于国家综合实力的建设。

　　推广普通话与民族语言保护应平行发展，并行不悖。民族语言保护事关民族团结大局，应予以充分重视，并基于各民族语言文化传统，整体设计，科学规划，有序推进，注重细节，采取切实措施，使语言文字保护工作成为实现和谐中国梦的有力支撑。

　　不同民族语言，以及汉语的各种方言，所代表和传承的文化都属于中华文化的一部分，应得到同等地位。政府应始终将语言问题视为事关民族尊严的大问题,及时解决语言保护过程中出现的各种问题,建设不同民族语言数据库,搜集整理不同民族语言发展历史和各种艺术作品,将民族语言保护与民族文化保护有机统一。

技术赋能语言资源保护与传承。 语言文字保护要科学。目前,中国在语言文字规范化、信息化、法治化,以及民族语言文字保护、语言服务、中华语言文化传承传播等方面,不断科学创新,已经形成了相对成熟的理论和实践经验,"中国语言资源有声数据库"建设、"中国语言资源保护工程"顺利实施并取得重大研究成果。但总体上看,中国语言资源保护的技术含量比较低,适应性不强,已有数据库使用率不高,与新时代的技术手段不兼容。未来必须加大技术赋能,针对汉语方言和少数民族语言的濒危局势,统筹规划,整体推进,利用现代化技术手段,全面调研中国语言状况,收集整理分析实态语料,建成开放型、可持续扩容的语言资源库,同时加强应用研究,产出系列成果,开发语言的资源价值。

人工智能推进语言资源使用效能。 着眼未来,语言育人功能要更多借助现代教育技术、互联网技术和人工智能技术,不断推动语言文化资源的产业化、智能化,将汉语及方言、民族语言状况进行科学归类,创办打破时空限制、国别限制和区域限制的语言资源数据库,推动语言资源产业化、智能化,优化语言互通媒介,提速语言互动频率,监测语言使用过程,解决跨语言沟通障碍,综合开发语言资源数据库的保护与社会服务功能,将语言保护与语言环境建设结合起来,将语言资源保护与语言教育、中华民族共同体构建结合起来,经验共享,相辅相成,平等合作,探索建立具有中国特色的语言资源生态环境。

语言文字工作成功的关键是建设一支"拿得起"也"放得下"的人才队伍。 语言文字工作实用性强,因此需要语言文字工作者要上得了课堂,下得了乡壤,要能一手握"笔杆子",一手握"锄把子",使学术研究接地气,饮活水,紧紧立足于国家和社会发展需要。政府应从政策层面积极引导,解决语言文字工作者在科研和实际生活中的困难,提供"保护伞",逐步培养一支年龄结构合理、基础知识扎实、实践意识强烈、工作方法务实、感情上热爱语言文字研究的人才队伍。

发动和组织民间力量，为语言文字工作提供源源不断的精神力量。在某种程度上，语言文字工作是一场群众战争。语言文字的根和干都在民间，只有充分挖掘和引导民间力量，才能使语言文字本身及对其的传承、保护和研究不断获取生动新鲜的血液。政府机构应有效吸纳民间力量，培养一批民间学者、志愿者，并运用现代科技技术，把语言文字应用工作变成如同衣食住行一样的日常工作。

后　记

　　2023 年起,中国的留学生教育进入新阶段。疫情打乱的脚步重新开始调整并渐趋一致起来,一直线上上课的留学生和期待到中国学习中文、了解中国文化的新生,开始陆陆续续踏上梦寐以求的中国大地,开始了新的学习生活,启动了与中国结缘的新征程。

　　重新走在熙熙攘攘的留学生群体中,一些新的想法开始出现,而且多是看到留学生时产生的想法,他们就是我的教学对象、思考对象和研究对象。不,应该说是我的服务对象。我这么多年所做的一切,就是服务他们,为他们提供各种所需要的知识、方法和思考。虽然其中苦多于甜,烦多于闲,甚至想过"轻轻地挥手,不带走一片云彩",但 20 多年过去,依然还在这个岗位上工作。每次想挥手后再细想想,不是没机会离开这个工作,而是没勇气离开,或者说是怕离开后会自伤,因为感情投入太多,所以不是留学生们离不开我,而是我离不开他们。我从他们身上看到了一种希望,我一直期待并为之努力的希望的可能性,那就是通过他们,实现世界不同国家、人群之间能平等、和平地交流,那是多么美好的人的世界啊!

　　今年暑假,几乎没有休息。来自新加坡、日本、韩国、德国、美国、英国、南非、印度尼西亚、老挝、台湾地区、香港地区各地的新朋旧友,以及国内兄弟高校的朋友们,在同济都有愉快的会面。唏嘘一下三年的分离之苦后,就一下子进入正题,就是怎样把失去的时间夺回来,把没来得及做的事尽快做起来,结果情绪越来越高涨。也正是基于这样的心境,有些飘忽的情绪,暑假前我开始断断续续写这本书中的文字,一开始并没准备写成书,只是在和同事们与客人交流前后有些想法就记下来,一点一点记。没想到一个暑假没闲下来,也就整个暑假就这样一直记着,到开学后一汇总,竟然有了十几万字,加上之前写的一些短文,也就成了这本书。只是思路比较粗糙,有些胡言乱语的部分,有些异想天开的部分,有些"情窦初开"的部分,但我敢拿出来"现眼",唯一的原因,是这些文字都是我发自内心的想法,都是为了解决自己感到困惑的问题,或者是自己依然困惑着,但希望得到方家的释疑解惑。

中华文化走出去,目前实际上仍处于"防御性"阶段,从心态、方法和效果来看都基本处于守势。遇到问题反击乏力,即使反击基本仍是自我辩解,更多是解释我"不"是什么,撇清抹黑者的"黑点",而不是主动"以其人之道还治其人之身",既然是别人抹在我们身上的污点、黑点,我们就没必要浪费时间和精力去处理这些,而是要亮出自己的"亮点",映衬对方的恶意和污点,或直接以事实和数据,反击对方特有的污点和黑点,以其对污点和黑点的伪装和虚饰,揭露对方的"国品"和"人品"的虚伪性,声东击西,破其围困,解己困局。在这个过程中,彰显中华文化的智慧和定力、伟力,体现中华文化的宽广和纵深,以及真诚与真实。本书中的一些文章,如向世界讲中国故事的责任问题,推动中文成为国际性语言等思考,都是要反映出一些"攻势"。

从汉语国际教育到国际中文教育,名称的变化实际上代表了中华文化国际传播与向世界讲中国故事的阶段性变化,是与中国式现代化建设同步的一个变化,代表了我们向世界传播中文和中华文化的心态和胸怀的变化,从中体现的是中国式的人类情怀、世界情怀。作为文化传播者和中文教育者,我们胸怀和情怀的变化有没有、能不能赶上这个名称的变化? 我们是不是现在仍以"汉语"的心态看待世界"中文"的布局与发展态势? 若仍是"汉语"心态,当前的世界格局变化和海外孔子学院、华文教育机构的变化,会让我们有些失望;但若换以"中文"心态,目前世界中文力量仍是在不断壮大的,发展态势整体仍是乐观的。但让人担心的是,因为信息获取途径和渠道的不对称,很多人并不能看到问题的正反面,往往只能从一个角度看到一个侧面;一旦众声喧哗,尤其是搅浑水者再推波助澜,就给大众造成一种心态的失衡、认识的模糊,随波逐流,形成错误认知,进而成为负面舆论的助推者,形成国内外"负负更负"的信息传播态势,扰乱中文教育既有发展路线。若再有美西方反华势力趁机"浑水摸鱼"，动用资本力量等动摇海外中文教育的根基，所产生的结果就不仅仅是中文教育的退步，更是海外中国形象塑造、世界未来发展的倒退。对此我们绝不能认为事不关己，或者漠不关心，或者不以为然，而是必须出于责任心和人性、良知，积极面对危机，应对危机，化危为机，守住故土并不断开拓疆域，推动世界上一切中文教育力量形成合力，共同创造中文和其他语言和睦相处、取长补短、共同育人的世界语言生态。本书的一些内容，就表达了这样一种愿望，并力所能及地提出了一些实现的设想和实践经验，包括同济大学的做法。

又是一年双节至，只待春来花再开。四季就这样轮回着，心情就这样起伏着，中文和中华文化就这样向世界走着，走着，就会走出自己的春天，走到自己的春天，并且一直都是自己的春天，也给别人带去春天，让世界无论四季，都有春天的感觉。

窗外，今年春手植的桑树高已越窗，见即心平。窗台上 8 月份移栽的"大叶落地生根"已是葱绿一片，与桑树、竹林融为一体，举目所见，尽是绿色。自造的桃花源，绿色却属于大自然。生命就是这样延续着，消长着，不知不觉，又似乎有知有觉。每一棵树，每一株植物，每一片树叶，都在为这浑然的绿，尽着自己的本分。

为了中华文化走出去，为了让世界听到中国故事，理解中国故事，我们每个人都是一点点绿，色微味轻，但要努力。

2023 年 10 月 6 日

同济大学南校区

图书在版编目(CIP)数据

国际中文教育与中华文化国际传播 / 孙宜学著.
上海 : 上海三联书店, 2024. 10. -- ("熊猫叨叨"系列
). -- ISBN 978-7-5426-8654-1

Ⅰ. H195.3; G125

中国国家版本馆 CIP 数据核字第 20248BV800 号

国际中文教育与中华文化国际传播

著　　者 / 孙宜学

责任编辑 / 宋寅悦　徐心童
装帧设计 / 徐　徐
监　　制 / 姚　军
责任校对 / 王凌霄

出版发行 / 上海三联书店
　　　　　(200041)中国上海市静安区威海路 755 号 30 楼
邮　　箱 / sdxsanlian@sina.com
联系电话 / 编辑部：021 - 22895517
　　　　　发行部：021 - 22895559
印　　刷 / 上海惠敦印务科技有限公司

版　　次 / 2024 年 10 月第 1 版
印　　次 / 2024 年 10 月第 1 次印刷
开　　本 / 655 mm × 960 mm　1/16
字　　数 / 280 千字
印　　张 / 19.5
书　　号 / ISBN 978 - 7 - 5426 - 8654 - 1/G · 1737
定　　价 / 88.00 元

敬启读者,如发现本书有印装质量问题,请与印刷厂联系 13917066329